石原莞爾と小澤開作

民族協和を求めて

田中秀雄 著

芙蓉書房出版

はじめに

世界的著名人である指揮者、小澤征爾氏の名前が、板垣征四郎と石原莞爾双方の名前から取られていることを知ったのはかなり昔のことである。

満洲事変の首謀者として板垣と石原の名前を知っており、石原についてはぼつぼつと研究や資料の収集を始めていた私には、征爾氏の父親である「小澤開作（開策）」とは一体どういう人物なのであろうと、征爾氏がマスコミに登場するのを見るたびに非常に興味深く思っていたものである。

松本健一氏の『昭和に死す　森崎湊と小沢開作』が出たとき、その後、小澤さくらさんの『北京の蒼い空を　私の生きた昭和』が出たときも、すぐに買い求め、小澤開作という人や小澤家に対するイメージはある程度固まっていった。むろんそれは好意的なものである。

時代は平成になっていた。転機は思いがけないところから訪れた。

私は郷里の福岡に帰省していた折に、博多の玄洋社記念館を訪ねてみたいというかねてからの想いを実現する機会を得た。玄洋社創立者の一人、進藤喜平太の子息の進藤一馬氏が、福岡市長時代に作ったものである。

記念館は町の喧騒とは無縁な閑静な場所にあり、なおかつ私が館にいた時間、他に誰も来なかった。頭山満や内田良平、中野正剛などに関する展示を見た後、受付をしている老齢の女性となんとなく話を始めた。石原莞爾のことを調べているんだというと、その女性は小澤開作の片腕として動いていた、東京にいる友枝英一という人を紹介してくれた。玄洋社関係の人物でもあるという。

私は帰京するとすぐさま友枝英一氏と連絡を取った。それから友枝氏との交流が始まり、新民会仲間の若槻章二氏、水野昌司氏、塩田喬氏らと知り合うことにもなっていった。友枝氏によると、受付の女性はなんと小澤開作が北京にいた時代に親友であった石川順というジャーナリスト（東亜同文書院第十九期生））の妹さんであったことが判った！

玄洋社が小澤開作と繋がっている――この不思議とも思える取り合わせは、私が友枝氏の紹介で「石原莞爾平和思想研究会」に入る頃から、俄然として石原莞爾研究に力を入れさせることになっていく機縁ともなった。

あるとき、研究会会員である遠山重顕さん（協和会）の栃木県のお宅にお邪魔したときに、『父を語る』（小澤征爾編）を見せられ、手に入るかと聞いたとき、氏は小澤さくらさんの川崎の住所と電話番号を教えてくれた。

私はさくらさんが車椅子生活だということは聞いていたが、「駄目で元々」という気持ちで電話をかけ、『父を語る』が欲しいということを告げた。記憶にないが、友枝さんの名前は当然出したと思う。さくらさんは「ご研究のためなら」と快く、続編と二冊（もちろん有料）を送ってくれたのである。今思えば、本当に在庫はあったのかと思っている。最後の一冊をもらったのではないかとも思うが、ここにこそ、『北京の蒼い空を』にあるような、小澤家の温かい家庭とその本質を見るような思いに私をさせる。

奇遇はまたも続く。

塩田喬氏の紹介で、元拓殖大学教授の佐藤慎一郎氏のお宅にお邪魔したとき、偶々正月で、拓大の教え子さんたちが多く集まっていた。その中にいた人が『華北評論』の創刊号からおよそ半年分を持っていたのである。それは彼とのそれからの長い付き合いで判ってきたことであるが、私はすぐさまそれを借り受けた。

宝物は私の手元に集まってきていた。しかしその中身が私の中で発酵していくのには時間がかかった。もう小澤開作と石原莞爾の関係を書いてもよいと思い、短い論文の予定で始めたのが昨年初めである。それが思いもよらず、一冊の本の分量となってしまった。

本文にも書いたように、さくらさん、友枝さん、塩田さんは亡くなられた。石川順の妹さん、遠山さん、佐藤慎一郎先生も鬼籍に入られている。皆この本の協力者である。合掌の思いを込めて捧げたいと思う。

なお、本書の姉妹編として、『石原莞爾の時代―時代精神の体現者たち』が同時刊行されている。相互に関連しているので、そちらも合わせて読んでいただければありがたい。

満州国地図

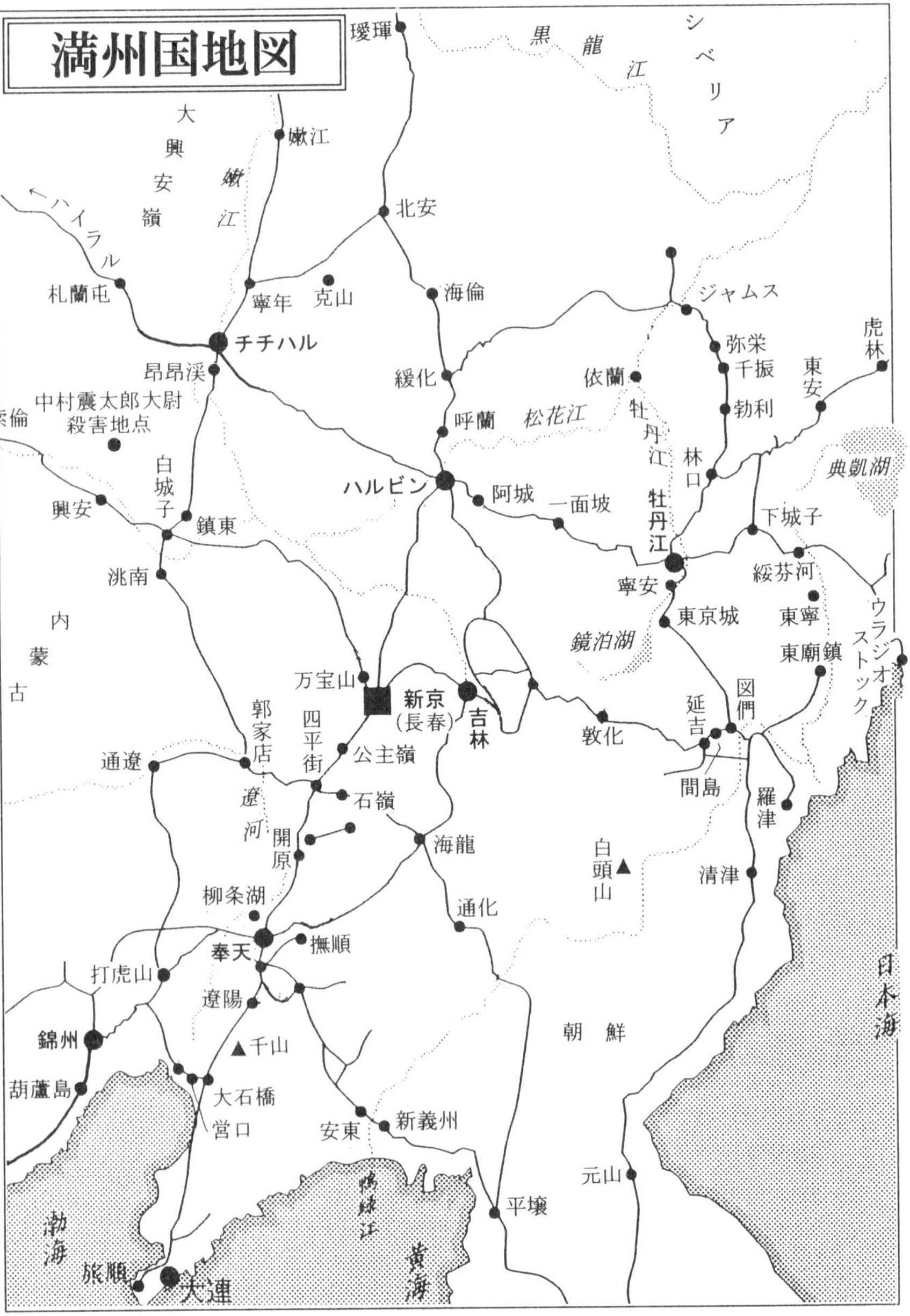

瑷琿
黒龍江
シベリア
大興安嶺
嫩江
嫩江
←ハイラル
北安
札蘭屯
寧年
克山
海倫
チチハル
昂昂渓
中村震太郎大尉殺害地点
索倫
緩化
呼蘭
松花江
依蘭
牡丹江
ジャムス
弥栄
千振
勃利
林口
虎林
東安
典凱湖
ハルビン
阿城
一面坡
牡丹江
下城子
綏芬河
寧安
東京城
東寧
鏡泊湖
ウラジオストック
東廟鎮
白城子
鎮東
興安
洮南
内蒙古
万宝山
新京（長春）
吉林
郭家店
四平街
公主嶺
石嶺
通遼
遼河
開原
海龍
柳条湖
通化
敦化
延吉
図們
間島
羅津
白頭山
清津
奉天
撫順
打虎山
遼陽
錦州
千山
葫蘆島
大石橋
営口
安東
新義州
朝鮮
日本海
元山
平壌
渤海
鴨緑江
黄海
旅順
大連

石原莞爾と小澤開作——民族協和を求めて●目次

目　次

目　次

序　章　平成の邂逅

平成十三年五月十八日夕刻、中国の上海から七十八歳の繆中《みょうちゅん》氏が来日された。毎年五月二十一日に東京都中央区にある鉄砲洲稲荷で催されていた「繆斌慰霊祭」に参加されるためである。繆中氏は繆《みょう》斌《ひん》のご長男であり、鉄砲洲稲荷に平成三年に建立された「繆斌慰霊碑」の除幕式に参列されるために来日されて以来のことである。

五月二十一日は繆斌処刑の日であり、我々は久しく来日されていない氏を招聘したく思った。その半年前に上海に電話した私に、氏は「もう年だから」と固辞されていたが、勧めているうちに「小澤さくらさんに会えますか？」といわれた。私は即座に「いいですよ、新民会の人たちと会いに行きましょう」と答えた。むろんあの著名な指揮者、小澤征爾氏のご母堂である。

繆斌慰霊祭の前日、五月二十日午前、帝国ホテルに集合した元新民会の友枝英一氏、若槻章二氏を含む我々は、車で一路川崎市生田にある小澤さくらさんのお宅を目指した。

さくらさんは車椅子の生活だったが、顔つやもよく、お元気そうであった。新民会や北京での昔話が弾む中、大切に保存されている書や掛け軸が居間に披露された。その中に掛け軸となった繆斌の書があった。中国では、故郷の無錫にあった繆斌の墓は文化大革命の最中に破壊され、もちろん書も著書も一切残っていない。

それは小澤開作に捧げられたもので、雄渾な書体で次のようにあった。

風雨賦同舟
艱難載盡籌
朞年聚忽別
慷慨不能留
酌此樽中酒
願君杯三浮
会心豈在邇
佇目待新献

小澤仁兄部長　両正
繆斌

雨風は同舟を覆い、艱難はすなわちはかりごとを尽す、一年経って会い、たちまち別れる、慷慨は留めることもできない、樽中の酒を酌み、君に駆けつけ三杯をはやる、会心の思いはここにあり、佇んで目は次の一杯を待っている、とでもいう意味になろうか。

北京にあったいわゆる《小澤公館》で書かれたのだろうか。久しぶりに会った知己との酒に悲憤慷慨の憂さを晴らしている繆斌の様子や、仁兄部長という書き振りに、二人の強い信頼関係が見て取れよう。小澤が新民会の総務部長であった時期のものである。

長い歳月を経て、タイムマシンのようにその書は繆中氏の前に出現した。自身もまた文革中にひどく迫害された経験のある氏の、父の書を見る真剣な目つきは厳粛そのものだった……。

＊　＊

その半年後の秋、私は北京の町にいた。晩秋の青い空が眼にしみる旧北京城内の南東部、孫文が亡くなったロックフェラーの協和医院の近くの東單新開路三五（当時の番地）――今も静かな胡同《フートン》の町並みの中に、《小澤公館》はあった。昔ながらの四合院作りの頑丈そうな、それなりに歳月を経た古びたたたずまいを見せていた。

北京の〈小澤公館〉

ここには先の戦争中、あの文芸評論家の小林秀雄がやってきて滞在していたことがある。小澤征爾氏の弟、幹雄氏によれば、おそらく酒の席であろう。客間に飾ってあった壺を手にじっと見ていた小林は、それを床に叩きつけて割った。「何をするか！」と怒鳴った小澤開作に向かい、「こんな贋物を置いているからだ！」と小林は答える。「贋物と判っていて置いているんだ！」と小澤はいい、二人はそのまま取っ組み合いの喧嘩となったという。

たぶんその壺は、中国人から贈られたものであったのだろう。骨董の目利きでは玄人はだしの小林の目に狂いはなかったであろう。しかし小澤にとっては大事な贈り物であり、叩きつけて割るような無礼は許せなかったのである。小林と違い、中国人との付き合いの長かった運動家である小澤でなければ、その壺のよさは判らないものであったのだ。

＊　＊

翌年春、小澤さくらさんは倒れられ、寝たきりになられた。半年ばかりの闘病もむなしく、九月二十三日に亡くなられた。九十四歳であった。その日はたまたま私が台湾旅行から帰ってきた日でもあった。

小澤公館に東京から二十六歳でやってきて、毎日朝早くから大声で中国語の勉強をし、さくらさんを驚かせていた友枝英一氏も、平成十七年十一月二十一日に九十六歳で亡くなられた。友枝氏も繆斌とは日常の付合いであり、彼らの重要な片腕となって激動の華北を歩き回り、八路と戦われていた。北京市内で新民会のための建物（旧司法部の空き家）を見つけたのも友枝氏であった。

顧みれば、繆中氏をさくらさんや友枝さんに会わせることができた最後の機会となってしまった。彼らの繋がりは支那事変当時――そんな昔からのものだったのだ……。（以下敬称略）

第一章　予感と胎動
——満洲事変まで

小澤開作と山口重次

小澤開作は明治三十一年十二月に、山梨県西八代郡高田村に生まれた。甲府盆地を流れる笛吹川と釜無川が合流して、富士川となるその合流地点に高田村はあった。純農村地帯である。この二つの川が洪水で暴れるときは集落全体が手ひどく流されることもあり、父の新作はその関係で土木請負業もやっていた。少年時代の開作も洪水を防ぐための杭打ちを手伝うために、大人に混じって急流に飛び込んだという。

この自然環境と経験は小澤のその後の生き方を規定する大きな要因となっているのではないか？

村全体が被りそうな危難を黙って自分一人だけが見過ごすことは許されない。子供も大人もない。村人すべてが立ち上がって、村の危難を救わねばならない。消防団や青年団はその中心組織である。もし彼がこの村を出ることをしなかったならば、そうした組織の中心人物となっていたであろう。

つまり彼は日本の村落共同体の論理と倫理によってその思想を培われたのである。それは純朴な、見方によっては思想というにはおこがましいものであるのかもしれない。しかしその後の彼の生涯を見ていくとき、その純朴さが彼の強烈な個性とあいまって、独自の高みに上っていくのを我々は確認するのである。

開作は小学校の成績はよかったが、中学校に進むことはできなかった。しかし向学の志高く、つてを頼って上京し、横須賀の海軍工廠で給仕などをしながら、当時最年少の十八歳で歯科医師の資格を取った。その後結核になったりして帰郷、その後体力が回復したのを期に大陸に渡り、大連で雇われ歯科医として勤める。大正九年である。この大陸行は実はシベリア鉄道でドイツまで行き、医学の勉強をするためであったという。しかし大連で中耳炎にかかり、その目的を断念し、結果的に大正十二年長春で歯科医院を開業する。

一方、彼の終生の盟友である山口重次も同じ時期に満州に渡っていた。山口は東京湾に面した千葉県君津郡に明治二十五年八月に生まれている。小澤と違い、彼は中学校に進んだが、中退した。大陸に渡ったのは「家の再興」のためであるといい、おそらく学費が続かなかったのであろう。故郷に帰れば「坊ちゃん」と呼ばれることもあったらしく、没落した地主の出であった。

優秀な兵隊として褒賞される軍隊生活を二年した後、彼は朝鮮に渡り、朝鮮総督府に警察官として採用され、その後文官試験に合格する。李王家の王宮巡査をしていたこともある。総督府の警務総監部、衛生試験室の書記をしながら、京城大学の前身の「京城法政研究会」に通い、そこを卒業する。大正八年に満鉄に職員として入社。大連埠頭事務所に勤務し始める。

小澤と山口の二人が出会うのは、昭和三年五月に大連で開かれた満洲在住日本人有志による「満洲青年議会」の決議でできることになった「満洲青年聯盟」に二人が参加するようになってからのようである。お互い酒好きで、意気投合した二人の親密な関係は、石原莞爾を中心に、その先鋭な活動を展開しつつ、戦後の小澤の死にまで至るのである。

山口の学歴や生まれた環境も小澤とよく似ている。農村出身で優秀な頭脳を持ちながら、経済的な事情で中学、高等学校、大学へと進めず、働きながら学業を修め、現実の生活の中からその思想と行動の理念を紡ぎ上げていった。二人は確固として動じない強烈な信念と個性を持っている。当然のこと、彼らは帝大卒のような知的エリートたちへの対抗心も旺盛であり、それを凌駕する自信もあったのである。

また彼らは山口の言い方を借りれば、事実上の「満洲二世」という自負もあった。国家の力を借りず、己のみの力を信じて、苦労しながら満洲社会の中で生きてきた。満洲人との交流の中で、日本人には判らぬ、判りにくい習慣や世相、社会や政治の仕組みにも通じるようになっていた。だから満洲建国後にやってきた官吏や軍人たちは、建国前の排日の苦しみ、事変の中での苦闘も知らない「三代目のおぼっちゃん」としか、彼らには映らなかった。もちろん実際の年齢とは無関係である。そういう小澤や山口を石原莞爾は好意的に、「在満非知識階級的分子」と呼んでいる。彼らの「真剣なる生活体験の結果」、満洲建国の画期的な理念である「民族協和」思想が生まれたのだと。

満洲青年聯盟

ではその「満洲青年聯盟」とはどういう団体であったのだろうか？

日本で普通選挙（男性のみだが）が実施されるようになったのは、昭和三年のことである。昭和天皇の即位式もこの年の秋である。そうした新時代の高揚した機運に乗じ、満洲で模擬議会を開こうじゃないかという意見が大連の日本人社会を中心に盛り上がってきた。むろん選挙もやり、総理や諸大臣、政党を決めて満洲の諸問題を議会という場で討論しようというのである。

後援したのは大連新聞であるが、社長の寳性確成は五月四日から三日間開催されたその満洲青年議会の式辞で、理想満洲の建設という目標、日本帝国百年の大計、日支両国民の共存共栄、人類協同福祉という目標に向って、この模議会が行なわれるのだと述べている。いかにも壮大な抱負であり、それはこの時期の大連、旅順という租借地、そして長春までの満鉄線沿線に住むはつらつとした日本人青年、壮年たちに共通する気分であったのだろう。構成員は満鉄社員はもちろん、自営業者、経営者などすべての社会階層にまたがっていた。

むろん、この一ヶ月後に張作霖が奉天で爆殺されるという騒然とした事件が起こるように、数百件という累積した排日事件の頻発という事態、それを解決できない幣原外交に、母国の将来を深刻に思わざるを得なかった日本人たちの真剣な思いがこの模擬議会に結実したのだ。模擬議会であっても、満洲の将来をいかに考えるかでいやがうえにも盛り上がったのである。

そしてこの議会で討議された議案には注目すべき以下のようなものがある。満洲拓殖銀行や満蒙拓殖会社設立法案、日満商工協会設立に関する法案、さらに驚くべきことに満洲における司法権の独立に関する法案、満蒙自治に関する法案（！）などというものもある。これらはすべて、満洲建国後に実施に移されたものばかりなのだ。

そしてこの議会中に、満洲青年聯盟の設立が準備されるようになる。聯盟が創立されるのは、同年十一月開催の第二次議会の際である。その「聯盟宣言」にいう。

「満蒙は、日華共存の地域にして、其の文化を隆《たか》め、富源を拓き以て彼此《かれこれ》相益し、両民族無窮の繁栄と東洋永遠の平和を確立するこそ我国家の永遠の使命なり。我等の先輩が蕘天《こうてん》の犠牲を払ひ永年の努力を傾倒し満蒙の開発に努めたるは外来の暴力を排除して中華民国の完全なる独立と自由の獲得に寄与貢献せんとする善隣の大義に外ならず。先輩の遺志を継ぎて、満蒙の開発に畢生の心血を捧ぐるこそ我等同胞の民族的責務にして又願なり」（原文片仮名）

むろん「蕘天《こうてん》の犠牲」とは日露戦争のことであり、「外来の暴力」とは西洋帝国主義の侵略にほかならない。

設立して早々に、五千人の会員が集まった。満洲に住む日本人はおよそ二十万人。その中の活動的な青年、壮年を中心にした組織である。生まれるべくして生まれ、大きな期待を背負う団体として注目され、話題となったのである。

そしてそのできあがった聯盟の大連支部長に山口重次、長春支部の幹事に小澤開作の名が出てくる（なお、小澤は筆名として「開策」を使うようになるが、ここでは実名を使用する）。

この年の十月十日、関東軍参謀を拝命した石原莞爾（陸士21期）は、二十日に旅順に着任している。翌年五月には、板垣征四郎（陸士16期）が高級参謀として着任。満洲事変の胎動はここに始まる。

満洲青年聯盟の活動

翌四年、満洲青年議会と名を改めた各地方出身の議員たちは、二度の議会を大連と奉天で開催する。その参加者の中から、山口重次や小澤開作の名が目立ち始める。聯盟を動かす強力なエンジンとして彼らが頭角を現すようになるのである。排日事件は収まらない。大石橋滑石鉱区紛争事件、本渓湖石灰石事件など、その他いくつもの日本の産業発展に必要欠くべからざる鉱山の権利、投資、鉱石売買にからむ日本人と満人との間のトラブルは日増しにその激しさを増していくようになるのである。

こうした事件の背景には、正式に役所が介在して調印され、公に権利として認められたものが暴力的な手段で妨害され、事業が停滞してしまうという共通点がある。そしてこのトラブルを解決しようとすると、日本側も木刀や棍棒を持って現場に駆けつけ、中国側官憲と乱闘騒ぎを演じなければならなくなるのである。こうした事件は張作霖が関内に軍を動かすような大正後半の時代となると顕著になってくる。軍費調達のための悪政が、日本人の生活環境を脅かす事態となってくるのである。

張作霖爆殺事件もそうした時代背景を考えなければならない。満洲青年聯盟の登場も、その意味で必然というべきだったのである。

昭和五年になると、二月の役員会で山口重次が聯盟本部の総務部長を拝命する。

この年の大きな中国側とのトラブルとして出色なのは、榊原農場事件である。大正時代に正式にその商租権を獲得していた奉天郊外の榊原農場の敷地内に、強い抗議にもかかわらず勝手に鉄道線路が敷かれてしまったのである。そのため榊原は鉄道線路を破壊するという行為に及び、ために貨車が転覆するという事件となった。聯盟は調査団を繰り出す。もっとも支那側官憲と榊原農場とのトラブルは大正時代からくすぶり続けており、この事件は帰結すべきところに帰結しただけというものであった。

満洲青年聯盟第三回議会で小澤は議長を務めた

満鉄並行線も大きな問題となっていた。満洲青年聯盟は六月、『危機を孕む葫蘆《ころ》島築港問題』と題するパンフレットを出す。満鉄は日露戦後に条約によって公に認められた日本の大きな権利であった。満洲の大動脈として北満からの豊富な農産物を大連に運び、満洲の経済発展に寄与し、むろん日本の大陸進出の基点となっていた。

張作霖、張学良親子は条約違反を承知の上で、その満鉄線に並行する鉄道を建設し始めていた。満鉄側の抗議を無視し、南北に走る満鉄線の東西両域にそれを作るのである。当然それは満鉄の貨物量を奪うことになる。あまつさえ、遼東半島の大連港に対抗するように、渤海の大陸側の山海関側に近いところの葫蘆島に港を建設し始めたのである。大連港行きの貨物を奪おうというわけである。その危機感を訴えたのがこのパンフレットであった。

この年九月、長春で第三回聯盟議会が二日間に亘って開かれ、小澤開作は議長を務めている。翌年三月には正式に長春支部長となっているわけで、このときから彼の聯盟活動が本格化するといってよい。

第二章　破壊と創造
——満洲事変

万宝山事件

昭和六年五月、長春の北西二十キロの地点にある万宝山で、朝鮮人農民と中国側地主の間に、土地使用、小作問題で争議が起こり、長春の小澤医院に暴行を受けた朝鮮人たちが相談にやってきた。これこそが小澤開作というそれまで市井の無名の一介の歯科医だった男を歴史に登場させた最初の事件だった。

なぜ朝鮮人たちは小澤医院にやってきたのか？　それは小澤が満洲青年聯盟の長春支部長であったからであり、また長春の日本人社会に厚い信頼を受けていたからである。朝鮮人たちも日本国民であり、本当は日本政府領事館に相談すべきなのであろうが、それをせず、小澤の下にやってきた。象徴的なことである。

当時は若槻民政党内閣で外務大臣は対中国軟弱外交と批判されることになる幣原喜重郎であった。先述したように、張作霖の跡を受け継いだ張学良の反日はやまず、日本人との間のトラブルは続出していた。この万宝山事件もその一つであったということができる。しかしこの事件が有名になったのは、かかって小澤の個性と力量にあったということができよう。彼は青年聯盟をバックに泣き寝入りすることなく、彼らの実力で解決しようとしたのである。これを「国民外交」と彼らは称した。万宝山に実力行使に行く彼らとその援護のための警察官と中国側の間で銃の打ち合いまで起きたのである。もちろんこれは大騒動となる。

六月十三日、満洲青年聯盟は大連にある歌舞伎座で「難局打開演説会」を開催する。満員の盛況下、小澤は「万宝山事件の真相」と題して声涙共に下る演説をした。朝鮮人たちの苦境の実態を語り、その救済を訴え、満場は粛然としたという。彼の演説で長春では飢餓に瀕する彼らへの義捐金が集められていると判ると、会場でたちまちにして日本円で五十六円の巨額支援金（その他に満洲通貨分もある）が集まった。翌日それを大事に抱えて彼は長春に戻ったのである。

日本遊説

満洲青年聯盟は万宝山事件を含めた数百件の排日事件を全満洲の——いや日本の問題だとするキャンペーンを始めた。内地の日本人はその満洲の実情を知らない。認識不足である。満蒙問題を根本的に解決するための輿論喚起、そのために日本へ遊説隊を送ることになった。総員五名、その一人に小澤が任命されたのであった。

出発は七月十三日、大連から船に乗り、神戸上陸、関西の新聞社、実業団体を訪問した後、十七日に東京着、翌日には後援する代議士の斡旋の下、代表五名は若槻首相に満蒙問題の実情を陳情し、その積極解決を求めた。二十日には野党政友会総裁、犬養毅に面会し、満蒙問題の解決に尽力することを確約させた。むろん問題の幣原外相にもこの日会っている。

このように、彼らは政府、政党の要となる人物に会うとともに、在野において国民運動を盛り上げている頭山満や内田良平とも懇談、運動のやり方についても話し合ったのである。特に内田とは七月二十一日、二十四日、二十九日と三度の会見が記録上にある。双方の満蒙問題解決のための共鳴関係が如実に現れているエピソードというべきではあるまいか。

石原莞爾関係でいえば、代表の一人、高塚源一は七月二十六日、一之江の国柱会本部に行き、折からの日曜日で講習会に来ていた三百名の聴衆に対し満蒙問題の演説をし、ついで田中智学も猛然立って条理整然たる国論を開陳し、満堂は沸くが如きであったという。しかしまだこのとき、小澤も石原も互いの存在を知っていたわけではない。

小澤ら代表五名は、七月三十一日大阪着、神戸、下関、福岡市と輿論喚起の講演を続け、八月十日、大連に帰着した。結果としては日本国内の輿論を盛り上げ、上々の遊説だったのだが、精根尽き果てた小澤は体調を崩してそのまま満鉄大連医院に入院、その夜の慰労会には出られないほどだった。

中村震太郎大尉虐殺事件

小澤が大連の歌舞伎座で、万宝山事件の真相を話している頃、関東軍の中村震太郎大尉は対ソ連戦作戦のための兵要地誌作成に必要なデータ調査に、内蒙古の大興安嶺山中を日露中人四名を率いて旅行していた。しかし下旬になって行方不明になり、調査の結果、東北軍兵に捕われて金品、短銃などを奪われたあげくに全員銃殺され、焼き捨てられたことが判明した。

外務省、参謀本部、関東軍は厳重に抗議したが、東北軍側は事実無根と称し、証拠隠滅を図ろうとする遷延策に事態は容易に解決を見ず、遂に関東軍参謀石原莞爾は満鉄に装甲列車を準備させ、実力を以って事件解決に突き進もうとした。しかしそれは中央の参謀本部の採用するところとはならず、断念せざるを得なかった。参謀本部軍事課長の永田鉄山（陸士16期）に宛てた石原の手紙（八月十二日付）は、そうした彼の無念を語ってあまりある。一部を引用しよう（原文片仮名、部分的に句読点をつけ、読み易くした）。

「外務当局の厳重抗議により迅速に事を解決するが如き全く一の空想に過ぎず。若しもこの如きこと可能ならば数百の未決事件総領事の机上に山積する訳なく従って今日喧しき『満蒙問題』なるものは存在せざりしこと明らかなり」と強烈な皮肉をぶちまけ、外務当局を見限った「理解ある国民は軍部の力により解決する外なしとの意見に一致せんとしつつある今日、陸軍大臣が満蒙問題に対する軍部の重任を訓示せられたる尤も時機に適せるものと拝察す。しかもこの訓示を一片の議論に止めず、これを事実に示すため、今回の事件は真に絶好のものたりしこと生等の深く信ずるところなり」と実力行使以外の解決策などありえないことを強くアピールしている。石原の秘めたる覚悟が読み取れる手紙であろう。

遂に日本側は八月十七日、事件の真相を公表した。満洲青年聯盟は、輿論喚起のための演説会を中村大尉の弔い合戦と称して連続開催し、政府や外交当局を叱咤すべく、その意気はいやがうえにも盛り上がった。そして輿論は沸き立ったのである。

山口重次が石原と初めて会ったのはこの八月半ばであった。旅順の偕行社に、金井章次や岡田猛馬ほかの青年聯盟の幹部が関東軍の幕僚に招かれた際である。聯盟側の意見を聞いていた石原は「青年聯盟も結局権益主義者か」と挑発的な議論を吹っかけてきた。山口はむっとして、そうではないと反論し、これが両者の交流が始まるきっかけとなる。

八月一日に関東軍司令官に就任の命を受けた本庄繁（陸士9期）が日本から旅順に着いたのは八月二十日のことである。早速翌日には三宅光治（陸士13期）参謀長以下の報告を受けている。彼の日記から少し引用する。八月二十九日、「午前参謀長及板垣大佐に満洲時局対策に付て根本方針を語る」。九月一日、「午前十時より石原参謀より作戦に付聴く」「午後八時より石原中佐の来訪を求め、満蒙解決に関し意見を聴く」。九月四日、満洲青年聯盟の「岡田猛馬氏の説を聞き、快感を覚ゆ」。九月五日、「此日到達の九月二日附大朝（大阪朝日――引用者注）の対支論大いに強硬となるを喜ぶ」とある。

その後、満蒙問題に関する記事は特になく、関東軍の各守備地区の巡察や各職域の主だった人たちとの会合の記事が続く。九月十七日は遼陽（奉天と大石橋の中間、日露戦争戦跡として有名）において、現地部隊の演習を視察している。しかし翌日、予定の戦跡見学を中止し、午後二時遼陽を発ち、

中村震太郎大尉殺害現場近くに建てられた慰霊塔の跡

大連に八時着。十時に旅順帰還。日記に「午後十一時過、板垣参謀より奉天に於ける日支衝突及独断守備歩兵隊及駐箚聯隊を出動せしめたる急報に接す」とある。

本庄は九月七日から各地区の守備隊を巡視して回っていたのであり、旅順に帰り着いた一時間後に柳條溝の衝突が起きている。うまくできているといわざるを得ない。待ち構えていたのかもしれない。

むろんこの事件は関東軍の謀略であったことは今日では知られている。しかし謀略というなら、それ以前の支那側の例えば石原書簡に見える「数百の未決事件」は誰の謀略だったのか？

条約上で公に認められた日本人の諸権利を、暴力的な手段で回収、奪還しようという「革命外交」を国家権力の手でなさしめていたのは誰だったのか？　外交手段での解決は不可能だというのが石原始め関東軍首脳の結論であった。整然とした秩序ある政権を満蒙の地に打ち建てること、そのことによって満洲を誰にとっても平和の地にすることができる。これは「権益主義」ではない。石原はそのためには日本軍の実力による占領も可との透徹した認識を持っていた。

本庄日記には、「此朝、兵営を去る千米位の処に馬賊現はれ、支那人六名を拉捕し去る」（九月八日）とある。眼前にこういう事件が起きても、助けてやることもできないのが関東軍の実情であったのだ。

その意味でも石原らの謀略であっても、事変そのものは「自然発火」（『満洲青年聯盟史』）であることに間違いはなかった。要は新生満蒙の建設であった。

なお満洲建国後、中村大尉殺害現場近くの小高い丘の上に慰霊塔が立った。関東軍参謀副長時代の石原に会って心酔するようになった伊地知則彦は、蒙古人学校の教師だったが、教え子の子供たちに案内されてここに慰霊参拝に来たことがある。彼の生き甲斐は蒙古人にその民族としての覚醒と誇りを教えることであった。

満洲事変勃発

九月十九日朝には関東軍は奉天の北大営を占領し、正午、奉天城を占領した。北の長春でも戦闘が始まり、翌日には居留民保護のための吉林出動が議論され、翌二十一日には長春、吉林も関東軍の支配下に置かれた。

この日を前後して、大連や奉天、満洲の各地で、満洲青年聯盟を中心とする諸団体が聯合して決議大会を開催した。代表的なものとして、大連大会の決議文を挙げてみる（原文片仮名）。

「国際信義を無視し条約を蹂躙し我が帝国の既得権益を侵犯せる支那の暴戻《ぼうれい》はその極みに達し遂に支那軍隊の南満鉄道の爆破となり我帝国守備隊の攻撃となる。国軍の満洲保障占領は自衛上当然の帰結とす茲《ここ》に非常在満邦人大会を開催し政府の軟弱退嬰《たいえい》外交を排除し支那の不信を膺懲《ようちょう》し東洋平和のため満蒙問題の徹底的解決を期す」

こうした決議の広がりは全満洲に広がっていく。まさにこの動きも「自然発火」なのであった。九月二十八日には青年聯盟の第二回遊説隊が日本に向かった。今回は東京方面、関西、九州、四国、東北と分かれて遊説に出向いた。東北の仙台で起きた事件は注目すべきである。演説していた美坂代表が左翼分子の野次に憤激のあまり、壇上で持っていたナイフで割腹したのである。死には至らなかったが、「日本の侵略ではないか！」というような学生か労働者による野次だったのだろう。大正期以降の左翼思想のインテリ層における浸潤、蔓延がこういう事件に象徴的に現れているのだ。

なおついでに書いておけば、この年の十一月、第三回遊説隊が日本に出かけている。その中には後年、華北における新民会と宣撫班との問題で、小澤開作と関係の深い八木沼丈夫が代表の一人となっている。青年聯盟の代表というより、満鉄代表という形だったようで、青年聯盟における八木沼の外様性を如実に示している。後述するように、山口重次は八木沼に対してあまりいい印象は持っていない。八木沼はもちろん満洲建国のさなかの宣撫活動の苦労と使命感を歌った『討匪行』の作詞家である。

小澤開作の動向

満洲事変が始まった九月十八日、小澤は長春の自宅にいた。長春は長谷部少将の率いる旅団を中心に約千三百名の日本軍が駐屯していた。事変勃発と共に彼らは長春の制圧にかかった。小澤はすぐさま聯盟支部員を招集し、負傷兵を介護するための救護班を組織した。てきぱきしたその采配は水際立ったものだったから、軍は今度は臨時の飛行場建設を依頼してきた。ぐずぐずする長春領事を尻目に、小澤は女学生を含めた在長春の日本人の大動員をかけ、郊外の中国人の大豆畑を買収は後回しにして、作物は抜き取って平らにし、二十一日の夕方には着陸ができるようにしてしまった。聯盟支部長としての行動力と組織力、面目躍如たるものがある。

長春は日本が権益として持っている満鉄の最北駅である。長春とここから東にある吉林（吉林省都）はこの二十一日までに関東軍が制圧した。吉林省を束ねる熙洽は復辟派であり、早くも独立宣言をしていた。しかし長春（寛城子駅）―ハルビン（哈爾濱）間鉄道はソ連が運営している。事変の目的は全満洲の制圧であるが、北のハルビンには軍は向おうとしない。それが小澤には不満で、悶々とした日々が彼には続いた。もちろん中央の参謀本部が許可しないし、また関東軍独自でなすだけの戦力もないのだ。

そうした折に、山口重次が小澤を長春に訪ねてきた。

関東軍によって追い払われた張学良軍が握っていた政治、交通など政府関係の業務はそのまま手付かずになっている。しかしそれは復興させなければいけない。具体的な例を挙げれば、奉天市の市長は逃げており、事変後、土肥原賢二（陸士16期）奉天特務機関長が臨時にそれを一月ばかりやり、十月十五日、趙欣伯と交代した。そのような旧政権の官庁に東北交通委員会がある。そこの復興に小澤を引っ張り出しに来たのである。

これは張学良の易幟《えきし》以降、国民政府と合体することになった東北三省の最高行政機関として設立された東北政治委員会の鉄道路線を管轄する部署であった。もともとここが満鉄線の並行線を作るなどして、日本側とトラブルになる原因を作っていたのである。山口によれば、事変後接収した委員会の建物からは、張学良政権の排日政策がコミンテルンの指導によるものだと立証できる文書が数多く発見されたという。

むろんこれを親日的な形で復興させるのである。快諾した小澤が奉天にやってくるのは十一日である。旅順から移動した関東軍首脳部は奉天東拓ビルに陣取っていた。山口はそこの二階に行き、作戦課勤務の石原参謀に小澤を紹介した。二人の初対面の日である。話が始まり、小澤のたぐいまれな能力を見抜いた石原はその場で作戦課勤務を了承してもらう。関東軍の嘱託として勤務した青年聯盟員は多くいたが、作戦課に籍を置いたのは小澤ただ一人である。そして関東軍の代表として、東北交通委員会の警務担当役となる。山口は秘書であり、十河信二、金井章次などの石原系人脈が委員会の幹部の名にある。ちなみに委員長は瀋海鉄道（むろん中国側）の代表であった丁鑑修という人物である。

国際聯盟への反発

満洲青年聯盟は事変遂行中の十月十六、十七日の両日、撫順において第四回目の聯盟議会を開催した。議題は当然満洲の行く末をどうするかである。

事変勃発によって、中国は国際聯盟に日本を提訴した。聯盟の理事会ではオブザーバーとして聯盟に入っていないアメリカを呼んだりして、十月二十四日に十三対一という採決で関東軍の現地復帰撤兵案と支那側による日本人保護を可決するのであるが、青年聯盟の議事録を見ていると、どうやら既にその国際聯盟議事経過情報が来ていたようで、その審議経過に不満の議員がかなり多くいたようだ。

興味深いのは既にもう国際聯盟脱退という議案が提出されていることである。満洲事変に対する国際聯盟の態度ははなはだ偏狭であり、事変の真相をなんらわきまえていない。彼らの行動（十三対一で日本が不利な状況）はかえって事変紛糾の原因となる。国際聯盟は砂上の楼閣に等しい。事変に対して取った日本の自衛行為と主張に対する五十五聯盟加入国の対日態度を見ていれば、我々は聯盟加入の意義を認められない、故に脱退すべきだというのである。

結局この脱退案には反対もあって、議決は見送られることになるのだが、満洲における日本人の国際連盟に対する反発感情は相当なものであった。この一年半後には連盟脱退は現実のことになるのである。

もっとも十月八日には、石原莞爾は錦州に拠る張学良政府軍を飛行機で偵察方々、爆撃するという内外を驚かす行動を取っている。それは満洲からの旧東北政権の断固排撃を意図するものだった。これは当然国際聯盟への強い意志表示となったであろうし、逆に中国はこれを利用しようとしたのは間違いない。

鉄道の掌握、人心の掌握

もともと青年聯盟の目的として掲げるところは、満洲における日漢を中心とする諸民族の共存共栄であった。そして事変後において山口重次が注目したのは、瀋海鉄道が親日的な形で自主復興したことである。この鉄道は瀋陽（奉天）と海龍を結ぶ満鉄並行線で、満鉄側の条約違反という抗議を受けながら、張作霖政権が構わず作っていた鉄道であった。事変後は運行停止になっていた。九月の後半、山口はこの路線の復興を関東軍から頼まれたのである。関東軍は最初満鉄に依頼した。しかし満鉄は不拡大方針の本国政府に同調して、依頼を断ったのである。

青年聯盟で調査してみると、瀋海鉄道はろくに給料も払われていないのが実情で、失業の不安に彼らはおびえていた。自主復興をさせればうまくいくのではないかという目論見がついた。つまり山口が給料のきちんとした支払い、中華民国旗を使うなどの条件を飲むと、たちどころに鉄道は復旧したのである。むろん事変敗北はこの鉄道会社員にとっては屈辱であった。しかし面子を立ててやり、失職の不安がなくなれば、彼らは日本人に協力してくれたのである。関東軍参謀の中には、彼らの条件に反対する者もいたそうだが、石原莞爾はそれを抑えたのである。

これが山口に自信を持たせた。民族協和は可能であるという確信である。彼が小澤を再建された東北交通委員会に引き入れようとして長春にやってきたのはそういうときだった。

そして結果的に、輿論喚起のための内地遊説など、事変以前から関東軍の政治的に意図するところを期せずして自主的に受け持ってくれている青年聯盟が、関東軍にとって不得手であるところの〈政略〉の部分を受け持つことになってくるのである。またそれが「国民外交」なのであった。そして石原―山口―小澤―板垣というラインが、理想国家建国への強力なエンジンとして機能するようになるのである。

ともかくも、事変の完遂、あるいは治安の確立には、旧政権関係機関の打倒が何よりも優先する。関東軍＝石原は、それを錦州に残存する張学良政権や、北満のチチハルに割拠する共産党と手を結ぶ馬占山の打倒、平定に重点をおいた。期せずして、錦州方面には小澤開作、北満方面には山口重次が政略担当として派遣されることになった。

十月半ば、満鉄の西側を走る、洮南《とうなん》と昂昂渓《こうこうけい》（チチハルの近く）を結ぶ洮昂線が馬占山軍によって破壊された。嫩江《のんこう》にかかる鉄橋が爆破されたのである。これは独立運動に呼応した張海鵬軍が地元の洮南から馬占山の支配するチチハル（当時は黒龍江省の首都）へと進軍しようとしたためである。ただこの路線は満鉄の借款鉄道であった。つまり関東軍は権益の擁護、鉄道修理のための護衛という正々堂々の目的を持って馬占山軍に当ることができるようになったのである。

むろん参謀本部はそれ以上の軍事行動をさせる気はない。ソ連の進出を怖れてもいる。政府も反対である。石原=関東軍は違う。迅速にソ連と結ぶ馬占山軍を打倒することこそ、満洲の本当の安定につながるという考えである。十一月初旬には、石原自身が現地の鉄橋まで出向いて、作戦指導を行なっている。もちろん修理を擁護するだけの少ない戦力で戦っているために、大激戦となったからである。

しかし関東軍の総力を結集しての攻撃で、十一月十九日、チチハルを占領した。北満からの大豆が届かなくなれば死活問題となる満鉄もまた中央の説得に乗り出し、チチハルへの進出が許可されたからである。しかし馬占山軍はほとんど無傷である。チチハルを撤退しただけで、奪還の機会を伺っていた。そんな中、遂に十二月七日に板垣参謀と馬占山の会見が実現する。部下の中の共産系分子はそれに不満だが、一応の小康状態を保つことができた。

このチチハルで山口はまたも重要な体験をしている。チチハルを奪回しようと包囲陣を敷いている馬占山軍の呉松林旅長軍を壊滅させた方策である。

それは彼に接近してきたチチハルの農務会や商務会の幹部らが提案してきた方策であり、山口には参謀本部の命令でそれ以上攻勢に移れない関東軍にも、戦争になれば生活基盤が破壊される地元民衆側にも好都合の作戦と思われた。

彼らはいう。「呉松林旅長軍はろくに軍費も食糧も物資も供給されていない。我々、農務会や商務会に泣きついたり脅迫しているのが実態だ。だから将校とは懇意にしている。戦おうという気があるのは共産党の幹部だけである。これを切り崩すことができる。また兵卒はろくに給料がでていないので、小銃を買い上げられる」

山口らは彼らを信用して実施を見守った。結果的に呉松林旅長軍幹部らは懐柔され、呉松林の参謀長だった男は、後に満洲国軍のチチハル警備司令となった。また兵卒たちは面白いように武器を売りにきた。高価に買い上げるといえば、軍を脱走し、三十人、五十人の集団で農務会や商務会にやってきた。山口にはこれは驚異としか映らなかった。この結果、呉松林軍はチチハル奪回どころか、衰弱の一途をたどることになったのである。

山口が学んだのは民衆と共産党の分離策であるが、詳しくは後述する。

そうこうしているうちに、若槻内閣は倒れた。十二月十三日総辞職、十五日、犬養内閣が誕生する。事変遂行を抑える者はいなくなった。返す刀で、関東軍は錦州方面の敵を攻撃する態勢を整えた。匪賊化した張学良軍兵の跳梁跋扈は良民を困らせている。放ってはおけないのである。今度は内地からも続々と応援部隊が到着するようになった。

二十七日に遼河を渡って進撃を開始する。張学良軍はほとんど抵抗のそぶりもなく、山海関を越えて支那本部へと輸送列車で逃げ去っていった。昭和七年一月三日、錦州は関東軍によって占領され、山海関までがその支配地域に入った。

ここからが小澤の出番である。北京と奉天を結ぶ京奉線はイギリスの権益鉄道である。その山海関と奉天間を満洲新政権側に回収しようというのである。折も折り、ちょうど正月で東北交通委員会には中国人の職員しか出社していなかった。というのも彼らは旧正月を祝うからである。小澤は「君らの手で、このイギリス鉄道を接収しようではないか」と持ちかけた。大きな歓声があがった。鉄道からイギリス人を追い出し、満人幹部は交代、一般従業員はそのまま使うという方針ができあがる。接収列車も満人たちが自分たちで走らせた。おまけに機関車には中華民国旗をはためかしている。停まる駅、停まる駅、満洲人が総出で歓迎する。彼らにはまったくの失権回復の出来事だったのだ。

鉄道を運営する中英公司との折衝は小澤と奉天に戻ってきた山口が主体となって行なった。その過程で彼らは、中国人の若いインテリ、知識人は国家意識、民族意識が旺盛で、西洋帝国主義の侵略を怨んでいることをよく了解したという。もちろん復辟《ふくへき》などという古い考えはない。具体的な名前を挙げれば、阮振鐸、于静遠ら、石原に近い立場の青年ということになる。どちらも日本留学の体験があり、近代化、民主主義の見本としての日本を知っている。于静遠は保境安民主義＝文治派の巨頭、于沖漢の長男である。山口の場合、同じことは瀋海鉄道復興でも感じたところであった。この事業に我々日本人が参加し、協力する。そこから新しい満洲の国づくりが始まるのだ。それが彼ら――小澤、山口の感激となった。しかし小澤はさすがに接収した鉄道の警備に評判の悪い支那兵を使おうとは考えていない。彼が出したアイデアは、白系ロシア人の兵隊を採用することだった。それは石原の同意するところとなり、コサックを含めた革命を逃れたロシア人たちの新しい就職口となった。

小澤は万宝山事件で朝鮮人のために立ち上がり、今度は満洲人＝漢民族のために立ち上がった。そして今度はロシア人のためにも動いたのだった。これが彼の義侠心である。

もう一つ、山口＝小澤にとって重要な認識がある。それは既述した彼らの体験から来る。農務会や商務会＝満洲の草の根組織を理解し、信頼すること、それが満洲建国への大きな原動力となるという確信である。それを彼らは、事変後に関東軍から依頼されてつくった、後述する自治指導部の活動の中でも見出すことができたのである。

第三章　希望と秩序
——満洲建国

満洲建国へ

関東軍は山海関までを押さえ、熱河省は省長の湯玉麟が満洲独立を支持した（しかし後に裏切り、張学良の下に去る。そのために関東軍は昭和八年に熱河討伐をやらなければならなくなる）全満洲制圧のための残るは北満、そして東辺道である。北満は具体的には馬占山が帰順するかどうかであり、もう一つはハルビンの制圧である。

長春の北側の寛城子駅からハルビンまではソ連の管轄で、それを頼んでの輸送がぐずつくようなソ連の嫌がらせで、関東軍のハルビン進駐は二月初めまでかかってしまった。その間、民間の日本人、朝鮮人にも虐殺される者が出た。故障して不時着した日本軍機搭乗員が殺された。ハルビン在住の日本人に危機が迫っていた。ハルビンに向おうとする熙洽軍とそれに対抗する丁超、李杜軍との戦闘の余波である。ハルビン総領事、大橋忠一からは居留民保護のための悲痛な派兵要請電が本国に送られる。

自分たちで軌道を改修してでもやるという山口重次らの強硬な主張がソ連を動かし、二月五日に多門師団はハルビンに進駐、治安維持に当った。

二月十六日から奉天で建国のための会議を開くことになり、馬占山は飛行機でやってきた。他の満洲要人、熙洽、張景恵、臧式毅、張海鵬もやってくる。しかし一日いただけで馬占山はさっさと帰ってしまう。黒龍江省長になったのに居心地が悪そうである。むろん彼の後ろに共産党がいるからである。

彼ら満蒙の実力者たちのこの会議で、東北行政委員会というものが作られる。その会議の結果、中国本国からの独立ということが宣言された。三大綱領というものがあり、内政は善政、外交は国際協調、思想は反共となっている。馬占山の居心地が悪かったのは当然である。結果的に彼は四月二日、「反満抗日」の通電を発し、敵対行動を開始した。そして五月から馬占山討伐作戦が行なわれることになる。そしてこの作戦の住民宣撫に小澤が重要な働きをすることになる。

三月一日、この東北行政委員会の名で早くも満洲建国が宣言された。これにはむろん、リットン調査団が満洲にやってくるという事情＝早急な必要性も含まれている。しかし旧張学良政権時代からの悪政、経済不安、排日事件の頻発、治安の悪化による社会不安……そういったものへの飽き飽きした満洲人の感情も考慮に入れなければならないのである。恒常的に安全な暮らしへの渇望——それが満洲建国の最大の動因なのである。

もちろんそこには、満洲在住二十万人という日本人人口の問題がある。当時、中国の各地域に多くの日本人が住んでいた。しかし治安は安定しない。日本人が殺される事件は至るところで頻発していた。犯人も捕まらない。排日は刑事問題でなく、政治問題であった。

このことはリットン報告書でも認めていることである。日本は「本章において記述せられたる無法律状態により他のいずれの国よりも苦しみたり。支那における居留外人の三分の二以上は日本人にして、満洲における朝鮮人の数は約八十万人を算す。故に現在の状態において支那の法律、裁判及び課税に服従せざるべからざるとせば、これにより苦しむ国民を最も多く有する国はすなわち日本なり」（第一章より）。

つまりそれを解決しようとすることは日本人が大きな政治力を発揮せねばならぬことであった。中国政府にはその能力もなく、意志もないことがはっきりしていたからである。ただそのためには、ある程度のコアとしての総力が要る。それが可能だったのが関東軍のいる満洲であった。そしてその思想の中心にいるのが満洲青年聯盟だったのだ。〈支那〉という地域の近代社会化が可能であるところ、それが満洲であったといえる。満洲には建国当時三千万の人口がいたといわれている。その百分の一にしか過ぎない日本人が満洲建国を推進したということが問題だと非難する人もいる。しかしそうではない。やはり近代国家を既に形成している経験ある日本人が新国家建設をリードしなければならなかったのである。

しかし小澤開作や山口重次にはそれだけではいけなかった。満洲は日本人だけで建国するものであってはいけなかったのである。これは当然、石原莞爾にもいえることである。彼らの頭には満人社会の草の根民主社会＝自治社会への信頼があった。そこを基盤に、協和社会の実践をなすことができるのであると考えた。自分たちはそれを表面に出せるように手伝うだけであるという考えである。

思想建国へ

石原莞爾は満洲事変以前は、事変後の満洲を関東軍の占領体制にするつもりであった。しかし実際の事変が経過する中で、独立国家建設という方針に傾いてくる。そして満洲に住む漢民族の協力なしでは満洲国の建設など無意味だと思うようになっていった。それは端的に小澤や山口らの満洲青年聯盟の活動と思想に共鳴するところ大であったからである。そして小澤、山口らにつながる満洲人の新しい知識人層の意欲に大きく期待するようになったのである。

そうした彼の思想を端的に一般に公表したのが、有名な昭和七年一月十一日の奉天ヤマトホテルでの朝日新聞主催座談会の席上であった。彼の発言を拾ってみよう。

独立国家になる以上「今度は日支両国民が新しい満洲を造るのだから日本人、支那人の区別はあるべきでない。従って附属地関東州も全部返納してしまって、関東長官は失業状態ですな、そして本当に一緒になってやるのでなければいけない。日本の機関は最小限度に縮小し、出来る新国家そのものに日本人も入り支那人も区別なく入って行くがよろしいと思ふ。それが出来なければ満蒙新国家もなにもないと思ひます」「つまり私が新国家に職を奉ずるならば新国家の聯隊長に任命されるので、それでなければ結局日本のものにするか、支那のものにするかです。日本の軍隊を満洲におかなければならぬといふならば関東軍司令官は置かなければならぬし、日本と新国家の関係に領事が必要ならば領事を置く。なくていい融和的のものならば置かぬ。関東長官は絶対に失業、但し関東庁の役人は新国家の役人になりたい人はなればよい。于大人が大統領になれば于大人から辞令をもらへばよい」

「新国家に活動したい方はその国家に国籍を移すのですね」

石原らは、満洲に住む民族の大多数を占める漢民族の中から生れてきた新しいナショナリズムを等閑視することはなかった。それを満洲建国に生かすことを考えたのだ。生かすことで彼らは「親日」になる。新しい漢民族の意識は関東州（旅順、大連）は日本の殖民地であるということである。それを日本から自主的に満洲国に返納すること、それによって満洲国に対する愛国心が彼らに芽生えるのだという考えである。日本に搾取されているという意識が彼らからなくならなければ、本当の満洲建国はできない。またそうしなければ、共産主義者に乗ぜられる恐れが大であるという認識であった。そしてその新しい国に諸民族が「区別なく入って行く」のである。

同席し、石原の発言を聞いていた于沖漢は感心してこういったと伝わっている。「石原さん、あなたは商売がうまい。関東州をくれてやって、満洲全部を取ってしまう」。

小澤や山口の活動は、この石原の建国理念を実際の満洲建設に実現することであった。

自治指導部

事変後空白となった奉天の中央行政を立て直すために、袁金凱、于沖漢らが中心となった治安維持委員会が組織され、それは遼寧省自治委員会へと発展をとげ、十一月には臨時遼寧省政府へと変貌をとげた。その政府を指揮監督するために最高諮議委員会が設けられる。于沖漢が委員長である。この委員会の部署で最も重きをおかれたのが自治指導部である。

自治指導部は関東軍の制圧下となった奉天省（遼寧省）の治安回復、戦後復興のために組織されたものであり、関東軍が満洲青年聯盟と大雄峰会に依頼して作られたものであった。大雄峰会は満鉄社員の東大以外の大学卒の集まりで、中心となったのは笠木良明である。青年聯盟側の中心となったのは連盟顧問の中西敏兼であり、彼の意見で自治指導部を作ることになったのである。笠木と中西は大学の同期生でもあった。

またこれは青年聯盟の建国理念とも一致するもので、中央に自治指導部を置いて県政を監督する。省内の県政を県民自治にし、自治を指導し、自治委員会を置き、県民代表を公選するというものであった。于沖漢が喜んでその部長を引き受け、息子の于静遠も参加した。大雄峰会もこれに参加する。その本部として、奉天の同澤女学校が使われることになった。これは張学良の経営していた女学校で、山口重次はこういう教育施設を廃止して使うことは問題があると反対した。ところが満人側の若い青年委員が「あれは張学良やその取り巻き幹部のための〈ダンサー〉養成所で、美しい娘や人妻を見つけたら拉致して送り込んで性的奉仕をさせ、その親や夫を泣かしていたところである。これは王道の実行だ」といったという。山口は感心した。こういうところに新しい漢民族の姿が現れていると、彼に自信を持たせたのである。

この自治指導部ができてからしばらくすると、奉天にいる小澤開作の下に長春の顔役たちがやってきた。吉林省でもこの自治指導部を作って欲しいというのである。というのは、以前から県行政というのは売官制になっていた。入札で決められるのが慣例で、一ヵ年の税金を前納したものが県長になる。親族を役人に任命し、あらゆる方法で県民を搾取する。行政は肝心の警察以外は放り出してなにもしない。仕方ないので県の農務会や商務会が別に金を集めてそれらの行政をやっていた。県長は結局私腹を肥やすだけである。一代やれば三代寝て暮らせるというのが実情だ。奉天省はそれらの県長どもを追い出し、自治委員を農務会、商務会で占めて新しくやり始めた。これは実にいい制度であるから、吉林省でもやって欲しいと陳情に来たのである。

農務会の組織は末端の村落からある。自然発生の自治組織であり、匪賊撃退のための自衛団さえ持つ。それがいくつか集まって郷農務会となり、県農務会となっている。この満洲人の自治組織に小澤や山口は注目したわけである。これは自生的な民主組織である。これを味方にすることによって満洲建国はなるという確信である。

この彼らの理解を別の視点から見てみよう。戦前の支那学者として有名な長野朗の証言である。彼が大正十三年、北支を見て歩いていたときの実見談である。

「山東の村々を歩いた時には、どの村も土壁があり、村内にトーチカのやうな高い望楼があり、古鉄砲の口がそこから覗いてゐたが、河北の村には見当たらなかつた。たゞ県城に入ると、城内治安のための警察があつたが、それも私設で商会即ち我が商工会議所が経費を出して設けてゐるのもある。易県では軍隊が一中隊居たが、それも商会が治安維持のため設けた施設だといつてゐた。かうして地方の自衛も大体村や町でやつてゐるのである」（『支那三十年』）

河北省も戦乱の最中にあった。自らを守るのは自らしかない。既存の政府など始めから信用していない。そうした自治組織の存在に小澤らは注目した。その自治組織こそ、彼らが日本の故郷で育成され、体験してきた共同体の姿にうまく重ね合わされるものだったのではないだろうか。むろん天皇の日本においては武装化は不要であり、国家不信という性格は持ってはいない。

もっとも彼らの仲間である十河信二満鉄理事はこういう自治指導部を批判していた。元々支配者を信じていないからこそ、支那社会には自治が自然発達している。自治は日本人に教えてもらわないでも彼らは知っているのだという。自治を教えるなどおこがましいというわけである。しかしだからこそ、于沖漢が指導部長を引き受けたのだろう。その意味では、小澤や山口は改めてその存在の大きさを知らされたということになるのかもしれない。山口のチチハルでの体験はその最たるものである。

そしてもちろんその自治は、満洲の独立、建国へと進む意図を汲んでおり、そのための自治指導部なのであった。

協和党設立

自治指導部は三月一日の建国（大同元年）とほぼ同時に廃止された。代わって作られたのが国務院資政局である。これは自治指導部の理念を受け継ぐもので、建国のための人材を育成し、奉天省以外の全満洲に派遣する役目を負っていたものだった。その人事過程でトラブルが起こった。日本人の人事権を握っていた笠木良明と人員では圧倒的な優勢を誇る青年聯盟との間で対立が起こったのである。

資政局の官制には、「建国並《ならび》に施政精神の宣伝に関する事項」というものがあって、笠木の組織する大雄峰会では「民族協和」というのでなく「天業恢弘」——つまり神武天皇がなしたような偉業を満洲に達成し、広めようという考え方＝日本肇国の精神を持していた。つまりこの方針で、笠木は満洲国に働く日系官吏の募集や育成、指導監督をこの資政局で行なおうとした。

趣旨は立派でも、その〈天業〉なるものが他の異民族に理解されるかはまた別問題である。まして彼らは、建国以前から青年聯盟の思想や板垣征四郎を批判するような言動をしていた団体であった。建国の功労者の多くいる青年聯盟員にも官吏となることを希望している者もあったが、大雄峰会に推し止められ、軋轢を生む。具体的な例を挙げれば、奉天省では金井章次より甘粕正彦が新しい官制ではるかに上となっていた。建国のためにどれだけ働いたのかという感情がさすがの金井博士にも湧いた。もちろん甘粕は大雄峰会とは無関係であるが。

それはともかく、大雄峰会と青年聯盟のトラブルを「猟官喧嘩」とあさましく嘆いた山口重次と小澤開作は、その原因を建国意識が統一していないことにあると結論付けた。なさねばならないことは、建国精神の普及だ、精神的国づくりだ。そのための組織を作ろう。そこで山口が一気呵成に作り上げたのが「協和党設立要綱」であった。

実はこのとき、山口には交通部の総務司長、小澤も新政府での地位を約束されていた。しかし二人は民族協和のほうが大事だと、それを断り、民間の立場でそれに打ち込むことを決めたのだった。

山口の作った協和党設立要綱は、「趣旨」「宣言」「綱領」「党法」の四本柱によってできている。そして事変の推移において登場してきた新しい満洲人インテリと自生的自治組織の力量を信頼した内容のものとなった。「趣旨」にいわく、「満蒙在住三千万民衆はその永年の憧憬たる民衆自治の新国家を建設し満蒙の荒野に平和の燭光を見るに至れり」、協和党を設立する理由は、満蒙の既住諸民族が「従来の民族的偏見を捨て渾然融和して大同団結し同志協力以て新国家の完璧を期」すことにある。そして党法第一条に「満洲国は満洲国民をして満洲協和党を設立せしめ建国精神の作興と施政暢達《ちようたつ》に充《あ》てしむ」（原文片仮名）というようにである。その基盤となる組織は満洲全域にある農務会、商務会である。当然それは一国一党の組織であって不都合はない。

この案は石原参謀に喜ばれた。そしてその党作りとその経費に、石原は当時の金額で二万円という巨額をつぎ込むことを即決した。むろん板垣高級参謀の同意の上である。四月一日、奉天の忠霊塔の前で小澤らは結党式を行なった。設立委員は于静遠、阮振鐸、小澤、山口、和田勁（満洲国軍の母体となった靖安遊撃隊司令官、後の東亜聯盟同志会会長）の五名であった。

協和党の宣撫活動

協和党ができて最初の仕事は馬占山の反乱に伴う北満方面での宣撫工作であった。

満洲建国に参加した馬占山は形として黒龍江省の省長となり、また政府の軍政部長（大臣）をも兼ねていた。しかし四月二日、その地位を捨ててチチハルに脱出、「反満抗日」の通電を発して、北満一帯に反乱軍を組織し始めた。それに応ずる旧部下たちは相当の軍勢に上った。反満洲国の軍事行動は四月下旬から始まった。

彼はなぜそういう行動に出たのか？　やはり北満一帯に根を張る国際共産党の働きかけが強かったのであろう。このままでは自分は侵略日本の手先になる……。

この時期、板垣も石原も日本に一時帰っていた。若い参謀たちは中央に大きな助成を受けた。その軍力で一気に馬占山を叩こうとした。しかしそれは山口や小澤の考えとは違っていた。小澤たちには馬占山が共産党と結びついていても、〈満洲のナポレオン〉と呼ばれるだけの英雄性を持っていることが理解できていた。単なる武力討伐では問題は解決しない。馬占山を支持する民衆の心の奥深くまで届く工作が必要なはずだと。

関東軍は馬占山とそれに呼応する北満の共産系ゲリラの討伐に従事することになる。そしてそれと同時に、彼ら共産系の反満洲国宣伝に対抗するために宣撫活動をやらなければいけなくなった。五月二日、青年聯盟の仲間の永江亮二が宣撫班長となった臼田少佐からそれを頼まれてきた。南満の宣撫活動で大きな成果を上げた聯盟にその経験を見込んで頼んできたのであった。経費は月二十万円、聯盟の名前は出さず、「軍宣撫班」の名でやってくれという。

この話を聞いた小澤は即座に「軍のビラ貼り人足に使われるくらいならやめろ」と逆ねじを食らわせた。しかしその翌日、石原参謀は山口、小澤を呼び出し、宣撫の大切さを説くと共に、「協和党の主体性」を持った形での関東軍への協力を要請した。小澤はそれならばと承諾する。

この宣撫活動の仲間に八木沼丈夫がいた。山口はかつて満鉄内で社員会の騒ぎがあったとき、重役側に立った八木沼と対立する関係にあったことがある。そういうこともあって小澤と同調したし、八木沼は満鉄社員を募って宣撫活動に従事する。二手に分かれたのである。この対立的な関係は、華北で小澤が新民会を組織し、八木沼が宣撫班を組織するようになってからも持続することになる。

宣撫の実践

宣撫とは思想戦である。むやみやたらと鉄砲を撃つことではない。その経験を小澤や山口は南満、チチハルでしてきている。しかし今度の北満、東辺道（朝鮮との国境方面、黒龍江省の一部）はその面積が格段に広くなる。宣撫活動は大規模になる。人員は増やさなければならず、経験がない新人には教え込まなければいけない。しかし驚いたことに、石原始め関東軍にもそういった思想戦への戦術教範というようなものはなかったのである。むろん共産党はそういうものは得意中の得意である。これに対抗するために、山口が中心となって、宣撫のための教範を作り上げた。「逆徒鎮定民心収攬要領」という。工作の目的は、「軍に従つて戦地に臨み、戦禍に悩み、混乱せる民心を収攬して、建国精神に帰一せしめるにあり」とあるその中から、興味ある部分を引用してみる。

「日本軍幹部に対し、満洲事変の意義、満洲建国の精神及びに日満協和の意義を説明し、協和党が従軍宣撫の使命を繰り返し説明して納得を得べし、日本軍将校の中には、匪賊討伐を日満戦争と誤解し、民衆を敵国人と見做すもの在り、注意すべし。協和党工作員は軍隊に従軍すと雖も、部隊の使用人や通訳に非ず。宣撫工作は部隊長の了解を得て、独自の立場で責任を持って実施すべし。軍幹部が工作員の使命を理解せず、或は性格的に緊密なる協同動作不可能と認めたる場合は躊躇なくその部隊を去るべし。不徹底な宣撫は効果なし」(『満洲建国の歴史』より)

山口はチチハルでの体験を語っている。寺院の仏像や仏具を持ち出そうとした三人の日本軍中尉がいた。満人からの訴えで山口らが現場を押えて、それの返還を要求した。中尉らは軍刀の柄に手をかけて脅かそうとしたが、山口が「自分たちは軍司令直属だ」と説得して仏具類を返還させた。そうなると自分らは日本軍将校より偉いということになり、その後の民衆工作がやりやすくなったというのである。もしこのように強く出ることができないのなら、満人の信頼は得られない。小澤が「軍のビラ貼り人足はごめんだ」といったのは、その意味があった。

このような自分の体験は極端なものだと山口はいう。しかしそういう具体例のあることの意味を石原はよく理解していた。各作戦隊に宣撫工作員が軍司令部直属であるとの指令を出していたのである。おかげで宣撫工作が非常にうまくいったと山口は回想している。

むろん山口らは軍服でなく平服で従軍していた。平服（便衣）だが、それだけでは危険だから、「宣撫班」の腕章をつけるというのである。これは小澤の提案で、自分らは戦争に行くのではない、軍装では警戒される、親近感を持たれる平服のほうがいいというのである。この方針は後年新民会でも彼は踏襲している。

ここが八木沼丈夫の「宣撫班」と違うところである。彼らは軍服とほぼ同じ格好で華北を闊歩していたのである。八木沼は彼なりの満洲建国工作のやり方を山口らとは別に会得し、それを実践に移し、自信はそれなりにあったのだろう。

どういう工作要領があったかを紹介する。大きく二つに分かれる。敵前宣伝工作、敵陣地内宣伝工作、討伐終了地宣伝工作、後方地宣伝工作とあり、敵を見つけ出し、掃討し、その後のフォローまで事細かくやっていく方法が要領に書かれてある。まずは新聞や伝単、ポスター宣伝ビラの配布、口頭による宣伝、討伐後の活動写真、蓄音機、ラジオ放送、病気施療、貧民への施粥、そういった方法を通じて民衆の信頼を勝ち得、満洲建国の意味、民族協和の理解などを推し進めていくことができるのであると。

こうしたパンフレットの一つに山口の別の「逆徒鎮定宣伝要領」というものもあって、その第四部「地方住民に対するもの」に注目すべきことが書かれている。商務会、農務会の幹部たちは、新国家（満洲）のためいかなる場合においても同盟者なりというのだ。これらの人物の人心を把握するのが政治工作員の第一の任務である。これが成功すれば、残りの一般民衆の支持はおのずと手に入るものであると。これが山口や小澤の体験からくる教えなり、宣撫要領であった。

こうしたものの他に、共産党や国民党の工作教範を翻訳して配布もした。それらには元共産党員だった者の協力も得ている。つまりこの宣撫工作には、日本人と満系が半分ずつ、計六十四名の人員を以って構成されたのである。事務所はハルビン、首班は于静遠、小澤開作、大羽時男（青年聯盟）の三名。五月十四日に奉天から小澤、大羽は先発し、ハルビンで準備を整えた。各宣撫班が北満の各地に散らばって活動に行くのは十九日になってからである。

宣撫の具体例と阿城事件

宣撫班員たちは一応討伐が終わった各県城に出かけて、要領のごとくに商務会、農務会に出かけ、座談会を開き、彼らの希望や陳情を聞いて回り、また宴会を行なって懇親を深める。報告書を作成してハルビンに送る。既にこういうところには共産党側の宣伝が行なわれていて、日本軍の悪虐さを信じてしまい、一般住民が逃亡しているところもある。むろん匪賊化した旧軍兵士による掠奪暴行に恐怖して、日本軍、新生満洲国軍による早い治安の回復を求めているところもある。日本軍の部隊長とも話し合っておく。中には匪賊討伐のためには良民の中に被害者が出るかもしれないから覚悟しておけという無理解な隊長もいた。山口らの考えと背反することはいうまでもない。

ともかく多くの宣撫班員たちは住民の信頼を勝ち得ていた。むろん無事ではすまないこともある。銃撃で負傷、殉職する者も少なくなかった。その中には日本人女性と結婚していたために、張学良排日政策のあおりを受けて東支鉄道をクビになり、民族協和を掲げる協和党の思想に共鳴して入党した呂維清という中国人もいた。赴任途中の船上にいて対岸から撃たれた。治安はまだ確立していない何よりの証拠である。五月二十日のハルビンでの葬儀にはもちろん小澤も参列している。彼は後に満洲国の小学校教科書に載せられ、建国の柱石として讃えられる。

こうした協和党の宣撫工作の初期において起きた阿城の事件がある。これは石原や小澤、山口らに非常に大きな教訓となった事件である。以下、当事者の広吉宣撫班長の報告書からまとめてみる。

阿城とはハルビンの南東、約三十キロの地点にある県城所在地である。派遣された宣撫班員は日本人の広吉辰雄、他満系三名。五月十九日に阿城に到着した彼らは早速宣撫工作と情報収集に乗り出している。ここには既に満洲国軍の吉林軍第八旅が駐屯していた。報告書を読むと、彼らは精力的に毎日地元民との懇談会、座談会、それを兼ねた宴会などを開いている。満洲建国の目的、意義の説明や講演会、城内、城外のポスター貼り、小学校での生徒に対する講演もやっている。広吉は元々青年聯盟員であり、地元民の使う満語も流暢だった。反応は上々だと思っていた。

しかし二十二日、思わぬことが起きていた。自分らが貼ったビラやポスターが剥がされ、泥や墨汁が塗られ、改竄されているものもあった。「打倒胡匪」が「打倒日本軍」と修正されているのである。城内に共産党員、あるいは吉林軍の中に不穏分子がいるとしか思えなかった。また歩いていると、自分らに向かって「我らの敵を葬れ！」などと叫ぶ兵隊が少なからずいた。容易ならぬ事態である。

県長に相談すると、駐屯軍の中にいる者の仕業であると断言した。機会さえあれば、掠奪をする支那の粗暴な伝統的兵隊の仕業だと。彼らに共産党員が抗日をそそのかしているのだと広吉らは理解した。そしてそれを吉林軍の軍事教官として来ている味岡義一大尉に報告すると、「そんな者は兵卒中にいない、県長や公安局の怠慢だ！」と相手にしない剣幕だった。そうこうするうちに吉林軍の少佐と兵卒が多数逃亡した。

また二十七日、阿城県城東方十六キロ地点のところに、一万の抗日軍がいることが地元民の情報から判った。彼らは日本軍の進駐を希望した。危険が切迫しても、吉林軍は当てにならないことが彼らには判っていたのである。広吉はハルビン特務機関に日本軍派遣の要請電報を打つと共に、自らも二十八日ハルビンに列車で出向き、小澤本部長に情勢を報告、翌二十九日午後、阿城に戻った。

その夜のことである。突然拳銃の発砲音が聞こえ、敵襲が始まった。広吉は班員を起こし、自由行動に任せ、脱出できれば本部に通告し、援兵を乞うよう頼んだ。自らは部下の官輔臣が作った薪の山に隠した鉄管の中に二人で隠れて情勢を見守った。銃声が鳴り、わめき声が聞こえ、手榴弾が破裂し、機関銃の乱射、ラッパの音と県城内は阿鼻叫喚の巷と化した。

闇夜の襲撃を持ちこたえると、朝九時四十五分、日本軍機の音が聞こえる。上空に三機が旋回していた。官輔臣は広場に「広吉」と大書した旗を広げて合図した。爆撃回避の目的もある。しかし四十分後にまたやってきた日本軍機は城内に爆撃を始めた。広吉は三十発目までは数えたという。

午後になってようやく銃砲声がやんだ。県長は斬死していた。公安局長は拉致され、兵隊は一人もいなかった。監獄は空けられ、囚人が銃を持ち、脱走兵が共産党と共に入り乱れ、掠奪、暴行、放火と県城内は眼も当てられぬ惨状となっていた。夜になりまた銃声、掠奪が始まり、再び地獄図と化した。広吉と官輔臣は生き残った市民と共に銃を持って戦った。平静になったのは六月一日である。しかし阿城は襲撃と砲撃、爆撃とによって死の町と化してしまった。ただ宣撫班員は全員幸運にも微傷で済んだ。商務会員らの護衛もあって、彼らは変装し顔に泥を塗って阿城を脱出し、ハルビンに戻った。

そういう事件である。小澤、山口らはこの事件から、これは全くの思想戦における敗北だと深刻に学んだ。まずやるべきだったのは満軍幹部と協力して共産党狩りをやるべきだったと。そして宣撫班にいた共産党からの転向者である黄子明らの話から以下のことが判った。国際共産党がやろうとしたのは、日本軍、宣撫班への攻撃だけではない。民族協和の方針が失敗するようにとの、奥の手の「破壊赤化戦術」なのであったのだと。

「破壊赤化戦術」と「匪民分離戦術」

「破壊赤化戦術」とは山口重次の造語であるようだが、日本軍を挑発して攻撃を仕掛け、逆襲する日本軍の攻撃によって県城、あるいは地域、農村を破壊せしめてしまうことである。民衆はそれによって殺傷され、無一文になり、地域は荒廃する。そして共産党は民衆に反日の気運を持たせる宣伝に成功するのである。「お前たちがこうなったのは、日本の侵略のせいである」と。

山口は、広吉たちに暴言を浴びせていた吉林軍兵士はそのものずばりの共産党員であったと断言する。広吉らはそれを吉林軍が反日となったとは考えない賢明さを持っていたから、あわてることなく冷静だった。二十九日夜の兵乱は、そうすることで阿城が反乱軍に占領されたと見せかけることができるとの第二派思想戦であった。これに動揺した日本軍はまんまと引っかかり、城内爆撃をあえてした。城内は破壊の惨状に眼も当てられぬ状態となる。市民は暴動を起こし、流亡化する。日本軍への反感、恨みがつのる。そういう戦術なのである。

阿城の場合、幸運にも県長ら幹部、商務会、農務会が親日的であったからそうはならなかっただけのことだったのだ。

小澤らはここから「匪民分離戦術」を考案する。文字通り、匪賊と民衆を正確に分け、攻撃してよい部分と味方につけねばならない部分とを腑分けすることである。そのためには自生の民主的自衛団体である商務会、農務会の支持を取り付けることである。信頼させることである。そしてやはりこの商務会、農務会をそのまま協和党の地方地盤組織とすることとの必要性の再確認だった。

この「匪民分離戦術」は奉天で石原、板垣両参謀に具申された。小澤からこの戦術の骨子を聞いた石原は「素晴らしい作戦を考えてくださった。早速研究して実施します。私らも良民も、陛下の赤子である兵士も傷つけたくないのです」と感謝した。小澤の目から大粒の涙が落ちた。

阿城の農民たちが抗日軍の襲撃情報を事前に教えてくれたように、彼ら地域に住む草の根組織との信頼関係があれば、匪賊や共産匪の情報を手に入れることができる。匪賊が移動している情報が確実となれば、それを広野で包囲して殲滅することができるのである。これは多大な効果を上げた。結果的に馬占山軍を壊滅するためには、七月の終わりまでで済んだのである。実質的には二ヵ月あまりであった。馬占山自身は戦死を装い、ソ連に逃亡する。

しかしこの「匪民分離戦術」ができなかったばかりに、多くの満人犠牲者が出た例がある。悪名高い「平頂山事件」である。

この事件が起こったのは、満洲事変勃発一周年の昭和七年九月半ばのことである。それはまた日本の満洲国承認日とも重なっていたが、阿城の事件からわずか三ヵ月後のことである。このときには石原は既に帰国していた。事変一周年を期して、反満抗日軍が撫順炭鉱を襲撃した事件が起こった。安全情報を彼らに通報していたという疑いが、平頂山のある満人村にかけられた。証拠もあったのだが、村人全部がスパイというわけではなかったろう。結果として村人たちは通敵行為を理由に日本軍に集団虐殺されてしまったのである。これは「匪民分離」ができなかったためである。そしてまさにこれは共産党の格好の国際社会に向けての反日宣伝材料として利用され、国際聯盟にも持ち出された。「破壊赤化戦術」の勝利となったわけである。相手の思う壺にはまり、思想戦に敗北したのである。そう理解すべきであるのが「平頂山事件」なのである。

ともあれ、劇的な阿城事件などを通しての宣撫工作には学ぶべきことが小澤らには多くあり、それを教訓として続く東辺道や翌年の熱河討伐作戦への充分な従軍対策がなされることになるのである。

特に東辺道は朝鮮と国境を接する。朝鮮の独立運動をしている者は、この国境地帯に潜伏している者が多かった。特に間島（現在の延辺自治区）は朝鮮人が多く、共産党活動には付け入られやすかった。高句麗共産党もここに設立されていたのである。しかし協和党の「匪民分離」工作と、満洲国の民族協和の建国理念宣伝が効を奏して、いわゆる「不逞鮮人」の一万人近い帰順が相次ぎ、共産党の勢力は激減していくのである。むろんこれに対抗するように、共産党の地下活動は複雑化することになる。

東辺道ではないが、山口は安東（鴨緑江河口の町）での体験を語っている。朴昌海という朝鮮独立党の首領が住んでおり、朝鮮では欠席裁判の末に無期懲役という判決が下されていた。山口は何とか手づるを頼って彼と会い、帰順の交渉をした。「朝鮮は同化主義だが、満洲国は民族協和だ、民族は独立したままでいいのだ」と。朴はなかなか強情で、もし武器をくれるなら帰順するという。それも難題だったが、山口は反対を押し切って張学良軍からの没収兵器（小銃と実弾）を渡した。なんと朴はそれで高句麗共産党を打ち破り、帰順してきた。朴はそれから山口の親友となり、奉天郊外で大規模な水田を耕し、山口の家の飯米は満洲国時代、彼の作ったもので賄っていたのである。

小澤と満洲国承認日本遊説団

国際聯盟の満洲調査団はリットンを団長として、昭和七年四月二十日から約四十日間に亘って満洲に滞在し、満洲問題の調査を続けた。青年聯盟関係者では、于静遠、阮振鐸、小山貞知（『満洲評論』主幹）らが随員のイギリス人マースの質問に回答している。しかしリットン報告書には青年聯盟のことは一言も出て来ない。

ともかくこのリットン調査団に対抗するために、日本は早く満洲国を承認せよとの意見が青年聯盟を中心に起きていた。小澤開作もそうした一人である。リットン調査団に動揺している満洲側の政治家、軍人がいるとの情報からである。小澤は日本遊説をしてその運動を促進する必要があると考えた。善は急げ、遊説隊の団長に于静遠、引率者が小澤開作となった。三班に分かれ、日本全国を遊説して回ることとなった。日本人六名、満人八名（内女性三名）である。

遊説隊を引率して日本に向かう小澤（右端）

六月十八日に奉天に勢ぞろいし、盛大な見送りを受けて日本に向かった。日本の各地で満洲国の速やかな承認を訴えて歓迎を受け、七月六日に帰国した。小澤は東京で、青年聯盟のかつての幹部だった政治家の小日山直登や平島敏夫衆議院議員に会っている。満洲に帰ってからも、報告会、講演会で忙しかった。

　ちなみに六月二十六日、大連その他の国内九ヶ所の税関を、上海総税務署から強制回収した。満洲国が真の独立国であればそれは当然なされなければいけないことだった。

協和党から協和会へ

　山口、小澤が中心となって成立した協和党であり、それは石原も支持したものだった。石原は四月十五日の国務院会議に出席した折に、協和党設立の意義と草の根からの支持があることを説明し、設立法案を提出した。その場では何の文句も出なかったが、その後、様々なところから反対の声が聞こえてきた。日系の官吏、溥儀の周辺、それに大雄峰会がたむろする資政局である。建国の功労者である石原がいる席ではいわず、陰険に陰口すると山口は観察する。

　溥儀周辺では彼自身や国務総理の鄭孝胥の国民党を連想し、不快だ、政権獲得を目的とする団体か？　という意見が聞こえる。復辟派も同様である。「綱領」にある「民衆的政治の確立を期す」という言葉に、おぞましい民主主義の意味合いを感ずる。

　日本から来た日系官吏にも、民衆主義という言い方に抵抗を感ずる者が多かった。吉野作造の民本主義の時代からさほど遠くない。確かに民主主義＝リベラルはマルキシズムの温床になっているとの認識と社会情勢が日本国内にはある。また日本においては政友会始め、政党に対する不信感が強くなり、指導力を失っていた。そのために穏やかでない印象を受けたのである。山口のいう民衆主義が満人社会の草の根構造の中に自生的にある民主主義であり、それを尊重し、その民意を反映させたもの、つまり民族協和の理念に通じるものとは理解されなかったのである。

山口が満人たちに分かるようにと阮振鐸に頼まれて書いた、建国の理念を高らかに歌い上げた「全満の愛国者よ手を握れ」という文書がある。これにははっきりとその「民主政治」という言葉が肯定的に出てくる。しかしこれを『満洲評論』（五月二十一日号）に転載した小山貞知は、「民主公平」という言葉までは出しても、はっきり「民主政治」と書かれてあるところは「民本政治」とか、「民主・法治」というように、はぐらかすように直した。

むろん山口は不満であったろうが、「民主政治」という言葉がいかに不穏に思われ、忌避される時代であったかが判るのである。しかしこの文書の第二章のタイトルに「生殺与奪の権を律する専制政治」とあるように、山口＝小澤にはこういう張学良の専制政治を打倒し、「民意を反映させたもの」こそが民主主義であったわけで、この言葉を使うのになんの抵抗もなかったのだ。

しかも小澤らは政府を指導する団体として協和党を考えている。これに対して小澤に好意的な駒井徳三初代総務庁長官は、「国から補助金をもらっている団体がなぜ政府を指導できるのだ？　実際問題として考えてみろ」と懇々と説得したりしていた。名前を変え、七月二十五日、協和会として発足した当時の補助金は年額百二十万円であった。本庄司令官の許可したものであり、置き土産であったのだろう。これに比べて、例えば文教部（文部省）の予算は二十五万円なのである。政治機能は持ってはいても、協和会は民間団体である。建国後入ってきた事変経過を知らない、青年聯盟の苦労を知らない日系官吏には反発は当然あったろう。

しかし小澤＝山口は協和主義が判らなければ、それは依然とした権益主義でしかなく、満洲人の国家への共感を呼ばないと考える。

一方、大雄峰会の笠木らは協和党＝青年聯盟に対するライバル意識が強かった。実質的な関東軍参謀長である板垣征四郎の弾劾決議をやるようなむちゃをした。そのあげくの協和党反対であったが、むちゃをやったあげく彼らが拠っていた資政局の解散という強硬手段で息の根を止められた。関東軍自体を敵に回したのである。

笠木は内地に帰り、大雄峰会の勢力はこれでほとんど満洲から消えたが、「優れた人材でなければ日系官吏であってはならない」という笠木の思想は、後に日系官吏を痛烈に批判する石原や山口らと通じるものもあるだろう。既述したように資政局で彼は日系官吏の任命権を握ろうとしたのだ。それは新政府の民政部の不興を買った。関東軍とのトラブルが満洲追放の原因ではない。

笠木の思想は彼が作った資政局訓練所の発展した大同学院に受け継がれ、満洲国発展の礎石となっていった日本人の優れた人材を供給し続けた。山口は戦後になっても大雄峰会のことを批判的に見、笠木良明は石原のことを「軍閥」と論難していた。私には、〈理想満洲〉という理念は共有しているはずと思える両者の齟齬のありようがよく判らない。石原自身はそうではなかった。後年のことだが、児玉誉士夫を通じて「笠木さんによろしく」という人であったし、訓練所の教師も勤めた伊東六十次郎は石原の高弟の一人となり、石原亡き後の東亜聯盟運動のリーダーとなるのである。

ただ山口も、本庄、石原らの関東軍首脳が転出した後では後ろ盾を失い、あげくは協和会を新関東軍に派手にぶつけて解散させてしまおうと思ったこともあるようだ。それは資政局と似た格好である。本来の思想団体ならばそれが本当だと、笠木＝大雄峰会を懐かしく思い出すこともあったようだ。

協和党には反対が強く、協和会という名前に変更することを余儀なくされる。石原も名前だけなら と説得した。しかし綱領なども問題とされる。改変された綱領や組織には、満人の民意が反映されな いと思われ、小澤＝山口は執拗に妥協を拒んだ。改変するくらいなら、協和党を解散し、青年聯盟に 戻るだけだとまでいう。しかし〈策士〉小山貞知が片倉衷（陸士31期）や官吏側の甘粕正彦らの意向、 提案に妥協するよう山口らを説得した。結局趣旨や宣言、綱領なども小山の手で書き直しがされた。 綱領の前文に「政治上の運動をなさざるも」と明記され、党的性格は制限され、教化団体的性格を強 くした。

しかし山口＝小澤らは簡単に引き下がらなかった。「中央事務局委員会」と「聯合協議会」という 役員と組織制度を新しい綱領内に入れることで、満人の民意反映が可能になるようにした。この組織 の理事は満洲国政府の大官たちであるが、その裏方を務める中央委員は全部で十八人いて、小澤開作 は総務処長の委員、上司が于静遠、宣伝処長は阮振鐸、山口は審査処の委員という主要なところに納 まった。皆気心の知れた仲間たちであった。

協和会の七月二十五日の発足式は盛大に首都＝新京で行なわれた。名誉総裁は執政（まだ皇帝にな っていない）溥儀である。

そしてこの時期は関東軍の幹部たちの交代の時期とも重なっていた。本庄、石原、片倉らは満洲か ら去った。一人板垣は奉天司令部附（溥儀執政顧問・奉天特務機関長）という形で残るが、重要なポ ストからは外れた。半年後には熱河作戦援助のために天津に特務機関長として赴任する。つまり彼も 満洲から離れるのである。事変の責任を皆が取らされたのである。

新しい軍司令官は武藤信義（陸士3期）、参謀長は小磯国昭（陸士12期）であった。この小磯が協和会を不信の目で見ていた。彼は協和会を解散させようとした。小磯の頭の中は、日本で政党が国民の支持を失っている現状を反映していた。協和会というのもそうした政党と同じものだと考えたのだ。

「本庄司令官からの申し送りもあるから、しばらくはそうしないのだ」と露骨にいい、小山貞知らと話を聴いていた小澤と口喧嘩になった。

「協和会は満洲建国の理念を国民に普及する役目を担っている。そのために活動している。それは皇国のためである」

「皇国のためなら、なんで給料をもらっているんだ？」

「かすみを食って生きているわけではない。生活費を頂戴するのは当然だ！　あなたの軍人としての給料はいくらですか？」

「本官を侮辱するのか！」

小澤はドアを蹴って立ち去った。山口も小磯の無理解に嘆かわしく思うばかりだった。

しかし、彼らが小磯の無理解に腹を立てるのも道理だった。奉天を含む南満でさえも、治安が確立されているように見えているだけだったからだ。平頂山事件が起きたのはこの九月、奉天の近隣である。

そうした治安確立のために、その思想戦に協和会＝青年聯盟が一年間どれだけ働き、死者も出してきたのか！　と小磯の無理解に彼らが不快だったのは当然である。小磯も戦うことしか頭にない軍人だったのだ。小磯が協和会の廃止を考えているその間に、協和会員は命がけで共産党や匪賊相手の鎮撫＝戦いに従事していたのである。しかしそれだけではなかった。

水難対策

協和会の満洲人対策は政治運動だけではなかった。昭和七年は、北満は未曾有の洪水の年でもあった。満洲の民衆は兵乱だけでなく、自然災害にも苦しめられたのであった。六月頃から雨が降り続き、松花江を始めとする河川が氾濫した。北満は標高差がない。一面の平地である。氾濫すると、排水溝となる川は松花江しかなく、いつまで経っても水は引かない。

協和会ハルビン本部の小澤とチチハル事務局の大羽時男が奉天まで相談に来た。ともに被害の深刻なところだった。山口との相談で、各地の農商務会との連携で、災害復興を手助けしようということになった。小澤はハルビンの北部の呼蘭―海倫間の鉄道沿いの経済復興、山口、大羽がチチハル―克山間の鉄道沿いの復興と手分けする。その線路沿いが一番被害の大きいところだったからだ。驚いたことに、こういう自然災害も共産党は無知な庶民への反日宣伝材料としていた。「日本の侵略を龍神が怒って、こうした災害が起きたのだ」と。

山口はその年十一月、一年ぶりにチチハルに飛行機で出かける。山口は機上から見た模様を描写する。部落や高地がぽつんと島のように取り残され、橋のように冠水した鉄道線が見えている。大氾濫だ。寒くなればこれはそのまま結氷し、人々の生活は完全に破綻する。高粱、粟など作物はほとんど取れていない。高地で取れた大豆も平年の二、三割だと。

山口らは苦衷にあるチチハルの農務会、商務会と相談の上、南部の諸都市、農村から救済食糧を北送し、被災地からは獲れた大豆類を幾らかでも協同出荷で南送するという方策を取る。農商務会の要望で、満鉄に交渉し、救済物資運賃は半額、協同出荷代金は無料にしてもらうことができた。不思議なのは、各県城に日本軍兵を駐屯して欲しいということも要望の一つで、兵一人に一ヶ月五十円（当時の金額）出すという。もちろん関東軍が有料で雇われるわけがない。国民に要望された当然の警備任務として各県城に配備された。山口は駐屯要望の理由を尋ねた。

「実は、各県城の商人は誰も商品を隠している。災害だからといってないわけじゃない。しかしそれを出すと、馬賊だけでなく役人や警察官が掠奪に来る。日本軍兵がいるとそういうことができなくなる。品物が県城にあふれ、にぎやかに商売ができる。軍隊の駐留は無料ということになって、有難いことこの上ない」と笑って答える。

山口は彼らのしたたかさに改めて舌を巻いた。そして経済活動は見事に復興したのである。そうした救援活動で協和会はさらに満人の農務会、商務会の信頼を確実なものにした。固いきずなが結ばれたのである。

山口にこの要望をしたのは、チチハル商務会長の張書山である。彼はこうして協和会の有力な支援者となったのである。十数年後、満洲国が崩壊した後は、日本人の安全な帰国を援助し、新しい協和会を作るのだとして共産党に抵抗し、捕えられて銃殺された。

彼は反共ではあった。しかし彼をして日本人を助けようとした心構えは、「家規高於国規」にあったといえるのだろう。これは家の付き合い＝私交は国家の掟より優先するという、国家を信じない漢民族の歴史から生まれた独特の倫理観である。張書山は協和会やその仲間の日本人と深い信頼関係ができておればこそ、引揚げに苦悩する日本人を見捨ててはおけなかったのである。

こうした民間社会では信用と道義が尊重されている、だからこそ常に無政府、無法律の状態にある支那で社会秩序は維持されるのだと山口はいう。これは内田良平が『支那観』でいうところの「普通社会（農工商社会）」のことである。「政治社会（読書社会）」や「遊民社会」と無関係に生きるこれらの人々の希望や意見を新しい満洲の政治に生かそうと山口は考えたのである。そうであってこその民族協和だと。

神田正雄という支那通ジャーナリストがいる。彼は『謎の隣邦』（昭和三年）で、内田の『支那観』で分析されている支那社会を構成する三つの社会概念、「政治社会」「普通社会」「遊民社会」を使って支那を理解しようとしている。

彼は明治三十四年から大陸に渡り、顧問教師や朝日新聞の特派員などをし、辛亥革命を現地で体験し、対支二十一ヵ条要求の頃は森恪とともに北京にいて、日本政府の鞭撻をしていたという経歴の人物である。袁世凱、孫文、蒋介石と何度も会見している。

ただ彼は『謎の隣邦』においては、「普通社会」を「良民社会」と言い換えている。内田はこの三つの社会を全部否定的に見るが、神田は「政治社会」「遊民社会」を否定しても、「普通社会」は好意的に見ているわけである。この点において、神田と山口の支那理解は共通する。

そして神田は支那四億として、「政治社会」は一千万、「遊民社会」は二千万、残りの三億七千万が「良民社会」だと分析する。おそらくこれも山口は共感するだろう。支那社会は否定さるべきものばかりではないのだと。

このような山口の満人理解はそのときには日本にいた石原莞爾にも伝わっていたようだ。仙台の聯隊長時代の講演で彼は次のように述べている。

「満洲にゐた真面目な日本人の頭の中には、非常な変化が起こりつゝあつたのであります。それは、何であるかといふと、今まで、漫然、既得権擁護の為、支那人を皆、我敵の如く思つてゐたのですが、本当に吾々に対して悪いのは、学良とその一派である」

「あの暴虐な軍閥を追い除けて、簡明公正な政治の下に満洲人に自治を施行さしたならば、三千万の民衆が幸福になる。否彼等をして幸福にするには是以外に途《みち》が無い、同時に吾々日本人も初めて満洲に安住出来る」

そして「遺憾ながら人民は官憲に相当疑ひを挿んで居りますし、殊に新しい国家の組織に対してはさう信頼して居らず、新しい官吏は不馴《ふなれ》で殆ど手を施すことが出来なかつたのでありますが、日本人と満洲人が本当に手を握つて居る満洲国協和会が中に入つて迅速に食料品の供給をやり、辛じて危機を一掃したのであります。それで黒龍江省に於ては非常な信頼を受けて居ります」(『石原莞爾』西郷鋼作著より)

なおこのとき山口は黒龍江省長の韓雲階にも会って、一緒に水難対策に当っている。韓雲階は当時三十八歳。王永江と同じ遼東半島(関東州)の金州の生まれで、文治派の流れをくんでいる。日本に留学した親日派である。省長になったきっかけは、張作霖の顧問当時から面識のあった本庄繁関東軍司令官に直々に馬占山引き出しを頼まれたことにある。馬占山を奉天に連れてきたのも彼である。馬占山が反旗を翻したために、その後の省長に暫時納まっていたのである。建国後、満洲国の経済部大臣、満洲国のヨーロッパ使節団団長、満洲電業理事長などを勤めた。満洲国崩壊後は台湾などを経由して日本に亡命。昭和三十二年の山形県、西山農場での石原莞爾墓前祭では、涙ながらに祭文を読んで石原を追悼した。漢民族の石原信者の一人である。一九七二年、アメリカで死亡する。

山口重次の次長就任

政治工作や経済工作による協和会の草の根組織の充実は、小磯参謀長の解散意見を許容しなかった。部下の参謀たちもあらかた賛成だったからである。彼ら新関東軍が民族協和という建国の大義名分をおろすわけにもいかなかったのは当然である。山口たちは辛うじて国家の進むべき方向の舵取りをすることはできていた。

ただ百二十万円という補助金は削られた。年額七十五万円（最後の総務庁次長・古海忠之の回想では八十万円）となり、政治活動はしてはならない、民衆の教化団体という性格を押し付けられた。山口らは妥協を余儀なくされたのである。しかし山口は回想する。満洲の各地方における満人の農商務会が実質的には協和会の地方支部となっている。そのために活動費も支部費用も安く済んでいる。減額はまったく打撃とはならなかったと。

昭和八年（大同二年）の初め、関東軍は長城以北でまだ満洲国政府にまつろわぬ形となっている熱河省の討伐に本腰を入れた。省長は湯玉麟であり、張学良とはその親の時代から浅からぬ因縁を持っていた。また熱河省の位置関係は支那本部 China proper と近接しており、国民党や共産党の影響が反映しやすい形となっていた。また実際そういう働きかけがあった。そうした理由もあって、湯玉麟は満洲政府に全面的に服従する姿勢を取れなかったのである。その討伐過程で宣撫班が編成しなおされることになり、協和会中央事務局次長の中野琥逸が班長となって赴任した。その後釜の次長として、山口重次が就任することになったのである。

これは小澤開作には思いがけぬ朗報であった。これで協和会を思うように操ることができる。民族協和を旗印に、首都である新京に進出してやろうと考えた。それまで協和会本部は奉天にあったのだ。すぐさまそれは実行に移された。長春の顔役であった小澤である。満鉄附属地中央通二一番地の新築中のビル、二階と三階を借り切った。

当時の新京はまだ、それこそ森鴎外のいう「普請中」であった。政府庁舎も古い建物の間借りで、宿舎もろくにない。南京虫の出る宿ばかりで、政府官吏も新京（長春）駅のホームに留めた列車をホテル代わりに使っていた。恨みがましく思われたことは想像に難くない。

なお、中野琥逸は支那事変勃発後に、満洲国から南洋視察を命ぜられて出かけた旅先のシンガポールで毒殺されたという。騒然とした時代の反感を買ったのかもしれない。

石原莞爾の満洲帰還

関東軍が熱河討伐に従事している頃の三月二十五日、新京駅に石原莞爾が降り立った。昭和七年八月に東京に帰任した石原は、しばらくしてジュネーブで行なわれる国際聯盟総会臨時会議における帝国代表随員の一人として、代表松岡洋右らとともにヨーロッパに渡った。むろん満洲問題が主要な議題である。東京出発は十月六日、その四日前にはあのリットン報告書が発表されている。

日本と中国が相互に激しく相手を論難したなどの討議の経過ははぶくが、聯盟の決議は満洲国の否認ということである。それは日本として到底受け入れられる事態ではないとの結論に達して、松岡全権は二月二十四日の演説で聯盟脱退を通告し、翌日日本代表団はジュネーブを去った。

石原はジュネーブ滞在中、古本屋でナポレオン関係の文献や絵画の蒐集に忙しかったらしい。また欧米の新聞記者団に囲まれ、満洲問題や世界の軍事情勢について大いに語るところがあった。ロンドンではたまたま欧州視察中だった商工省官吏だった椎名悦三郎が石原の講演を聴いている。「イギリスといえども、シンガポールを乗っ取るのはわけがない、そうしないのは武士の情けだ」と露骨に威勢のいいことをいっていたと回想している。椎名はその後、満洲国政府に入り、経済、産業開発に五年間挺身している。満洲問題を重視する上司、岸信介に勧められてのことである。本人もその気は十分にあった。満鉄初代総裁後藤新平は、彼の叔父という関係でもあった。戦後岸信介に引かれて衆議院議員となり、自民党の重鎮となっている。

石原はシベリア鉄道経由で日本に帰る途中で、新京にやってきた。新京駅は歓迎の黒山の人だかりであったという。宿舎の「満洲屋」旅館で待っていた小澤開作と山口重次に石原は語る。

「日本は国際聯盟を脱退しました。この結果を真剣に考えなかったら、日本は自滅です。私はロンドンで日本は世界を相手に戦っても負けないと大言壮語しました。はったりだという人もいますが、そうではない。現勢力ならば負けないだけの公算はあります。しかしそれは現在の均衡状態を前提としています。これからアメリカもイギリスも、ソ連も軍備拡張にしのぎを削るでしょう。彼らは満洲事変で、平和的手段で世界を支配することはできないと自覚したのです。日本は彼らに対抗しうるだけの戦力、国力を増強しなければいけません。それには日本だけでは資源が足りない。少なくとも日満支三国の共同体を作り上げる必要があります。そのために満洲国の早急な完成を必要とします。民族協和はうまくいっていますか？　どうもそうは思えないのですが……」（『満洲建国の歴史』）

石原が部屋を出て行った後、小澤は茫然と立ち尽くしていた。顔を真っ赤にして、「世界情勢を聞いていると、一日も安閑としてはおれない、日本の権益主義と戦わなければならない」と山口に話した。東亜聯盟の完成――そのための覚悟を新たにする二人だった。

山口＝小澤のいう権益主義（帝国主義）とは、民族協和とは正反対の概念である。満人に対して優越感で臨んだり、無理解であることだ。そうすれば彼らはたちどころに日本人から離れる。彼らはまったくの現実主義者だからだ。信用されなくなったら、それで終わりである。それだけではない。共産党がその不満に付け込んでくる。それが問題なのだ。

日本の聯盟脱退に関していえば、石原は日本国内の輿論が一致団結していなかったことが最大の原因だと見ている。これは仙台の第四聯隊長時代の講演でいっていることだが、満洲建国に対する日本の不退転の決意を最初から諸列強に理解させておれば、英仏などは何にもいわずにいたはずで、脱退などはせずに済んだのだと。聯盟を離脱する気はないと思わせる尻込みした態度を見せる者たちがいるから、目ざとくそれを利用された。本当に脱退しなければ決意の表明にならなくなってしまったのだと。

石原らしい見解だが、満洲事変、建国まではともかく、事態を収拾しようという聯盟の意向を無視する形で熱河事変が遂行されたのが問題であった。日本を理解する国は少なくない中で、聯盟参加国の対日悪感情を募らせてしまった。少なくとも、聯盟の討議が終わるまで軍事行動を待てなかったのかという問題は残る。

山口次長、奮戦す

しかし山口が協和会次長になってから、政府とのトラブルは増えるばかりだった。政府の実質的権限を握っている日系官吏が満人の心を解さないためだと山口は思っている。この場合の満人とは、満洲の実社会を構成している多くの庶民層をいう。プロレタリア＝無産者というわけではない。金持もいる。協和会の草の根組織に当たる農商務会の構成層とそれは一致する。

山口はそのトラブルのいくつかを『満洲建国の歴史』に書いている。そこにはある特徴が見える。それを分析してみよう。

撫順の弁事処長である丸川順助（協和会員）が、小銃で武装した青年団を引き連れて、撫順法院に侵入し、収監中の未決囚人を奪い去ったという事件があった。政府から山口次長のところに厳重抗議が来た。事情を調べると、撫順の商売人が炭鉱の苦力頭に妻を奪われた。それを彼は法院に訴えた。しかし法院は苦力頭に買収され、つまり癒着しており、逆に商売人を収監してしまった。丸川は親や協和会の分会からの頼みで司法部に訴えたが、埒が明かない。ぐずぐずしていると彼が毒殺される恐れがあるということで、そうした強奪に踏み切った。法院の腐敗が問題であった事件である。

また依蘭の弁事処主事である兼子祐のところに、農務会や商務会が県長の非行の数々を訴えに来た。ハルビンの本部に調書を送っても、なしの礫である。兼子はそれならばと、県長の罪状をいちいち挙げて、「協和会を除名する」というポスターを県城内に貼り出した。これも政府から厳重抗議が来た。山口はこれも調べ上げ、事実を挙げて反論した。

問題となっているのは、満洲の支那社会の伝統的腐敗現象である貪官汚吏のことである。彼らはその権力を利用して、自治的農商務会の持っている財産を脅し取ろうとしている。あるいはうまくそれを自分の懐に吸い上げようとする。満洲建国の理想などない日系官吏たちはそこに気づかない。だから協和会に抗議してくるのである。彼らは一財産作って早く帰国しようという植民地根性しかないと山口は批判する。だから満洲の貪官汚吏には騙しやすい都合のいい官吏である。そこは使命感を持っている協和会や大同学院の出身者とは違う。丸川も兼子も満人の正義感を信じて行動した。

こうした官吏側の批判が〈山口協和会〉に対して高まっていったのである。しかし彼らが結果的に貪官汚吏の味方をしているのならば、その日系官吏も満洲の草の根――実社会に生きる人々にとっても貪官汚吏となってしまうのではないか？

山口は満人を愛し理解し、彼らを親日に向けるという意味で「愛満親日」という言葉も使っている。山口や小澤が自分たちを《満洲二世》と呼んでいたことは既述した。そうした満洲の庶民の思いや裏事情を知らない日系官吏＝《三代目のおぼっちゃん》たちが、彼らにはいらだたしかったのだ。

土龍山事件の真相

日本の満洲農業移民事業の初期の有名な土龍山事件というものも、その真相は農用地の強制収用による満洲農民の抗議事件ではないと山口は断定する。

この事件は昭和九年（康徳元年）に起きている。三月十一日、東満の三江省依蘭県の土龍山で、飯塚浅吉聯隊長が戦死し、偵察機も三機撃墜され、日本農業移民約千名が満洲武装賊に包囲され、生死不明という大事件が起こった。県参事官の報告によれば、百姓一揆であり、指導者の謝文東は佐倉宗五郎であり、義人だと。

山口は親しい総務庁次長の阪谷希一からの依頼もあり、事の重大さは協和会でも調べなければいけないということで、自ら現地に足を運んだ。

確かに満人の既墾地を安い値段で買収していたことは事実だった。この移民にも関係し、満洲移民の父といわれている加藤完治は、石原莞爾から「武装移民とか既墾地買収とか、そういうことは絶対やってはいけない」と強烈に叱られたことを回想している。「そういうことは天皇陛下がお許しになりません」と怒鳴りつけられたともいう。もっともこの発言が土龍山事件を念頭においてのものかは判らない。山口は昭和八年、帰国した際、東京の協和会本部での石原と加藤の大激論を目撃しているという。こういうところからも、彼は新しい関東軍を信頼し得なかった。

ただ彼が現地の協和会を通して調べたところでは、謝文東が義賊であるというような事実はまるでなかった。彼に呼応して農民が立ち上がったというのも嘘で、事実はこうだった。

農民たちの各村々は関東軍に降伏して解散した反吉林軍から、兵士たちを自警団として養えと押し付けられていた。その元兵士を糾合して謝文東は反乱を起こしたのである。彼は抗日が正義だという共産党の宣伝を信じて蜂起した。土地の強制買収、そして県長以下の役人が各村の銃器回収をやったときに行なった不正（日本軍の威勢を騙って安く買い叩く、金も渡さない、銃器隠匿だと大金を恐喝して回る）をも、蜂起の理由としていた。日本人移民は軽機関銃二十挺、小銃千挺と相当量の武器を持っている。これを奪える。付近には軍資金となる砂金事業地もある。県役人と癒着結託した日本と戦うのは正義で、抗日には正当の理由があるというわけである。関東軍には思いがけない濡れ衣である。

困ったのは謝文東と同盟して反乱を起こしたとされる各村の村長たちである。村にいた兵士らが謝文東と呼応したのは事実だが、村人や自分たちは関係がない。しかし反乱を起こしたと県長らから政府に報告されている。そのために彼らは反乱と無関係の地に逃げて隠れているという。政府への反逆となれば、それは当然処刑にされるものと歴代の事実から思い込んでいるわけである。強制買収の件に関しても、もともと自分らは山東省からの移民で、住んでいる土地はいいものではない。代わりの土地がもらえればそのほうがいい。買収価格が安いとも思わないという。大体県役人から金を受領していないのだ。

意外な事実に山口は驚いた。これもまた貪官汚吏の問題だった。県役人は買収金を横領し、日本人県参事官は正義感は旺盛だが、根が単純なためにまんまと騙されている。それから山口は協和会の全責任で解決にいそしんだ。総務庁阪谷次長への意見として、県官吏の日満双方の総入れ替えを彼は対策案として建議している。

山口のこの事件からの日本人への教訓というのをそのまま引こう。満洲農民は「こうした官憲の迫害を逃れるために、日本軍の保護を条件に持ち出しているのである。こんな裏の裏は支那官界の特異事情であって、日本人には、想像もおよばない処である」「日本や関東州育ちの秀才である日系官吏がやって来てからは、この満人の老獪な貪官汚吏に騙され操縦されて、農商民の信頼を失ったのである」（『満洲建国の歴史』）と。この《農商民の信頼》こそが協和会の基礎にならなくてはいけなかった。

この事件に関して、山口の批判する《日本から来た秀才日系官吏》の頂点にいた人物の代表であった古海忠之の考えを引いておこう。古海は、『本庄日記』（昭和七年七月十六日）の項に、「午後二時に新に満洲国財政部に来りし星野直樹以下八名来訪、各種注意を与ふ」と書かれている、満洲建国後に本庄関東軍に要請されて、最初にやってきた星野直樹以下の大蔵省のエリート官僚の一人だった。彼の考えを取り上げる理由は、後述するように古海がこの山口的協和会を支持する石原莞爾と後年真正面から衝突するからである。

昭和五十五年に出した回想録『忘れ得ぬ満洲国』の中では、古海は義賊謝文東の反乱だとする見解をまったく疑っていない。そして満洲国政府の対策は、買収価格を高くする、それから未利用地の買収に限定することであったとする。（替地も含め、これは山口の献策である。山口は買収価格はそのままでいい。移転費用を払うといっているので、高くなるとはいえるだろう。）しかしそこに止まっている。彼の見解は記述による限り、満洲国政府の政策立案、行政の概説に止まっているきらいがあって、隔靴掻痒の感をまぬかれない。山口のいう《裏の裏》が古海に見えていたのか？　大事なことは農商民の信頼を勝ち得ることなのだ。なおかつ不思議なのは、かれのこの回想録が、謝文東事件の真相を語る山口の『満洲建国の歴史』を参考にしていることが明らかなことである。無視したのかも判らない。

閑話休題。謝文東の反乱は数年続いた。山にこもっていたが、なんと包囲する満洲国軍からの食糧、兵器の供給を受けていた。討伐が成功するわけがない。実情を調査した佐藤慎一郎（大同学院教授）の献策で、包囲軍が関東軍に代わることで謝文東は干上がった。投降してからの謝文東は良民となった。満洲国政府に協力し、戦後は張書山と同じく共産党と戦い、最後は捕われて銃殺刑となった。

佐藤は大正十四年に満洲に来ていた、山口風にいえば《満洲二世》であった。孫文と親しかった山田良政、純三郎兄弟の甥である。孫文の死の床にはべった山田純三郎は、後年石原莞爾が退役後推進するようになった東亜聯盟による日中和平運動に共鳴し、緒民誼日本大使と石原の会見斡旋などをしようとした。

山口次長退任、小澤の挫折

協和会反対論の小磯参謀長は去り、協調派の西尾寿造参謀長（陸士14期）に代わった。しかし山口協和会と政府の軋轢は増えこそすれ、減ることはなかった。どういうトラブルがあったのか？先に紹介した以外の具体例を挙げてみる。例えば日本から来た一旗組の問題である。満人の家を借り、料理屋にする。ところが家賃も電灯料も払わない。領事館警察は見て見ぬ振り。満洲国警察は治外法権で手が出せない。結局協和会に不満が持ち込まれる。協和会職員は電灯を切る。家賃、電灯料金を払うまで点けさせないと恐喝して解決する。満鉄や関東軍の請負をやっている日本人が、満人やその馬を賦役と称して徴発し、料金賃金を払わないで、馬、馬車を持ち去る。それが協和会に連絡が来る。正当な賃金を払わせる。賦役は拒否だ。そこで職員はまた満鉄や軍と衝突する。

こうしたこまごましたトラブルの続出に、協和会職員は忙殺される。象徴的で最大のものが土龍山事件であったわけである。日本側官吏との間に摩擦が絶えない。官吏の多くは建国後、官吏不足のためにやってきている。満洲事情などは判らない。結局は小澤や山口に不満が集中するという構図になっていたのである。しかしこうした問題で満人側農商務会に不満がたまっていけば、何度もいうが、それは彼らの人心が離反することになり、ひいては共産党の宣伝に乗ぜられることになるのである。

彼らの日本人への信頼をつなぎとめているのは自分たち協和会だとの自負があったからこその、覚悟の摩擦、軋轢であった。石原莞爾の要請もある。しかし協和会は山口や小澤の《私党》じゃないかという満鉄や日系官吏の声も聞こえてくる。そんなものは解散させてしまえ。

政府官吏にとって屈辱的な事件が起こっている。

昭和九年二月二十八日は大同三年である。そして翌日三月一日、溥儀は満洲国皇帝に遷座する。年号は康徳元年と変わる。山口たちにとって、復辟というのは建国の理念に反することである。清朝の再現＝封建的満洲国の出現はなんとしても阻まねばならない。気短な小澤は、「協和会など解散しろ！」と怒鳴った。しかし山口執行部はなんとか方策を考えて、溥儀皇帝の即位は満洲三千万国民の推戴＝民意によってなったのだという形を作ってしまおうと考えた。

帝政の実施が公示されたのは一月二十日。それから全国各地で「帝政請願市民大会」というものを協和会主催で開き、推戴運動を盛り上げていった。そして即位前日の二月二十八日、新京において協和会の最高決議機関である全国聯合協議会を開いて、全国、各県、各省の代表者をヤマトホテルに集めて、大々的に協和会の全国大会を開催したのである。その総数は九十九名。その内、日系と朝鮮系は計六名である。これだけでも当時の協和会の性格が判ろうというものである。そして協議会で皇帝即位は復辟ではないという決議まで出してしまう。なおかつ、会場には執政溥儀の「宣徳達情」という言葉がある訓示が朗読された。溥儀の天津時代の家主の息子で仲良しの張格が協和会にいたから、密かに頼み、行なえたことだった。これは関東軍も政府も全く知らない話だった。溥儀の後見人である関東軍が憤慨し、地団太を踏んだのは当然である。しかし溥儀は協和会の名誉総裁であり、表面的不都合はなにもない。後の祭りであった。

それだけでなかった。翌日は皇帝即位の厳粛な儀式の日である。協和会の全国代表たちもその式典に参加するのであるが、政府は自分たちが選んだ全国の各県長が選定した式典に参加する県民代表を最前列に並べる予定であった。協和会はその後列に並ぶことになっており、定刻にはすべて勢ぞろいしていた。しかし政府の呼んだ県民代表は、全く連絡が付かず、どこに泊まっているかも判らないという体たらくであった。なおかつ政府では、儀式のために市内交通を制限したため、予定時間になっても彼らはほとんど式典会場に来られないという有様だった。

山口の下に阪谷次長からあわただしく電話があった。協和会の九十九名が最前列に座って欲しいとの懇願だった。阪谷は配下の役人が当てにならないことを嘆いていた。協和会には旅費を支給するという。むろん協和会代表は自弁で全国聯合協議会に参加していたのだ。

この事件が山口らに協和会の組織力に対する自信を深めさせたのはもちろんである。しかし逆にいうと、政府役人から見れば、自らの国民に対する統率力、組織力のなさを思い知らされたという屈辱感は、なによりも耐えがたかったことだろう。そしてまた山口らには思いもよらない敵愾心を向けさせることにもなったに違いない。

事態は切羽詰ってきた。昭和九年九月四日、協和会本部に山口、小澤、大羽時男、永江亮二ら協和会幹部と、彼らを理解する政府内部の阪谷次長、皆川豊次、結城清太郎、金井章次、満洲評論主幹の小山貞知らが集まった。しかし外部の彼らは、政府と軋轢の耐えない頑固な小澤や山口らを協和会事務局から出て行ってもらう役目を負ってきていた。こんなに政府と協和会がぎくしゃくした関係では行政が進まないという不満の解決を彼らは依頼されて来たのである。むろんいい気持ちではない。思想は同じ同志なのである。しかし現実の厳しさは彼らの思いを越えてある。満洲建国をリードしたといっても、所詮彼らは少数派なのだった。阪谷の回りくどい話を聞いている小澤の目に涙が浮かんだ。阪谷らの提案は、要は小澤や山口が執行部から退出すること、阪谷総務庁次長が協和会中央事務局次長兼任、結城清太郎が専任、和田勁が監事役ということ、つまりは政府側との円滑な関係を築くための小澤＝山口の排除案であった。事務局執行部からの山口、小澤ら日系五名が退任、満系六名はそのまま、日系委員は八名となり、純粋の民間人は小山貞知と和田勁の二人だけ。残りは阪谷のように官吏を兼ねていた。彼らは山口の理解者とはいえ、協和会の政府与党化、あるいは協和会取り込みといえよう。

小澤は立ち上がり、「我々が協和党創立以来最も心を悩まし、無駄骨を折ったのは、対匪賊でも共産党でもない、政府官吏との抗争であった……」と話しつつ、それ以上声が出なくなって座り込んだ。山口は「次長という立場から、提案を受け入れる。そして役職を退くが、民族協和という大前提は会として捨てないでもらいたい」といって、同じように座り込んだ。他の者は黙り込んでいた（『満洲建国の歴史』）。

山口いうところの〈組織としての民族協和の終焉〉であった。ただこう自己弁護する山口の方にも問題がなかったわけではない。協和会本部の山田経理係長の公金使い込みを問題にされたことを彼は自著に書いていない。監督不行き届きであることは間違いないだろう。また彼がこの次長時代に作った「東亜産業協会」という団体は、石原莞爾シンパの田中新一（陸士25期）関東軍参謀を巻き込んで作ったもので、表面上は文化団体の仮面を持つ、具体的には察哈爾省の蒙古諸族を独立せしめようという政治結社の性格を帯びていた。これはむろん内密に画策していたのだが、小磯参謀長にも政府にも漏れてしまう。反山口派は、民間団体であっても満洲国政府と深い関係のある協和会事務局次長のやることだろうかと、そこにつけこんだであろう。山口としては東亜聯盟運動の一環というつもりだったろうが、その不穏性からは事務長退任は当然と思われたのではあるまいか。

星野直樹始め建国直後に日本の大蔵省からやってきたエリート官僚たちは「本庄関東軍に要請されて」と書いたが、実際は阪谷希一が関東軍を通して本国に要請したものであった。阪谷は星野を若いときから知っており、未来の大蔵大臣たる実力を知っていた。実際に国づくりをするための人材は不足しており、なおかつ肝心のテクノクラートがいなかった。難しい官制や経済運営を素人集団に任せて置けないという危惧が阪谷にはあった。山口や小澤の行政手腕を疑ったわけではないだろう。しかし彼らは阪谷には〝野人〟過ぎると思えたのである。超一流の人材を満洲に持ってくることも阪谷なりの愛満精神であった。

小山貞知の見解と「宣徳達情」

小山貞知は明治二十一年、長野県の更級郡上山田村に生まれている。くしくも金井章次と故郷を同じくし、上田中学の先輩と後輩の関係になる（ちなみに金井は明治十九年上田市生まれ）。中学卒業後、明治四十三年満洲に渡り、大連埠頭に勤務した。この点では山口重次の先輩である。大正の初めから支那本部に渡り、済南や北京で昭和の初期まで暮らしている。この間、坂西利八郎（陸士2期）らのいわゆる支那通軍人と交流し、仕事を一緒にしたりしている。板垣征四郎ともこの時期に知り合っている。彼の中国、大陸問題への関心はこの間に深まったのだと思われる。昭和三年五月に、蒋介石軍による北伐過程で日本軍との間に衝突が起き、済南事件となるが、山東省にいた彼はこれをきっかけに大連に戻り、満鉄の嘱託となる。そして満洲青年聯盟に加入するのである。

　小澤や山口との交際もこの時期に始まっている。週刊誌『満洲評論』は聯盟の機関紙的存在として満洲事変直前に発刊されているが、聯盟解散後も発行され続け、終戦直前まで存続した。彼は発行者でもあったが、時事問題に関する自分の考えを随時この週刊誌に書き続けた。今回の協和会の山口次長らの更迭問題に対する彼の論考も読者の大きな関心を呼んだようである。九月十五日号にそれは載っている。

　小山は今回の改組が根本的な改組でなく、「建設業務が略々緒に就いたので運用業務に便利のやうに一部委員の入替を行つたといふに過ぎない」とはしなくも、山口や小澤の存在が「便利」でない、目障りだとの事情を露呈させている。その他にも、山口の言として出てくる「山口、小澤の私党」「非常に多くの無駄骨を折つたのは政府諸機関との協調連絡だつた」という激しい印象を与える言葉が出てくる。小山は冷静にこの問題を解説しているのであるが、その口調、表現から漏れ出てくるものは、当事者間における重苦しい葛藤の存在である。

　結局小山は、山口らは身を殺して仁をなしたのだと弁護しつつ、執政溥儀が皇帝になる前日、協和会の第一回全国聯合協議会に対して出した訓辞にある「宣徳達情」という言葉に解決策を見出す。山口の次長退任挨拶にある、やらなければならぬ「愛満親日工作」は、上から徳を宣《の》べ、下から情を達する「宣徳達情工作」でいいではないか、それが王道の実践になるというわけである。つまり「上意下達、下意上達」である。山口は「愛満親日は国家の理念」といっているわけで、かなり無理な言い換えである。しかしこれは日系官吏たちには評判がよかったと山口は回想する。確かにこの言葉はこの後、協和会の公文書によく登場するようになるのである。

山口は冗談ではないと憤る。農商務会長らに向って、自信を持って「宣徳」できる理念や道義がどこにあるか？　また「達情」というが、満人の不平不満の訴えは事務局に山と来ている。そしてそれはとりもなおさず、関東軍や日系官吏への不満そのものであるのだ。「達情」どころではなかったのだと。

つまり実情を理解できない日系官吏が協和会の中に入ってくれれば、不平不満が聞き入れられるはずがないというのだ。小山が苦し紛れにひねくりだした空念仏だというのが山口の結論である。

板垣征四郎、満洲復帰

昭和九年十二月、板垣征四郎少将が参謀副長となって、満洲に帰還してきた。これは山口、小澤には久々の明るいニュースだった（実際はこの年の八月に、関東軍司令部附、満洲国軍政部顧問として着任していた。十一年三月に参謀長となる）。

石原莞爾は仙台の第四聯隊長となっていて、念願の「自信ある部隊長として、真に一介の武人たる私の天職」（「戦争史大観の由来記」）という、兵と共に寝起きする日々に充実した日々を送っていた。

山口はこの十二月中旬に、板垣、和田勁と酒席を囲んだ。和田は板垣に、山口や小澤を協和会の役職に復帰させることを進言した。山口は「我々が復帰することは露骨で早すぎる。東京から衆議院議員、平島敏夫を呼んで欲しい」と要望した。政界財界に人脈豊富な平島である。板垣は協和会の手直しは追々手がけることを約束した。

数日して、小山貞知が支那本部旅行の経費として板垣と阪谷から託されたのを持ってきた。甘粕正

第四聯隊長時代の石原

彦も自宅に挨拶に来た。山口を満洲から出しておいて、その留守中に処遇を決めようという板垣の深謀遠慮だった。

十二月下旬、山口は大連から青島、上海と渡り、南京、武漢と支那情勢を観察して歩いた。南京では蒋介石のパーティに潜り込んだという。この席で山口は国民党の青年部長や幹部に会って、満洲国に対する意見や日本観を聞いた。ちょうど共産党が国民党の攻勢によって瑞金を追われ、いわゆる〈長征〉と称する長い逃避行に入る頃である。山口は中国がどう動くかは満洲次第という思いをし、また一般中国人の間に共産思想が深く入り込んでいることに不吉なものを感じていたようである。

『満洲評論』（昭和十年三月九日号）に、「国民党の親日転向と日本の態度」という小山貞知の論文が出ている。この年の二月二日に蒋介石、二月二十一日に汪兆銘が出した対日方針の転換声明が大きな話題となっていたからである。蒋介石は日本の広田弘毅外相の対中国方針演説を論評する形で、「十分な誠意を認める」といい、「中国の過去における反日感情と日本の対中国優越態度とは、ともにこれを是正すれば隣邦新睦の道を進むことができる」と述べている。満洲事変以来、ここまで蒋介石が踏み込んだ見解を披露したのは初めてだったからである。事変以降に始めた新生活運動の順調な推移、共産党を撃破した自信の裏付けが、彼をしてここまでいわせたのだろうか。

小山は奉天特務機関長（昭和八年十月より）となっていた土肥原賢二にお供する形で、この三月、北支を視察して歩いている。天津、北京と移動し、北京では何応欽と土肥原の水入らずの会談、招宴があったこと、殷汝耕や王克敏冀察政務委員長代理との歓談、宴会があったことなどが『満洲評論』に報告されている。何応欽にとっては屈辱となる梅津・何応欽協定の約三ヶ月前である。

済南、北京と山口重次の旅は続き、土肥原から呼び出しが来て、奉天に戻った。昭和十年四月二日のことである。

土肥原の用件は、新京に首都が移転してしまい、元々満洲の中心都市であった奉天の経済的沈滞状態をなんとかしたいので、相談に乗ってくれということだった。山口が考えて出した処方箋に納得した土肥原は、四月一日付で山口に対する市参与官（副市長）としての辞令を交付した。

小澤開作の宣撫記録

山口の奉天副市長としての期間はほぼ二年間で、昭和十二年六月三十日までであるが、この間小澤はいかなる活動をしていたのであろうか？

協和会の役職を絶たれて以来、彼は満洲各地や北支に出かけて、いろいろな活動をしていたようである。板垣や土肥原賢二の強い要請があるようだが、しかしその実態はあまりよく判っていない。筆まめな山口は多くの回想文を残している。この二人はまるで双子のような共闘関係にあったわけで、満洲事変からの小澤の足跡もそこから辿ることができるのだが、山口次長退任以降の小澤に関しては、あまり言及されているとはいえない。これは小澤がその活動の重心を徐々に北支に移し始めているという事情がある。つまり山口と別行動をするようになるからである。

また小澤自身、あまり文章などを書かない筆不精の性格であったようだ。論文といったものも多くない。この論考でも山口や妻のさくら、その他の関係者の証言を多用するしかないのが実情である。しかしその数少ない彼の肉声や思考が反映された資料がこの時期のものとして残っている。それを紹介しておこう。

日本語タイプで「康徳二年七月□日　東辺道治安経済復興方策（意見）　小澤開策」（注――昭和十年、時日は不明）と一枚目にタイトルがあるもので、「満洲国協和会」用箋十枚を使っている。おそらく協和会本部に対策を具申し、報告したものだろう。二枚目の冒頭「情況」に彼はこう書く。

「東辺道別記七県の地方は建国四年にして今に治安安定せず、飢饉起り建国の実成らざること別冊報告の如し」（原文片仮名、句読点を付け読みやすくした。以下同じ）

東辺道の実情は、「地勢の関係上、匪賊の遁竄《とんざん》に便《びん》にして掃討に困難なる地形上、他地域の如く之を殲滅《せんめつ》するに至らず、彼ら竄賊《ざんぞく》は各地に蠢動《しゅんどう》し為に商取引及諸地方産業は益々不信を来し、天災不作と相俟《あいまつ》て経済的非常なる逼迫《ひっぱく》となり殆ど飢饉に瀕《ひん》せる地方すら在るに至れり。此の経済逼迫は更に匪賊遊民を多からしめ益々社会秩序を紊乱するに至れり」と小澤は描写する。こういう状況に対して迅速、的確な対応ができないでいるのが現状で、そこには制度上組織上の大きな問題があると彼は分析する。

そのための対策は一元的に実施しなければならないと彼はいう。「暴動若しくは非常なる天災に因《よ》りて社会秩序が紊乱《びんらん》し、之が急速なる回復を計る場合は何れの国家何れの時代に於ても必ず諸政一切を挙げて軍政に託し一元的なる方策を実施せしむ」ことだと主張する。そして「満洲国の建国作業が急速に成立したるも関東軍の一元的指導援助に依りたるものなり」とその大きな成功実例を挙げる。

対策は当地の軍司令官に匪賊討伐や民衆の救済、経済復興などの権限を一時的にも預け、単一統制組織の下で計画し、実施することである。しかしそのためには、軍と行政が一体となって活動できない実情、つまり地方の情勢を把握できない中央の省庁に行政の決定権があることが問題で、授産、経済復興などの諸策を地方官が実施できないのだという。

そのための処置として、彼は東辺道一帯の問題箇所を「清地地域」とし、「二年乃至三年の期間、該地域内の司法行政財政の政務一切を挙げて司令官に管掌せしめ」ること、その間は「中央政府及省公署の直轄管轄より除外す」ることという。法令もまたその例に漏れない。だからここには「清地弁法」なるものを施行する。そしてその十一条まである法令案、また勅令を以って公布する十三条まである「清地長官公署官制」なる具体案まで提案している。

小澤はもちろん、山口が土龍山事件で現地に赴いたように、現地に赴いて調査し、同じ協和会の仲間と一緒に対策を建議したのだろう。そしてここに、「一元的方策」という言い方で、彼の考案となる「匪民分離」を実施せよとの意図が込められている。

ここには彼の満洲事変、建国への肯定的評価はもちろんだが、その後の推移での中央官庁への不満がはしなくも漏れ出ていると思われる。つまり表面的法律や行政の整備が整いさえすれば、満洲国の発展は問題がないという官吏的認識は、小澤は取れなかったのだ。彼はこうも書いている。「紊乱地帯に於ては建国以来国家の法令は行われておらざるが故に」、こういう「清地弁法」も可能だとするのだ。そこには現地の実情を知らない山口のいう《秀才日系官僚》への不満、あるいは皮肉さえもがにじみ出ていよう。現地の農民たちの窮状は協和会に訴えられてくるのが現状だ。その協和会が現地を知らない中央の思うがままに操縦されるのであれば、農民の不満はどこに訴えられるのか？　官吏の習性はいつもながら同じだ。大過なく仕事を終えさせすればいい。外地手当てが加給されればそれで構わないというのが意識なき官吏の実態だ。そこに山口のいう日系官吏におべっかを使う《貪官汚吏》の問題がある。本当の農商民の声がどこに反映されるというのか！　地方の実情を知る地方官（県参事官）らに軍司令官の下で自由に働かせよという建言である。

小澤のこの建議書は、そういった心理の背景まで覗くことができそうだ。というよりこれは後述するように、彼がその後行くことになる北支での日本軍への要請や不満と寸分違わぬものなのである。

彼の建議後まもなく通化省となる東辺道は、既述したように、朝鮮との国境に近い満洲の東南部にあり、その朝鮮との国境にそびえる白頭山に代表されるように山岳地帯で、討伐で追われた共産軍が逃げ込んで隠れるのに都合のいい所が多かった。小澤の報告当時、ここの共産党の指導者は張文平というらしい。その後、あの東北抗日聯軍の司令官として英雄となる楊靖宇や金日成が指導者となるのである。そして楊靖宇は関東軍や満洲国軍の討伐を受けつつも、それを何度も跳ね返し、ゲリラ活動を続け、反満抗日闘争において名声を博した。どうしてかといえば、民衆との結びつきが強固だというそれなりの優秀性があったからだ。まさにそれは小澤がこの意見書で危惧しているように、国側が「匪民分離」策を取りにくい地域であったのだ。

楊靖宇が当時どのように日本人社会に思われ、いかにして農民の支持を得ていたかを知る格好の資料がある。『満洲日日新聞』（大連発行）「匪首、楊靖宇の正体」（昭和十三年十二月二十三日）と題する記事である。これは彼の側近だった党員三名が帰順してきて（一名は水筒の水を飲んでいる写真がある）、その素性を記者に語ったものである。

「楊靖宇は今年三十七歳の元気盛り（中略）戦闘度胸も相当あり、頭も明敏で、殊にロシア張りの煽動、宣伝演説にいたつては全く堂に入つたもの、残月漏るゝ密林の奥の山塞の中で革命歌の音頭をとり、河北なまりの朴訥な口調で訓示や演説をやる彼の態度こそ今日まで多数の共匪をひきつけてゐる最大の魅力である。しかも彼は富農よりとつて来た財物を全部貧農にわけ与へるとか、部落に宿営する際でも、自らの生活を極端な清貧、厳格におくことによつて部下から絶大な信頼を得てゐるといふ相当の代物である」

この頃から東辺道では「集団部落」という方策を採用する。むろんこれは全国で採られる政策となっている。匪賊に利用されやすい散在農家を一箇所に集めて集団部落化し、トーチカもある防衛機能を持った堅固な要塞とする。村と軍駐屯地の間に道をつける。匪賊襲来のときに迅速に立ち向かえるようにするためである。もちろんこれには経費もかかるが、元の家を壊されたり、畑地を住居や道にされたりする住民の信頼が不可欠だ。小澤のいう「匪民分離」を活用するための最低の条件である。しかしうまくいけばそこは共同体らしくなり、村に学校ができ、先生を派遣してもらいたいという要請がきたりする。それまで読み書きもできなかった村人に発展の機会が出てくるという思わぬ効果も出てくるのだ。

昭和十五年二月二十三日、楊靖宇は遂に討伐で死亡する。場所は小澤の建議書にある地名のひとつ、通化の山中であった。このときには小澤は北京に住んでいた。

山口副市長の二年間

山口奉天市参与官に土肥原が期待したのはまず財政だった。従来の満洲の中心政治都市としての機能は失われ、首都が新京に定まると共に、経済的機能も徐々に沈滞し、奉天は寂れる一方という形になっていたのだ。奉天に事変以来長く居住し、ここに協和会の仲間が多い山口には、この都市の問題点が手に取るように判っていた。

奉天はざっと三つの地区に分かれている。満鉄の奉天駅と満鉄線に並行している地域からなる満鉄附属地。ここは日露戦争以降の日本の租借地であり、日本人のほとんどが住んでいる。その東方に円形をした奉天城がある。ここは伝統的な満人の居住地であり、張作霖以前から政治中心としての機能を備えていた。その双方の中間に商埠地というのがある。イギリスやフランス、アメリカなどの領事館があるところで、実質的な租界という状態であり、また上海と同じように、満洲の大官たちの邸宅が立ち並んでいた。これらの関係が複雑で、新興満洲国の発展にははなはだ不都合なところが多かった。土肥原はその解決に山口の〈蛮勇〉を期待したのである。

当然、山口の奉天市政改革は協和会の理念によっている。市民の要望は協和会を通して上がってくる。そうした要望を市政に反映させることのできる体制を作ろうとしたのだ。まず各地域の生活単位、各職域ごとの細かい組織に協和会の分会を作る。一年かけて二十六の分会、会員二万の組織を作り、市側には「諮議会」というものを設置した。諮議会を構成する諮議員は各協和会の分会の代表者から選ばれ、それを市長は選任するという形を取る。この諮議会に奉天市長は予算、条例、課税などの市政の重要事項を諮問する。これは協和会会員である市長も出席する諮議会で、自ら説明し、質疑に応じる。その結果が市長に改めて答申され、施政方針として採用されるということになる。つまり満洲の自生的民主組織である農商務会の意向を、協和会という組織を通して反映させようとしたのだ。ゆえにここでは、議員を選ぶ選挙というものはない。

この結果として、非常に風通しのいい奉天市政が運営されるようになり、市民の評判もよくなってきた。これに対し、「奉天の人口は六十万人である、その内の二万人が政治を勝手に動かすとは何事か！」という批判もあった。しかし協和会は誰でも、民族も仕事も差別なく入れる満洲国で唯一許された政治団体である、そこに入って自分らの要望を述べ立てればいいと山口らは反論し、結果として分会組織はどんどん増えていった。

山口の次の仕事は商埠地の問題解決であった。ここにある各国の領事館は満洲建国後もその治外法権の特権を維持していた。英米仏ともに満洲国を承認していないというのがその表立った理由だった。つまり税金など払っていなかった。満洲の中心都市としての奉天は首都移転によって財政問題に直面していた。その解決をこの商埠地でもやろうと山口は考えた。

満洲国は独立国である以上、租借地などは認められない。そうである以上、商埠局という役所があってはならない。山口はまずこれを廃止した。商埠地を奉天市長の管轄下においたのである。それから商埠地の領事館に市衛生費（居住民税）の納付を命令した。イギリス領事館が抗議してきた。日本領事館も払っていないのになんだというわけである。山口は、「日本は満洲国に莫大な援助をしている。それだから衛生費は要求しない。貴国も満洲国を援助するなら別だ。払う気がないなら領事館の衛生作業はしない」といって、遂に領事館の近接空き地に、凍結した糞尿を山積みにした！　悲鳴を上げた領事館が抗議しても頑として受け付けず、イギリスは遂に屈服した。他の領事館も同じように支払いに同意するようになった。

また商埠地には旧張学良関係や満洲の大官たちの邸宅があったが、事変以来逃亡したりして、権利関係が相当に複雑になっていた。彼らの縁者が家を外国人に売り渡したことにして隠匿財産化しているとか、事変に働いた功績として、地券をもらっている日本浪人もいた。そういったものの整理も、市長や奉天特務機関、総領事などと示し合わせた上で断行した。かなりの不満がこちらからも出てきたが、市全体の発展のためにはやらなければいけないことだとして、山口は推進した。地券をきちんと整理、再発行することで、市の財政基盤ががっちりとしてきた。商埠地に新しく四階建ての市庁舎を建てることもできるようになったのである。

市商務会の大立者、方煌恩とも最初は対立していた。事変以前からの市税のシステムが小商人には多く、大商人や公司にはほとんど無税で、こういうことはおかしいと日本式に、上に厚く下に薄い課税方式に改めたからだった。商務会は困って、新京に課税反対の運動に出かけた。しかしここでも山口式に強硬手段を取った。彼ら大商店をいくつか選び、差し押さえ、赤紙を貼りまくったのである。大騒動となった。しかし山口は引かない。

方煌恩は人を介して、山口に会見を申し込んできた。会ってみると仏教徒でなかなかの紳士である。彼がいうには、「大商人に税が課せられないのは、張作霖などの軍閥が我々に多額の戦費を負担させる関係上、普段の税は免除されているのだ」

「事情は判った。しかしこれからはそういう弊風は改めてもらいたい」

「あなたの評判は新京でチチハルの人たちから聞いてきた。誤解は解けました。商埠地の改革は大英断でした」

「ありがとう。ついては奉天の児童の小学校就学数は四十パーセント程度だ。それをせめて三年後には百パーセントにしたい。商務会で協力願えないか？」

「私も教員上がりだ。かつての軍閥は自分の子弟教育しか関心がなかった。あなたのような方は初めてだ。協力しましょう」

そうして彼の唱導で、商務会が五十万元の小学校建築資金市債に応じてくれたのである。また商務会の大立者を味方につけたわけである。

もう一つ山口が先鞭をつけたのが、内地資本の奉天誘致である。満鉄線の西側は一面の畑作地帯であった。そこを工業地区（「鉄西工業区」）にしようという計画が満洲国政府にあった。しかし工場も立っているのに、政府内部の満鉄出身官吏と日本からの官吏の間で対立があり、にっちもさっちもいかなくなり、星野総務長官は山口にその管理移管を申し入れてきた。

渡りに船と山口は請合った。協和会奉天事務局長の矢部僊吉らとの相談で、奉天の野球チームを日本に派遣し、東京、大阪、名古屋の大都市で親善野球を行い、奉天の宣伝をすることにした。これは各地で好評を博したが、日本が恐慌の打撃から回復していく時勢ともあいまって、三井、住友、三菱などの資本も含め、紡績業の大手が奉天に進出してきた。そのために、土地の値段は上がり、税収も増え、旧奉天市内だけでは収まりがつかず、市を含む瀋陽県全体を奉天市に編入することになった。近代産業都市奉天が誕生し始めていた。

土肥原特務機関長に頼まれた奉天市政改革はものの見事に成功したのである。

日本の治外法権撤廃と板垣征四郎

山口の奉天市政改革は、板垣征四郎参謀長の実施しようとした治外法権撤廃、満鉄附属地行政権満洲国移管と深い関係がある。

建国以前に石原莞爾参謀がいった「満鉄附属地はもちろん、関東州も満洲国に渡せ」という主張は、大方の日本人には突飛な発想と最初は思えたが、満洲国が独立国である以上、対外的な意味合いからもなさなければいけないことであった。

建国元年の九月に、満洲国国務総理、鄭孝胥と日本の特命全権大使、武藤信義との間に締結された「日満議定書」においても、日本が満洲国の「領土権を尊重し」とあって、その発展形態として治外法権は撤廃されるはずのものであった。徐々にその機運は醸成されてくる。要は満洲国の信用いかんであるが、やはり税金課税など、既得権益を侵されることを懸念して満鉄や関東庁のなどの社員や役人が反対運動を行なうなどの騒ぎもあって、一気には進まない。昭和九年十二月の板垣参謀副長着任（関東軍司令官は南次郎）時代になって、本格的に撤廃実現が本格化してきた。そうした時期における山口の奉天市参与官就任であって、山口改革の順調な成果もそうした板垣参謀長の庇護下でのものであったといってよい。

一方の日本の参謀本部には、智将永田鉄山軍務局長や片倉衷（満洲班長）もいた。満洲の治安に最も責任の重い日本軍に最高の知性がそろっていたというべきである。ちなみに石原莞爾の参謀本部着任は昭和十年八月で、相澤三郎（陸士22期）中佐による永田刺殺事件とほぼ同時だった。この八月九日、日本政府は「治外法権撤廃に関する大綱方針」を閣議決定する。この中では、撤廃によって日本人の生活の急激な変動を与えないことが求められているが、満鉄附属地の行政権については委譲する方針が決められている。

翌年六月になって、「満洲国ニ於ケル日本国臣民ノ居住及満洲国ノ課税等ニ関スル日本国満洲国間条約」が、特命全権大使を兼ねる植田謙吉（陸士10期）関東軍司令官と張燕卿外交部大臣との間に結ばれた。骨子となるのは治外法権の漸進的撤廃と満鉄附属地行政権の調整ないし移譲である。具体的言い方なら、日本人、日本法人に対する課税法規の適用、移譲問題である。むろん逆に自由に土地を所有することも可能になる。

これに伴って、日本人以外の外国人、法人にも同じ適用をすることを満洲国政府は決定し、通告した。その渦中での山口発案の凍結糞尿山積み騒ぎもあったわけである。

こうした一部騒ぎはあっても、全体としてみれば混乱はなかったということで、第二次撤廃ということがまた具体的になってくる。警察や司法制度の対日本人適用、そして満鉄附属地行政権の移譲である。これについては関東軍から即時実施の要請が来ており、板垣参謀長の強い意向が反映されているのだろう。これは昭和十二年末までに実施されることが決められ、その通りに実施された。ただ板垣はこの年三月、広島第五師団長として転出している。代わりに同じ職務に赴任してきたのは、前関東軍憲兵司令官であった東條英機（陸士17期）であった。

不景気になったといっても、奉天は依然として満洲の中心都市であることに変わりはない。ここの動静は他の地域に大きく反響する。治外法権問題もまたしかりである。奉天の日本人社会は大きく、ここで撤廃運動が盛り上がってくれればそれは満洲全体に波及する。そういう思惑から板垣や土肥原は山口に運動を盛り上げて欲しいと願った。山口は立場上から判断し、青年聯盟同志の矢部僊吉に頼んだ。彼がこの運動の組織者になったのである。奉天の協和会事務所に、「治外法権撤廃促進運動」の看板を掲げ、促進委員会を作り、土肥原に代わった特務機関長三浦敏事（陸士19期）を委員長にし、日本総領事、その他の奉天の顔役を委員とし、各地方に撤廃促進のための遊説旅行を企画した。各地方の頼むべき組織はやはり協和会である。こうしたデモと宣伝が大きく効果を上げていたのである。

「満洲帝国協和会の根本精神」

板垣征四郎参謀長の時代には、昭和十年八月に帰満した満洲事変組の花谷正（陸士26期）、また昭和十一年四月に着任した辻政信（陸士36期）といった石原心酔者の参謀たちがいた。そのために山口たちにとっては、比較的風通しのいい時代であったとはいえる。治外法権撤廃もまた板垣時代だったからこそ促進されたことも事実である。

その一方で、満洲の政治や治安における宿命的ともいうべき難問に、板垣が深く関係していたこともここで書いておかなければいけないだろう。難問――それは解決されるべき問題であるのだが、この解決には更なる難問がその向こうに立ちはだかるのである。

一つは関東軍と満洲国政治の関係である。

満洲国皇帝溥儀は、昭和十年四月、友好国日本を訪問した。前年六月の昭和天皇のご名代としての秩父宮殿下の帝政実施の慶祝訪満に対する返礼の意味も持っていた。その一月近い日本滞在を終えて帰国した溥儀は、五月二日、「回鑾訓民詔書《かいらんくんみんしょうしょ》」を渙発した。「日本の天皇陛下とお会いして、お考えは自分と全く同じだ、天皇の御心を心として実行すれば、日満だけでなく東洋、世界の平和も可能だ」との、溥儀の皇室との出会いの感動に基づいた国民に対する諭告であった。詔書には、日本を訪問して君民一体の日本精神を知り、そして万世一系の日本国体のあり方に感動したということが述べてあり、次いで「日本天皇陛下と精神一体の如し爾衆庶《なんじしゅうしょ》等更に当《まさ》に仰いで此の意を体し友邦と一徳一心以て両国永久の基礎を奠定《てんてい》し東方道徳の真義を発揚すべし」（原文片仮名）と書かれている。

この詔書の思想に基づいたとして、昭和十一年九月十八日の満洲事変記念日に、植田謙吉関東軍司令官の名前で「満洲帝国協和会の根本精神」、板垣参謀長の名前で「満洲国の根本理念とその本質」が発表されたのである。この文章は辻政信が書いている。むろん板垣参謀長も同意しているのである。

「根本精神」に書かれている重要な点は、協和会は政府の従属機関でも対立機関でもなく、政府の精神的母体であって、政府は建国精神すなわち協和会精神の上に構成せられているのであるという理解であり、政府官吏はこの精神の最高熱烈なる体得者でなければいけないという主張である。ここには協和会発足直後からの山口＝小澤らの執行部と、政府官吏との間に続いてきた様々な軋轢についての板垣の解決策が出されていると見るべきだろう。

続いて「根本理念」は比較してかなり長く、「満洲建国の世界史的意義」「建国精神の真義」「天皇と軍司令官と皇帝の関係」「満洲国内面指導に関する軍司令官の任務遂行」「軍司令官と協和会と政府の関係」「満洲国政治の特質」「協和会設立の歴史並其意義」「協和会の将来性」と八章に分かれている。内容は、民族協和という大理想を以って建国された、世界史上例を見ない満洲国を発展させていくための協和会員の使命とその実現のための方策、そこに絶対必要とされる理念を説いたものであり、「根本精神」を敷衍したものといってよい。そしてこの訓示は、読めば満洲国内の日本人協和会員に対していわれていることが判る。ここにこの訓示の性格があるといってよい。つまり山口重次らの不満や憤りを代弁している趣が濃いのである。
そしてここに大きな問題が生じた。満洲国皇帝は日本の天皇と精神が一体であるという前提で、関東軍司令官を「公人的哲人」、天皇陛下の〈御名代〉となしていることである。「天皇の御名代として皇帝の師伝たり後見者たる」と。これはあまりに不遜な言い方ではないのか？　しかもそういう言い方はそれだけではない。皇帝の地位の剥奪まで想定している。例えば「天皇と軍司令官と皇帝の関係」に、「満洲国皇帝は天意即ち　天皇の大御心に基き帝位に就きたるものにして皇道聯邦の中心たる　天皇に仕へ　天皇の大御心を以て心とすることを在位の条件とするものなり、永久に　天皇の下に於て満洲国民の中心となり建国の理想を顕現する為設けられたる機関なり（中略）従つて万一皇帝にして建国の理想に反し　天皇の大御心を以て心とせざるに至るが如き場合に於ては天意により即時其地位を失ふべきものなると共に他面民意による禅譲放伐も亦許されざるものとす」（原文片仮名）
こういう内容に対して異議を申し立てたのは、何と四月に就任したばかりの総務庁長、大達茂雄であった。
「いつ何時、軍司令官が恐れ多くも天皇の御名代というような地位になったのか？　国際聯盟脱退詔書にも明らかなように満洲国は完全な独立国である。しかしこのように軍司令官の内面指導が日系官吏のみに留まらず、満洲国政府全体に及ぶものとするなら、満洲国の独立はただ表面だけの欺瞞に過ぎない。皇道とはこんなにも低調なものなのか？　はたしてこれが天皇の大御心なのか？　なおかつ軍司令官は皇帝の廃位の権限を持つというに到っては実質的な満洲国の主権者は軍司令官というべきであって、皇帝を主権者といいながら、実質は傀儡に過ぎないではないか」

また天皇の大御心を奉戴するがゆえに、公人的哲人である軍司令官を中核とするという協和会が政府の精神的母体であるという主張に関しても、

「協和会を皇道宣布の唯一の実践団体としているが、天皇の聖旨は国民が直接奉戴すべきもの、介在者によってその解釈権が左右されるのだとすれば、それは恐るべき国体変革の危険を孕む。なおかつ協和会は愛国者の集まりとはいえ、元々私的な結社である。皇道宣布を独占する実践体とする考えなど断じて許さるべきでない」

また協和会が満洲国内に限らず、支那、インド、世界にまで拡充せられ、「道義世界の完成を見るべし」というに到っては到底看過できぬと。

概略このような手紙を大達は辞表と共に関東軍司令官に提出した。そしてまさしく「この爆弾は関東軍の心臓部に命中した」（『大達茂雄』高宮太平）。植田司令官は板垣を呼んで対策を考えるように指示した。満洲国総務庁長が満洲国政治の根本理念について疑義を申し立て、あげく辞任したとあっては大変な衝撃を国内外に与えるからである。

板垣は何度も大達と会って翻意を要請した。日本から来た大物官僚であり、板垣はその力量を率直に認めるところだったからだ。しかし大達はおどしてもすかしても絶対に引かなかった。当時の軍に楯突くことなど相当の器量を持たなければできることではない。しかし関東軍を諫めるためには、職を賭してやらなければいけないと大達は思っていた。

大達が根本理念問題で関東軍と渡り合ったことは、満洲国誕生そして発展のまさに〈根本理念〉に関わることであった。満洲国は独立国なのか、傀儡国なのか？　内面指導はどこまで許されるのか？　協和会の理念はどの範囲まで有効なのか？　堂々としたその態度を「敵ながら天晴れ」と思いなが

ら、辻は大達さえも権益思想に捉われていると思った。むろん板垣も根本理念を撤回はできない。彼には協和会こそが民族協和の建国理念を唯一持っている団体なのだ。むろん山口重次はこれに同意するところである。

結果的にこの根本理念は実行に移されることにならず、机の中にしまいこんだままになって終わった。この大達の関東軍との渡り合いはことの重大性から公然とはしなかったが、政府部内には知れ渡っていた。大達の行動を密かに感激して見ていたのが、古海忠之主計処長である。これは大事なことで、彼の協和会観に自信を持たせ、後述する石原莞爾参謀副長との衝突につながってくるのである。

この十二月、大達は老母を看護するという名目で辞任し、帰国した。後釜は星野直樹である。「根本理念」を書いた辻政信の上司である花谷正が同じ十二月に更迭されている。

大達はその後戦時中、シンガポール市長、東京都長官などを務めた。戦後は吉田内閣の文部大臣となり、当時の強力な日教組相手に真正面から立ち向かって相手を閉口させ続けた。板垣関東軍に対すると同じ気合で立ち向かえば怖いものはなかった。昭和三十年、六十四歳で亡くなった。

綏遠事件——満洲国外工作

板垣参謀長時代のもう一つの問題点として、満洲国外への工作が挙げられよう。特に綏遠事件は重大である。まずこの事件の概要から始めよう。

満洲建国に刺激された少なからぬ蒙古族のエリート——旗人たちがいた。彼らの中には、満洲国の役人になるのもいたが、蒙古自体を中華民国から独立させたいと願う者も多かった。満洲王朝である清には蒙古人も多く建国に参加しており、復辟という理解から満洲建国を理解した者も少なくなかった。その代表として徳王が挙げられる。彼は熱河事変のときに既に百霊廟（察哈爾《チャハル》省と綏遠《スイエン》省の境界域）において王公会議を開き、内蒙古自治政府を組織し、自らは政務庁長に就任していたほどである。

　昭和十年一月、板垣参謀副長は河辺虎四郎（陸士24期）、田中隆吉（陸士26期）両参謀を伴い、徳王を訪ね支援を申し出る。そしてこの夏、土肥原・秦徳純協定が結ばれ、察哈爾省の宋哲元は配下を率いて、何応欽撤退後の河北に移駐した。徳王は行動の自由が取りやすくなり、関東軍への依存心はより高まり、南次郎（陸士6期）関東軍司令官との対面も実現した。

　独立派蒙古人の軍事的指導者は李守信で、徳王とは別に関東軍と接触していたが、両者はこの頃から蒙古独立のために共闘する軍事と政治の両輪となっていく。昭和十年の暮から李守信軍は動き出し、察哈爾省の多倫から張家口の近くまで支配下に治めた。そしてこれに関東軍の一支隊を支援のために多倫まで派遣した。明らかな国外への逸脱行為であり、軍中央はこれを止めさせた。このとき参謀本部には石原莞爾作戦課長がいることを忘れてはいけない。

　昭和十一年になると、徳王は察哈爾、綏遠、寧夏《ネイカ》三省を地盤にした内蒙古自治政府を作り上げようという意欲を強くしていった。六月には皇帝溥儀に謁見し、「武徳親王」の称号を戴き、満洲国とも相互援助条約を秘密裏に結んだ。

　七月には、田中隆吉参謀を内蒙古特務機関長として兼任させ、経済基盤としても有利な綏遠（省都）を支配下に収める工作が始まる。しかし李守信軍は微弱で、またそれとは別に匪賊の頭目同様の王英に軍を統率させるようないい加減なものだった。政治工作においても、綏遠省主席の傅作義に板垣参謀長、武藤章（陸士25期）参謀とともに会いに行き、反共防衛協定を提案して、軽くいなされるなどのていたらくのまま、十一月に綏遠事件が発生する。

軍中央でもその不穏さに十一月初め、石原莞爾作戦課長が今田新太郎（陸士30期）を連れて北京経由で新京に飛び、その問題性を指摘することになるが、既に二日ばかり遅かった。そして有名な武藤章参謀の「おかしなことを聞きます。私たちは満洲事変であなたがおやりになったことを模範としてやっているだけです」との反撃に接するのだ。これは今村均（陸士19期）参謀副長の回想にあるが、若い六人の参謀は声をあげて笑ったという。石原もつられて笑い、引止め工作は失敗した。

軍事行動は蒙古軍の完全な敗北、総崩れで終わりを告げた。中華民国軍の精鋭に対して、軍力総体でも劣る李守信軍は何らの的確な打撃を与え得ないで壊滅する。王英軍は素人の寄せ集めですぐに敗走する。どうしようもなかった。

十一月十七日には、蒋介石が山西省の太原にやってきて、激励演説をやった。「我が軍は日本軍を破った」というのである。若干の日本人顧問はいてほとんど殺されたが、敗走したのは蒙古軍で誇大な嘘演説だった。しかしこれは絶大な効果を上げていた。中国軍に日本に勝てるとの自信を与えたのである。そしてその足で蒋介石は西安に飛び、張学良を督励に行く。そして逆に監禁されるという西安事件が起こるのである。ここで国共合作が決定し、中国軍の自信は翌年七月の盧溝橋事件へとつながっていく。

石原終生のアポリア

石原はなぜ綏遠事件を止められなかったのだろう。武藤の言い分にもそれなりの正当性がある。満洲国が成立しても、そこに新たな国境ができる。しかしそこは陸続きで、国防のためにはそこには緩衝地帯が必要である。熱河事変後に塘沽協定が結ばれたのもその意味がある。中華民国側との間に中立地帯という緩衝地帯を必要としたのである。察哈爾や綏遠という内蒙古地帯もそうで、昭和十年には東支鉄道を満洲国に売却し、満洲から追われたソ連はこの内蒙古を伝って、中国本土、満洲へと軍事のみならず、政治工作を始めようとしていた。これはさせてはならぬことである。

そこに満洲国に好意を持つ徳王が登場してきたのである。板垣にとっては渡りに船といったところだろう。なおかつ前述したように、山口重次は協和会次長時代に、「東亜産業協会」という覆面団体を利用して、蒙古独立運動という「由々しき」ことをやっていたのである。石原が本部にいれば、それも止めなければなるまい。

石原が武藤からいわれて笑ってしまったのは、その場に板垣がいたからだろうし、またその工作が必然性を持っているという自覚もあったのだろう。ただ彼は蒙古軍の力を信じられなかったし、中国軍の力を過小評価する関東軍参謀にも賛成できなかった。この考えの延長上に彼の支那事変以降の対応がある。

しかしこの板垣が関係した二つの事件、関東軍の内面指導（満洲国の独立性）と満洲国外工作問題は、石原のこの後の最大のアポリアとなって立ちふさがるのである。つまり、ソ連＝コミンテルンも内蒙独立や満洲赤化工作を仕掛けている以上、日本もそれに対抗して工作をし続けねばならないのである。本当は満洲国の育成に専念しなければいけないのだ。しかしこれも工作＝内面指導ではないのか？

そういった不快感も手伝っていたのだろうか、この時期満鉄調査部にいた和田耕作（戦後民社党代議士）は、若い社員を連れて石原に会いにいったとき、「軍司令官の部屋に行って小便をしてやるんだ」といって憤慨していた石原を覚えているという。

結果として徳王が願った蒙古の自治は支那事変が始まり、日本軍が北支から中国軍を排除した後、昭和十二年の後半になって張家口にできた蒙古聯盟自治政府の成立によって可能となった。しかもその政府顧問として就任したのは、元満洲青年聯盟理事長の金井章次である。何という皮肉であろうか！　むろん金井が蒙古工作を推し進めたわけではない。満洲建国における彼の活躍と経験が蒙古自治政府の建設に役立つだろうとの日本軍の判断があったのだろう。それは見事に結実し、彼は蒙古人に慕われて五年間その地位にいた。それはある意味で、小澤開作が支那事変後の北京に留まり、新民会を組織して反共親日工作に全力を注いでいたのと同じであったのだろう。これは満洲青年聯盟の民族協和思想が満洲建国以降、どこまでもその原理を展開していけるだけの普遍性をもっていたことの証しなのである。

金井は顧問就任に際し、「蒙疆新政権の使命　赤化ルートの切断」と題した論文を、『満洲日日新聞』（昭和十三年一月一日）に寄稿している。

「しかるに常に強を避け弱を衝いて出づるソ連の大陸政策は方向を転換してその途を新疆より甘粛を通じて南下する西北ルートに着目するに至り」、昭和「十一年には甘粛より陜西に赤色勢力を扶植、毛沢東、朱徳の支那共産党を中心として張学良の旧東北軍及び中央軍との提携が成立したものである」「蒙疆新政権に与へられた政治的使命は西北ルートの切断であり、日本の最後的支那膺懲に役立つものはこの政治的使命の遂行である」とその役割を高らかに掲げている。コミンテルンの侵蝕は放ってはいけなかったのだ。ちなみに「蒙疆新政権」とは蒙古聯盟のほか、察南（察哈爾、張家口）、晋北（山西省・大同）の各自治政府のことである。

石原自身、その後の東亜聯盟の構想中には、独立した蒙古国を念頭に入れているのである。それは辛亥革命以来の満蒙独立運動の帰結であったのではないだろうか。

第四章　変調と不安
――支那事変

不気味なる北支のうごめき

話を急ぎすぎたようである。昭和十年の当初は、満洲事変以降初めて日中間に和解の動きが出ていた頃だとは先に述べた。しかし石原莞爾の参謀本部着任は、同時に中国共産党がモスクワの第七回コミンテルン代表大会で決まった人民戦線（反ファシズム戦線）の方針に従い、抗日救国のための民族統一戦線となる「八・一宣言」を提唱する時期ともほぼ重なっていた。山口も気ままな支那漫遊旅行だったが、都市部に共産思想が蔓延し始めていることを気にかけていた。

そして共産主義者とともにこの抗日運動の一方の主役は学生であった。知的青年が新しい思想に新鮮さを感じ、影響されやすいのは古今東西同じである。満洲事変、そして建国と眼前に展開するそういった事態をどのように理解するのか？　戸惑う彼らの前に、《日本の侵略とそれに対抗する救国の戦い》を愛国的に主張する共産主義者の声が強く心に響かないわけがあろうか。満洲は本来、満洲族の故地であるとはいえ、中華民国の版図であり、明確に我が領土である。そこに関係ないはずの日本という民族の強い力で国なるものが建設されている。おかしくはないのか？　明確な侵略ではないのか？　しかも日本の軍事力は国境である山海関を越えて北支にまで影響を与えているではないか？

共産主義者にとっても、蒋介石によって瑞金から追われ、逃げ惑う苦難の道にあって、学生という思想注入先を見出すことは体力の回復につながる。明確な共産主義者になってくれなくてもいい、思想に共鳴し、中国を守る愛国者として我々と行動をともにする若者を欲していたのである。

この年十月二十日、河北省香河県において農民暴動が発生した。といってもこれは農民の腐敗役人一掃をも目的とした整然とした反政府自治要求運動であって、新生活運動とも結びついていた。またそれが農民の内なる声であったのは、指導者の日本人、西村展蔵が中国の土俗的ながらも新興宗教である世界紅卍会の行なう儀式である〈扶乩《フウチ》〉という一種の神託によって選ばれているという事実でも判るのである。つまりこれは山口や小澤が高く評価する草の根の民主運動なのである。

ともあれこの暴動は県城を占拠し、自治を宣するまでに至った。そしてこれが河北省各地に波及する勢いを見せた。そういう中で通州に殷汝耕による冀東防共自治委員会が十月二十五日に成立する。これは翌月「冀東防共自治政府」と改称する。南京の中央政府からの独立と自治を唱えるものであった。

これに危機感を持って立ち上がったのが、北京師範大学を中心とした学生たちであった。学内で演説するだけでなく、街頭に繰り出す。この後河北に移駐してきていた宋哲元が主席となる冀察政務委員会が十二月にできるが、これにも彼らは激しく反対運動を始めた。十二月九日には街頭デモを決行し、宋哲元は兵隊と公安隊を動員してこれを阻止しようとし、両者は激突、多数の負傷者、逮捕者を出した。そしてこのとき撒かれたビラには、「広田三原則反対」「売国的外交政策反対」などの明らかな共産党の影響を受けたと思われる内容のものがあった。

学校は一斉休校となり、学生運動は中国各地に波及し、デモと暴動が繰り返された。十二月十六日には、九日を上回る激しいデモと公安隊の衝突があり、発砲があって三百名ほどが負傷した。そういう過程で次第に学生指導者に共産系学生が台頭するようになる。上海では二十三日に列車占拠事件、首都の南京でも戒厳令という事態となる。死者も十数名に上った。

これを収めるためには、蔣介石自身が学生や大学教授ら総勢二百七十四名と南京で直接面談し、三日間にわたって陳情を聞き、声明を出すという翌年一月十五日の時点まで待たなければならなかった。しかし北京の学生団はこのとき既に共産系学生に主導権を奪われ、南京会見を拒絶するほどだった。そしてこうした事態が盧溝橋事件まで続くというのが正確だろう。しかし国民政府を支持する者と、共産系（人民戦線）の内部対立は激しくあり、昭和十一年暮の西安事件をめぐっては露骨にそれが表沙汰となって対立する局面を演じたのである。

付け加えておけば、毛沢東らが陝西省の延安にたどり着くのは、中国の各都市がこうした騒然とした事態となっている昭和十年暮のことである。山の中だが、省都の西安までは南に約三百キロ、舟運もある。東の山西省との国境からは遠くない。謀略をめぐらすには最適の地だったのである。

翌年二月、延安と西安のほぼ中間にある洛川で、「洛川会議」が開かれた。張学良が行く、そこに周恩来もやってくる——西安事件の序幕であった。

小澤開作の動向

小澤開作に三男の征爾が誕生したのは昭和十年九月一日、満洲の奉天である。板垣征四郎と石原莞爾から一字ずつ取って名づけた。板垣はお祝いに、「少年老い易く学なり難し」という書を小澤に贈った。

そのころの小澤は既に満洲と北京を行ったり来たりする生活となっていたようである。彼の助力を欲しがったのは板垣と奉天特務機関長である土肥原賢二である。山口重次が奉天市政に対してアドバイスを求められたのと同じだろう。その過程で徐々に彼は北京での活動に重心が移っていく。家族を引き連れ、北京に生活の場を移すのは昭和十一年の十月、河北自治運動と人民戦線派が台頭するという誠に微妙な時期である。

しかしこの時期には彼は北京で、「河北通訊社《つうしん》」を作り、夕刊紙を発行するという活動を始めていた。板垣からもらった五千円の資金である。とにかく満洲と違い、知人の少ないこの土地では情報を集めることから始めなければという思惑であった。漢文紙であり、社員には抗日思想を持つ中国人学生もおり、満鉄調査部所属の日本人もいた。そうした立場と仕事から、小澤には普通の日本人には手に入らない情報が入るようになってきていた。綏遠事件でも、現地に通信員を派遣していた。裏切られて、日本人顧問が三十名ほど殺された金甲山歩兵部隊の情報も小澤の耳に入ってきていた。おまけにそれは部隊に入り込んでいた共産系学生の仕業だとまで判っていたのである。

その後、この工作をものの見事に失敗に終らせた田中隆吉は、北京の満鉄直営旅館「扶桑館」にやってきた。たまたまここにいた小澤は、目の焦点の定まらない悄然とした田中が自分の部屋に入ってくるのを目撃している。金甲山部隊は始めから抗日組織とつるんでいたのである。

小澤は自分で意図することなく、北京で諜報活動に従事していたといえる。そしてその鋭い耳目の行き着くところ、共産主義の若者への影響の増大、不気味なうねりに着目せざるを得なかったのである。彼のこの通信社活動は、彼が支那事変後、新民会を作って旗揚げするまで続く。しかし彼が満洲事変の原因を作った男だとは誰も知らない。

既に中国共産党は満洲建国直後の昭和七年四月に、対日宣戦布告を出している。そのときの本拠地は瑞金であった。国民党との戦いの最中で、組織としては大きいものではない。当時誰も注目しなかったというのが正解だろう。それから何度もの国民党の討伐が続くが、それをも彼らは耐えしのぎ、撃退さえした。しかし蒋介石の第五次討伐で遂に瑞金を追われ、長い逃避行に移るわけだが、その過程で少ない武力を背景にして、ゲリラ戦、民衆工作、宣伝戦に長けるように訓練を注いできたのである。

そしてその思想工作は徐々に学生層、労働者に浸み込もうとしていた。共産主義を宣伝するのではない。「抗日救国」という形の愛国路線なのである。人民戦線という橋をかけて、互いに交通するのである。そこに小澤は新しい脅威を感じ取っていた。これに比べれば満洲の共産匪はまだたいしたことはないと思われたのだろう。綏遠では学生が軍の中に入り込み、日本軍将校をだまし討ちであっても、大量に殺害したのである。彼らは見えない敵なのである。小澤の衝撃は大きかった。香河事件＝農民反乱は中国伝統の民衆の自治意識の表現であったはずだ。しかしそれを否定する新しい思想が中国に息づこうとしている……。

だが多くの日本人はそうした中国の思想的変化にあまり関心を払わない。軍人もそうであった。軍事力という点では国民党の足元にも及ばないのだ。しかしその国民党の内部に浸透し、中身を赤く染め始めていたというのが真相であった。小澤は例外的日本人であった。綏遠事件の後すぐ起きた西安事件は、一応蒋介石の解放に終わって解決した。しかしそこにおける秘められたる約束、第二次国共合作の可能性に気づいていたのも小澤とその周辺であったのだ。

繆斌登場

昭和十年の秋、上海の町が過激な学生のデモに席巻されていた時期である。「中日危機之猛省」なる文章をこの町に住む政府の委員をやっている男が書き上げた。男の名前は繆斌《みょうひん》、三十二歳である。まず履歴を書こう。一九〇三年（明治三十六年）江蘇省の無錫に生まれ、十代で国民党員となり、孫文、汪兆銘と会見している。一九二四年に開設された黄埔軍官学校では、電気科の教官を担当している。その後、蒋介石の北伐に何応欽軍付として従軍。一九二八年には陸軍中将となっている。一九二九年に江蘇省の民政庁長となり、売官汚職の誹謗記事で下野。そして来日しているときに蒋介石反対運動が激化して帰国。石友山軍の反乱を鎮圧。蒋介石の覚えめでたく、アメリカ留学を勧められ、コーネル大学に在学。一年ばかりで帰国するが、その途中で日本に立ち寄り、日本研究のための書籍を大量に購入し、一九三〇年十一月に帰国。その後また国民党の分裂騒ぎがあり、その渦中で上海に居を構えるようになる。その後、日本研究に手をつけ始め、大著『武徳論』を執筆。一九三五年に刊行する。その序文（友枝英一訳）の一節を引く。

「数年来日本を研究し、深くかの国の興隆の原因を知り、その精魂の集まるところが武士道にあることを思った。武士道は鎌倉時代の武士に淵源を持つが、徳川時代初期の山鹿素行が武士の素質に儒教の精神を加えて文武を一となし、士道に武の名を冠して完成したものである。特に儒教精神の真髄にかなっていたため、聖学（儒教）は中国に行なわれず、却って日本で栄えた。思うに、両国の維新は同時に起ったが、局勢は優劣はるかに今日の差異を生じた。日本の国土は我が国の広さに及ばず、日本の人口は我が国の多きにしかず、日本の物産は我が国の豊富さに及ばない。彼は小さな三つの島を以て全世界に雄飛し、我は広大な大国でありながら、雌伏を余儀なくされている。私はその理由は他でもなく、武士道の有無によると深く思うのである」

このような彼の日本研究と認識は、急速な親日性を帯び始めてくる。以下、「十八世紀の生活を以て二十世紀の生産をする。そのためその突飛躍進はこの時代に類がない。私はその正史を読んだが、吉田松陰、西郷隆盛、乃木希典、東郷平八郎或は、一・二八役の空閑少佐らの武士道精神の如き、全く我が国三代の人物に比するに足るものである」とまで書くのだ。

繆　斌

「一・二八役」とは満洲事変に伴う第一次上海事変のことで、空閑少佐とは中国軍に捕虜になったことを恥じ、釈放後にピストル自決をした人物である。美談として当時映画にもなった。中国にとっては侵略戦争の遂行者さえ彼は褒め称えるのである。「三代」とは中国古代の理想治世といわれる、夏、殷、周時代のことである。

この本を刊行した後の三ヶ月後の十月に、彼は「中日危機之猛省」を書き、小冊子として出版した。これは北一輝の弟である北玲吉が主宰する雑誌『祖国』（昭和十一年六月号）に訳載された。

大意を述べるなら、まず日中両国は同文同種の歴史を同じくする国民だということである。だから精神は同一で、その根底にあるのは仏教と儒教であるが、中国は儒教が形骸化して廃れ、仏教は厭世の具に成り果てた。しかし日本はそこから武士道というものを完成した。積極的仏教化の道は「七生報国」の思想を生み、楠木正成を生んだ。聖なる学問が中国に衰え、日本で盛んなのを私は痛憤する。ゆえに我が国は国家の危機存亡に際しても立ち上がろうとしない。日本は維新開国以来積極的政策を取り、大陸政策、南進政策、気炎万丈当たるべからざるものがあり、世界が注目している。

英国帝国主義は衰え、米国の資本主義は恐慌のために無力化し、ソ連の共産主義は人間を奴隷化する。世界は新たなる合理的制度を要求している。それは東方の「天下を私有せず、公共物となす」王道天下思想である。これは儒教的教義に培養せられてきた日本と中国にして始めてなしうることである。

日本の膨張政策は大アジア主義の完成にある。台湾、朝鮮を領有し、南満洲の勢力圏を奪取した。その後対華二十一ヵ条の要求により、我が国の抗日機運を激化させた。そして近年、満洲国を建設した。しかしその膨張に当たっては王道的弁法を取るべきで、実態は権利にのみ汲々としてその行為は白人の侵略主義に比べても露骨である。我が国は日本の膨張に対し、深甚なる同情を持つ。日本は国土狭小で、資源がなく人口が増えているからだ。それだけでなく共に手を持って世界に向かって邁進せんとさえ思うものだ。日本の義侠的援助によって我が国は白人から受けた汚辱を雪ぎ獲たことを感謝している。しかしその後の日本の我が国に対する態度は、〈東方的信〉に基くものであっただろうか。王道といいながら、それは実は覇道を行なっていないのか？

繆斌はその例証として「田中上奏文」を挙げている。当時彼もこれを信じていたのである。ただ彼も自国に問題があることは認識している。道徳的堕落、政治的腐敗、学術的荒廃、経済的衰微など、天下を公となす精神が今の我が国のどこにあるというのだろうか。あるのなら亡国の憂いなど起こりはしない。今我が国は赤化の思想によって安危の境にある。この問題に私は日中両国が虚心坦懐協力して解決に当たることを願っている。今はまさしくその時期である。この思想は東方精神の喪失されたその隙に侵入するのだ。私は日本の侵略主義に猛省を促さざるを得ない。真の王道に立脚して武力を用いよ。むろん我々も以夷制夷政策を取ってはならぬ。そこにおいて両国は道義によって交わることができる。そこにおいて始めて真の親善と大アジア主義が完成されるのであると。

このような道義に基づく日中提携による王道世界の統一ということを繆斌は主張した。これは『武徳論』と並んで、中国の知識人、政治家間にかなりのセンセーションを巻き起こした。また上海在住の日本人にも急速にその名と親日思想を知られるようになったのである。この頃だろうか。彼は日本人から、満洲建国の理念は「王道」であると聞かされ、「それならば反対する必要はない」と答えたという。

なおこの論文発表と時を同じくして南京で行なわれた国民党の六中全会において、汪兆銘が狙撃され、九年後の死につながる重傷を負ったことを記しておこう。

昭和十一年、日中関係には暗雲が垂れ込み始めていた。その最中に繆斌は訪日する。二度目であり、上海で親しくし、日本語を習っていた日本人に勧められ、中国が提携すべきである日本に知己を求めてということであったと思われる。来日はちょうど二・二六事件の直前である。約七ヶ月の滞在中に会ったのは、頭山満、安岡正篤、影山正治、満川亀太郎、権藤成卿、長野朗らの民間の国士的人物、他には磯谷廉介（陸士16期）、本間雅晴（陸士19期）、鈴木貞一（陸士22期）らの軍人が多い。石原莞爾との出会いはない。夏になり、江西省で李宗仁が反蒋介石の反乱を起こしたことが判って、繆斌は急いで帰国した。

盧溝橋事件勃発

昭和十二年七月一日、山口重次は奉天市参与官を解任され、総務庁参事官に栄転ということになった。職務の内容は半年間にわたる、中国本部と南洋への出張命令であった。その一週間後、盧溝橋で日中間に戦闘が勃発した。山口は偶然手にした自由な立場を利用し、東京へ飛んだ。むろん参謀本部の作戦部長、石原莞爾の下へである。

盧溝橋事件の経過を第二次上海事件まで略述しておく。

七月七日の夜十一時頃、北京南東十五キロにある永定河にかかる盧溝橋付近で夜間演習していた日本軍に不明な銃弾が打ち込まれたことから事件は発生し、拡大する。翌午前三時頃、再度の銃撃を受け、日本軍は永定河右岸の中国軍地を攻撃占領する。一昼夜交戦対峙の後、秦徳純北京市長と松井太久郎（陸士22期）特務機関長の間に九日早朝、停戦協議が成立する。射撃の停止、永定河右岸に中国軍、左岸に日本軍がそれぞれ撤退するという条件である。しかし中国軍は撤退せず、その後すぐ日本は攻撃され、負傷者を出し、またそれに応戦するという事態となる。交渉がまとまり、中国軍が撤退し、ようやく落ち着く。

この時点で発表せられた支那駐屯軍司令部声明には、「明らかに近時益々露骨化して来れる南京政府側及び共産党系の支那軍隊就中《なかんずく》その中堅将校以下に対する抗日宣伝の結果なりと断ぜざるを得ず」とある。

しかし北京の町にはラジオから南京放送局の抗敵歌や自衛歌が流れ、九日の中国の新聞『新民報』は、「綏遠戦争で我々は恐日病患者と新兵器絶対主義を粉砕した（中略）いわゆる抗敵自衛は第二十九軍の取った態度を範とすべきである。第二十九軍は上下を挙げて沈着に応戦して盧溝橋を死守している。この精神で国人が一致団結するとき勝利は我らの頭上にある」と激越に煽動している。かつて学生を弾圧していた第二十九軍とその冀察政府は既に抗日化しているという証拠となっている。

平静も長くは続かない。十日の夜には、また盧溝橋に進出し来った中国軍との間に銃撃戦が始まった。午後十一時陸軍省着公電や漢口発同盟記事によれば、四個師団を石家荘（河北省）付近、あるいは河南省境まで北上させるよう命じたとも伝わった。翌十一日、広田外相は中国各地の居留民引き上げを準備するよう通達を出す。橋本群（陸士20期）駐屯軍参謀長は中国側冀察政権との交渉決裂を覚悟して、最後的要求を出して再度交渉に臨み、これに中国側は応じて停戦協定の成立を見た。しかし協定は無視され、中国軍は引く構えを見せない。この日、日本はこの事態を「北支事変」と命名する。

十二日、日高信六郎参事官が陸海軍武官を帯同して王寵恵外交部長を南京政府に訪ね、日本は不拡大方針であるが、中国側の不誠意により重大決意をしなければならなくなった、これ以上の悪化があればその責任はそちら側にあると伝えると、王寵恵は軍隊を増加するようなことは我が国民の感情を刺激する。考慮して欲しいと伝える。夜になり、彼は代理を日高参事官に派遣し、冀察政権という地方当局との約束は中央政府の承認を得ていないので認められない、よって中央の承認を認められたいとの強硬姿勢であった。中央軍の準備は着々と進捗しつつあった。危機は全く去っていない。

事変解決交渉は北京でも行なわれていても、既に南京中央政府と日本政府の出先機関との交渉に格上げされていた。しかし交渉は容易でなく、中国軍の北上は間違いなく、日本の偵察機が北上する列車から攻撃され、これに応酬する事件が十八日に起きた。偵察飛行は、梅津・何応欽協定による合法行為である。

十九日夜八時、蒋介石の事件に対する長い声明が発表される。その要点となるものは、中国は平和を愛好するが、「たとい弱国とはいえ、もし不幸にして最後の一線に立ち到れば我々のなすべきことは唯一、すなわち我が全国民精力の最後の一滴までも傾倒し国家存続のために抗争すべきのみだ。そうして一度抗争が開始されたら時間の上からも中道にしてやめ、和平を求めることは許されない。和平を求めたら、我が国家の屈従、民族の全滅を意味する条件を甘受せねばならない」。「隠忍の限度」を越えていれば、「我々は常に究極の勝利を期待しながらどんな犠牲を払っても最後まで戦いぬかなければならない」。この事件を回避する条件は、我々が我が国土内で相手側に無条件に譲歩することだという。しかし「いやしくも自尊心ある以上は、世界のどんな国でもこのような屈辱を甘受しえようか。東北三省を喪失して以来六年になるが、今度は「中国四百年の古都全北方の政治的文化的戦略的中心は敵に失われるのである」。

明確に日本を「敵」と名指していることが判る。戦う決意を固めた蒋介石の日本への語りかけは以下のようなものとなる。「この厳粛な瞬間において、日本は盧溝橋事件が日中両国間の一大戦争を招来するかどうかを決定せねばならぬ、まだ和平の希望がいささかなりとも残っているかどうかは、ひとえに日本軍の行動いかんである」。

しかしこの発表と時を同じくして、日本の警備部隊に対して銃撃がなされ、軍用電話線が切断されたりした。支那駐屯軍司令部のその夜の声明は、このような「支那側の行動は明らかに協定に違反するのみならず、日本軍として自衛上黙視し難きところである、従つて支那軍が依然かくの如き不信行為を繰り返すにおいては、軍は二十日正午以後独自の行動を執るのやむなきに到るであらう」というものであった。事態は切迫していた。

その夜から明け方まで、盧溝橋を隔てて中国軍から迫撃砲弾が浴びせられ、軍用電話線がまた切断される。日本側も遂に「自衛権の発動」として砲撃を開始する。この正確無比な着弾は相手側陣地を沈黙させたが、夜になってまた砲撃され、そして反撃ということが繰り返される。盧溝橋の中国側望楼二つは完全に破壊される。冀察政府当局は日本軍の攻撃の正確さに恐れをなし、挑戦的態度を取らないこと、また最も抗日色の強い馮治安師団の北京退去を約束する。退去は二十二日となり、保定に移駐することに決まるが、それは何日経っても実行されない。協定違反である。

二十日夜に蒋介石は廬山から南京に帰着しており、陣頭指揮に当たっている。

七月二十五日、廊坊でまたも軍用電線が故障し、中国軍にあらかじめ連絡の上、日本軍は修理に出かけたが、そこで理由もなく射撃されて両軍は衝突、北京―天津間の鉄道の要となる廊坊駅は破壊、中国軍に占領された。二十六日になると、日本軍が北京の広安門から入城しようとするときに、宋哲元の第二十九軍兵に攻撃された。宋哲元軍顧問の桜井徳太郎（陸士30期）は中国兵に撃たれて重傷を負う。

対立はエスカレートするばかりだった。そして二十九日には残虐極まりない通州事件が起こり、中国側保安隊による二百五十名あまりの日本人居留民が虐殺された。続いて戦火は上海まで飛び火し、八月九日、大山勇夫海軍中尉が共同租界で青龍刀で頭を断ち割られて殺され、中国正規軍の大部隊が日本の居留民、軍兵を包囲するに到って、日本も全面的派兵を展開せざるを得なくなっていく。〈暴支膺懲〉である。

石原莞爾の不拡大方針

石原莞爾はこのとき、参謀本部の作戦部長であった。彼がこの事変を小規模の衝突のまま収めたいという考えだったことはよく知られている。満洲国育成のためにも、日本の経済回復のためにも、中国との全面衝突を避けようとしていたのは、彼の最終戦争論という歴史観や大アジア主義の思想からも当然のことであった。東亜聯盟という日本、満洲国、中国の同盟構想のためにも、戦争という事態を起こしてはならなかった。

しかし参謀本部の大勢は、武藤章作戦課長を中心に、「支那を存分に叩く」というのであって、石原は多勢に無勢で孤立した。七月八日、「面白いことが起こったね」と武藤は笑いながら本部に出勤してきた。その武藤と激論となり、石原が「君が辞めるか、私が辞めるかどちらかだ！」と怒鳴ったこともよく知られている。蒋介石軍の北上状況が分らず、霊感に頼るようなそぶりで地図のある点を「ここだ！」と指差し、トイレに行った際に、武藤に「おまじないで分るか！」と馬鹿にされてもいる。陸軍省の軍事課長、田中新一も元々石原派であるはずなのに、陸士同期生である武藤と意見の一致を見ている。

しかし蒋介石軍が北上するのをそのままに放ってはおけない。石原は昭和二年の南京事件もその翌年の済南事件も知っている。居留民の安全をまず第一に考えねばならず、警備部隊程度に過ぎない北支駐屯軍や上海陸戦隊の戦力の脆弱さを考慮に入れなければいけない。廊坊事件、広安門事件と続けて事件が起きる。遂に石原は三個師団派遣を決意する。上海の居留民が危険になったときも同じ理由による派遣である。それが心ならずもであるのは無論である。

山口重次が東京の石原宅を訪ねてきたのは七月二十八日であった。彼は神戸に上陸し、奈良、大阪、京都と回って東京に来た。前奉天副市長の帰国はどこでも大歓迎で、そういう宴席も設けられた。彼は満洲事変のときとの違いに驚かざるを得なかった。満洲事変のときは懐疑や戸惑いが多く、それを糾すために青年聯盟では日本遊説までもやったのに、今回はどこもかしこも「やんなはれ、やんなはれ」という主戦論、楽観論ばかりだったからだ。

戸山の自宅で会った石原は顔色も悪く憔悴していた。元々病体なのである。それなのに、夜もろくろく寝ないで執務していた。部長室にベッドを持ち込み、着替えもしないまま緊急事態に対応しようとするのは満洲事変時と変わらなかったが、見通しがあり、満洲を理想社会に向けて育成しようという希望に燃えたその頃とは全く違っていた。

石原が山口に話した方策は次のようなものである。賠償は求めない、支那本部からの全面撤退、不平等条約の撤廃と平等条約の締結、満洲国の承認である。なおこの頃から石原の政治方面を補佐する立場にあった浅原健三の回想によれば、石原は満洲国の一省である熱河省の返還も考慮していたという。東亜聯盟の構想では、政治は独立でも国防、経済は共同であるという前提に立つ。そうであれば、熱河省返還もさほどの問題でないと考えられる。満洲の着実な発展が、支那本部を自然に良好な状態にしていくというのが石原の考え、想定である。盧溝橋での小さな衝突など十分に補えるというのが彼の思うところであったろう。

しかしこういう条件を提示するという、そのことが武藤章たちにとっては「夢のようなこと」であったに違いない。武藤は眼前の現実を手早く処理することが最善だと思っていた。

それに対し、石原が歩み寄りした条件は、「支那の鉄道を全部閉鎖して終う。そうして、海運の便のある重要都市だけに兵を駐屯して、ここでは徹底した協和政治、協和運動を実施して、平和と富裕の実績を以て、支那の四億の民に訴えるのだ」（『満洲建国の歴史』より）ということで、彼のリアリスティックな面が出たものだったが、これもはかばかしい反応は返ってこなかったという。

なるほどこれは彼のいうところの「持久戦争論」で、この後小澤開作が始める新民会運動、それから数年後に汪兆銘政権がやろうとしたことである。石原の先見性はここにもある。しかしそうした構想は、目の前の両軍衝突という事態には対処できない。三個師団派遣はなさねばならない作戦部長としての義務であり、しないことは責任放棄であった。

中国共産党の暗躍と「破壊赤化戦術」

ここで問題となるのは、中国共産党の動向である。自宅を訪ねてきた山口に石原は、「どうも共産党が関わっている可能性が高い」という推測を述べている。この勘は鋭かった。事変が起きた七日の翌日、八日には、共産党は「全国各新聞社、各団体、各軍隊、中国国民党、国民政府、軍事委員会及び全国同胞」宛てに、二十九軍を擁護し、そして日本帝国主義の侵略に対して立ち上がれという長文の激越な通電を発しているのである。「七月七日夜十時、日本は盧溝橋において中国駐屯軍馮治安部隊に対して攻撃を開始し、馮部隊の長辛店への撤退を要求せり」という文から始まっているが、攻撃が中国側からだったのは当時も今も、誰の眼にも明らかなことである。

むろんこの電文は中国の新聞に載せられた。日本の政府も知っていただろう。しかし馮治安の二十九軍は共産軍ではない。この軍への共産党の抗日宣伝の結果なりと断ぜざるを得ないという、前述した支那駐屯軍司令部の声明は間違っていなかった。しかし宣伝だけなく、学生が入り込み、自ら射撃をなしているという可能性までは考えに入っていただろうか。

後年の研究では、きっかけを作るために劉少奇に率いられた学生たちが両軍の中間で射撃をしたという可能性まで踏み込んだものもあるのだが、綏遠事件での学生の大胆な行動を知っていた小澤開作は、左傾化した学生がそのまま馮治安部隊にいたという考えを持っていたようである。

事変拡大後の九月十六日、北京で小澤開作も混じった座談会が開かれ、その模様が、『改造』支那事変増刊号（昭和十二年十月発行）に載っている。司会の改造記者の「共産主義の進出力についての対策」を尋ねられた小澤は、以下のように答えている。

「いや何と言つても今後は之れが一番問題で、頭を悩ましますよ。第一今回の事件そのものも、私から言はせるとソ連の計略だと思ふ。事件が拡大するにつれて彼は陰で赤い舌を出してゐるに違ひない。最初の盧溝橋事件だつて怪しめばすこぶる怪しい点がありますす」

他の出席者は、加藤伝次郎（北京大使館一等書記官）、寺平忠輔（北京特務機関）大尉、浜本一人（北京満鉄公所）、林亀吉（北京大倉組支配人）、三池亥佐夫（大阪毎日北京支局長）、村上知行（中国文学者）という顔ぶれで、寺平が両軍交戦のきっかけを作った者が中間にいたという推測を語っている。ちなみに彼は小澤が亡くなった昭和四十五年、『盧溝橋事件――日本の悲劇』という本を出版している。これは遺著であり、寺平もすでに亡くなっていた。

小澤の耳には、第二十九軍の中隊長以下はみな共産化しているという情報が入っていた。七月二十六日、広安門から日本軍が入城するというときに、桜井徳太郎が行ったのはその二十九軍を監視するためだった。出かける前に彼は小澤の家を訪ねていた。小澤は下級将校以下が共産化しているので危険だと止めていた。その後、特務機関に行き、寺平に日本軍の入城を止めたほうがいいともアドバイスした。しかし桜井も寺平も大丈夫だとして聞かなかった。しかしその夜、日本軍は門の上から銃撃を受けたのだ。

意味深なのは、二十日という日が最後通牒的に日本軍が反撃して、二十九軍を沈黙させ、冀察政府側に挑戦的態度を取らないと約束させた日だということだ。しかし北京を退去するといったはずの馮治安部隊がぐずぐず先延ばししているときに、廊坊、広安門と連続して事件が起きた。

実はこのとき結ばれた協定にあわてた共産党は、二十三日に冀察政権を叱咤する宣言を発している。全八項目からなり、二十九軍に武力闘争を行わせる、全中国戦力の統一、軍民一体の反日戦線の創設、日本との外交関係の停止、日貨ボイコット、在中日本資産の没収、日本スパイ、漢奸の逮捕、国共両党の緊密な提携と反日民族戦線の結成、米英仏ソとの反日闘争に有利な各種協定の締結などが盛られたものであって、要するに対日宣戦布告といっていい。

これが二十九軍の中の共産系将校、兵士の行動を断固とした対日交戦の方向に向けたことはほぼ間違いない。通州事件の保安隊にも共産系の組織ができていたと思われる。それは完璧な挑発戦術であり、兵士を攻撃するだけでなく民間人を虐殺する。そのことによって、日本軍を反撃に誘い込む。反撃は当然、中国の国土を蹂躙することになる。政治のみならず経済も破壊され、その過程で多くの民衆の生命や生活が危険にさらされる。日本軍への反感が強まる。共産党の思う壺である。「暴支膺懲」は正義である。しかしそれをいわせるように仕組まれていたとなれば、事は単純でない。

　これは山口重次や小澤開作の仲間の広吉辰雄らが満洲建国直後の昭和七年五月末にハルビン近くの阿城で体験したことの、その数十倍の規模を持った「破壊赤化戦術」ではなかったのか。こういう作戦があることを、小澤や山口は元共産党員の中国人から聞いていた。なるほどこれもまた一種のゲリラ戦術であるのかもしれない。正規軍としては覚束ない戦力しかなくても、相手の重装備の戦力を自らの民衆の上に浴びせかけることによって、破壊的な殺傷を起こさせる。それは対抗的に結果的に、自分たちへの支持を増やすことになるのだ。もちろんそこでは謀略宣伝は大きな効果を生む。

　しかし小澤も山口も石原も、共産党の謀略という想像はついていても、それを根拠としての対策は打てない。事態の大きさに引きずり回される一方である。最も力量のある石原が参謀本部において力を失ってしまったのである。阿城のような小規模のものなら、対処の仕様もあろう。しかしこの支那事変（九月になって命名された）はその戦いの規模が支那本部全体を覆うようになってしまった。まさに小澤の想像したとおりに、ソ連＝コミンテルン＝中国共産党は「赤い舌」を出して、ほくそ笑んでいたのだ。思う壺にはまり込んでくれた日本だった。

　問題はもちろん、国共合作が既になっていたという事態である。八月二十五日に共産軍は、国民革命軍第八路軍と正式に改称する。日本軍の相手はどうしても蒋介石の中央政府軍となる。そして北支はもちろんのこと、上海以南の南京攻略においても、攻撃の対象はそうした正規軍である。そこにおいては、共産党という明確な敵は見えてこない。その国民政府内に共産分子やそれに同調するシンパはいるにしても、それはゲリラではない。「破壊赤化戦術」は〈破壊国民党〉という側面を持った高等戦術となっていた観が深い。

石原莞爾更迭と武藤章のその後

不拡大方針を貫徹できずに部内の統制を混乱させた責任を取って、石原は辞職を申し出た。九月末になって関東軍参謀副長への転出が決まった。行き先は懐かしい満洲である。しかし、一年ほど前に所用があって訪ねた満洲は彼にとって不安の種であった。民族協和の理想を持って成長しているのか？　それが心配だったのである。

喧嘩相手だった武藤章は、十月になって新しく編成された中支那方面軍の参謀となって上海に赴任した。武藤の希望である。上海での戦闘を早期終結させるために杭州湾からの上陸作戦を武藤が起案し、それが採択された。元々あった上海派遣軍との統制上、中支那派遣軍が作られたのであった。武藤はこの幕僚として、南京攻略作戦を指導することになる。上海を押さえ、首都南京を占領すれば、蒋介石は奥地に逃亡しても、地方政権としてしか存続しなくなるとの見解だった。南京の攻略は年末には終わった。それはそれで武藤の計算どおりにいったというべきかもしれない。

翌年二月に中支那派遣軍の編成替えがあり、武藤は参謀副長となり、徐州方面に展開する五十個師団の蒋介石主力を、北支那方面軍と協力して捕捉殲滅する作戦に従事した。彼はこれができれば戦争の早期終結が可能と踏んだようである。

しかし攻撃が開始されると、中国軍は「いち早く機動退却戦術をとり、軍隊の編成を解散して小部隊毎に包囲網の間隙をぬって、バラバラになって逸走した」（『武藤章回想録』）徐州は占領しても、中国軍の捕捉は全然ならなかった。武藤は回想録でこう書いている。「あの大平野に二個師団半の兵力を指向しても、網の目は大きに過ぎた。しかも麦の秋であった。支那軍隊は武器を置けば土民である。夜間を利用して続々網の目をぬける。どうすることも出来なかった」。

石原莞爾の考えは間違っていなかった。蒋介石政権が重慶に移っていた昭和十四年十一月に参謀本部入りした瀬島龍三は、部内に残されていた石原のメモを見ている。「断固として（満洲から）中国本土に進むべきではない。中国大陸は大兵を呑む」。そうした細心さ、戦略眼を武藤は持ち得なかった。

この年八月、武藤は北支那方面軍参謀副長として北京に赴任し、それは翌年十月の陸軍省軍務局長就任まで続く。この時期、北支方面は共産軍の浸透がいちじるしく、治安が乱れ始めていた。このために天津租界の封鎖などもしたりして、彼は対策に腐心することになった。治外法権の租界は共産主義者が思うがままに跳梁跋扈する世界だったからだ。そうしたときにふと、「いくらやっても駄目か」、「やはり石原さんがいったとおりだった」とつぶやくこともあったようである。

なおかつ回想による限り、この北支那派遣軍参謀副長時代になって初めて、彼は共産党の存在の不気味さを認識したらしい。それまでの彼には蒋介石の正規軍しか念頭になかったようだ。石原から指摘されても無視していたのだろう。融通無碍に現れては消え、消えては現れる共産軍の遊撃戦術の巧みさに、彼は苦悩するしかなかったのだ。

石原莞爾、満洲へ――

山口重次は石原莞爾の満洲の様子を見て対策を考えてもらいたいと要望され、すぐさま満洲に飛行機で帰った。総務長官、星野直樹に会うと「支那事変など三ヶ月で片付くよ」という調子だった。関東軍首脳がそういう考えだった。東條参謀長は察哈爾に出撃し、九月四日には察南自治政府が成立する。既述したがこの延長上に蒙古聯合自治政府が翌年発足し、その最高顧問として金井章次が就任することになる。

山口は石原作戦部長の悲観的な見通しを星野に述べてから、戦争真っ只中の北支に向かった。汽車はしょっちゅう止まり、戦争という異常事態の反映が感じられた。

北京駅では小澤開作が迎えに来ていた。山口は彼や矢萩北京特務機関長と今後の対策を相談し、また第五師団長として出征している板垣征四郎を保定まで追っかけたりもした。北京や天津、騒然とした情況を視察して東京に戻った。関釜連絡船内では、興中公司の社長を務める十河信二と偶然出会った。十河は石原作戦部長の考えをしきりに知りたがった。

東京で再会した石原は、「この戦争が持久戦争になって、戦争に敗れて、大八島八州だけになっても、『八紘一宇、神州不滅の神勅通り、日本は亡びない』という自信を得た。大丈夫だ。だが、出来るだけ長期戦争を避け、戦場を少なくすることに努めなければいけません」との考えになっていたという。(『満洲建国への遺書　第一部』より)

石原は十月になって、故郷鶴岡に戻った。両親を訪ね、新潟から船で清津(朝鮮)に渡る。そこから満洲側の国境の町・延吉に行き、そこから新京に直行するのである。九州から朝鮮という既存ルートでなく、この日本海ルートが盛んになることで、満洲も日本も発展するというのが彼の確信であった。山口は新潟までずっと付き添い、港湾の調査までやらされた。大連の港湾事務所に勤めていた経験を買われたのである。新潟での石原の送別会では東亜聯盟の同志ばかりで賑やかだった。石原は飲めない酒まで口にした。

『満洲帝国協和会指導要綱案』

山口は故郷の千葉の自宅に戻った。時間もあったものだから、協和会の運動に資する指導理論をまとめてみようと思い立った。そこで一気に書き上げたのが『満洲帝国協和会指導要綱案』であった。

板垣参謀長時代に植田司令官の名前で出された「満洲国協和会の根本精神」をその最初に序文のように持ってきていることからも伺えるように、山口の指導案はこれをさらにラジカルに展開するものとなった。というよりも、大達の辞任で実践が曖昧なままに机の中に封印されてしまった「根本精神」の展開思想である「満洲国の根本理念と協和会の本質」を、改革具体案＝綱領を以って堂々と表に出してきたのがこれであった。むろん彼は「天皇の御名代」、「満洲国皇帝がその地位を失墜する」とかの問題となった不穏な文言は使わない。

冒頭から彼は次のように書く。満洲国の政府の諸機関、各部（各省）、県公署、市公署、警察庁などは法令によって定められた権限内の行政事務を上級官庁の指令によって処理するだけで、独自の人格を持っているわけではない。それに対して満洲国協和会は、協和主義を奉ずる者の盟約によって結

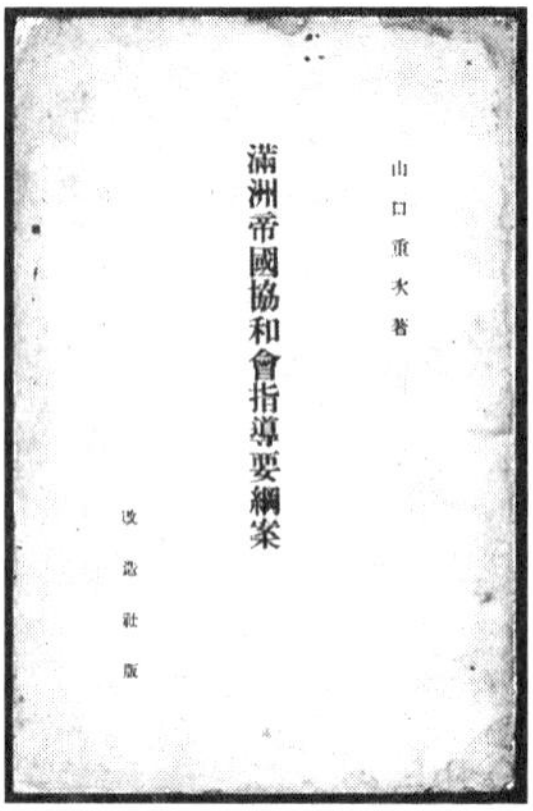

成された国民の団体であるために、独自の人格を有し、自主的活動機能を持つ団体である。協和会の「中央本部始め地方本部は仮令《たとい》其の部長を官吏が兼任したからといつて決して官庁の従属機関ではない」。

また、中央本部、省本部、県市本部がすなわち協和会であり、各分会はその上部の「協和会の指導教化の客体である」というような漠然とした観念があったが、それは間違いである。そうなると「協和会の活動範囲は非常に局限されたものとなり、而《しか》も行政官庁との摩擦は事毎に避け難いものとなる」という。

「協和会は協和主義を奉ずる者の自治的協和団体たる協和会員の有機的な綜合団体であり、従って分会は協和会の活動単位であつて、人格を有する独自の活動権能を有するといふ観念の下に於いてこそ、始めて政府の母体たり得るのである。又協和会は分会及其の綜合体が主体であり、会長、各本部長及分会長が会務の執行機関であるといふ原則が協和会組織の基礎観念である」

これだけでもその過激さは伺えるであろう。満洲社会の小さな一組織、一農業団体、商人組織、工場経営者、鉄道労働者、軍人など、様々にあり得、組織し得る団体＝分会（むろん官吏の分会もある）が協和会の主体であり、教化される客体ではない。またそういう考え方では、政府、役所との摩擦は避けがたくなるというのである。山口や小澤は摩擦を引き起こしたからこそ、中央事務局委員会から放り出されたのではなかったのか。また大達茂雄と板垣の大喧嘩の原因ともなった「根本精神」にある「政府の精神的母体」という言葉を敷衍して、はっきり政府より協和会が上の組織だといいきっている。

協和会の分会はむろん様々な民族、職能の組織から成り立ってよいし、その利害を代表してよい。山口は「満洲農村の特長であり美点である固い隣保自治の制度」といっていて、この美風を協和会の組織に生かさねばならないという考えなのだ。村単位、職業単位の小さな分会の意見が、県（旗）や市の協和会のより大きな単位の分会に、またそれは省レベルの分会に上がり、最終的には中央本部まで上がってくるというようにならなければいけないと彼は説いた。これは縦の動きから協和会を見たものだが、これを横の関係から見ると、各職能レベルの分会は対等な関係であり、おのおのの意見を協議会で主張できる。その協議でまとまった意見はそのレベルでは施政実行され、解決できないものはさらに上の協和会に上がっていってまた協議にかけられるという関係である（次頁の図参照）。

トップの中央本部委員会で国家の最高方針が決定されるのであるが、それぞれのレベルで委員会が設置される。このメンバーは「熱烈高潔にして而も優秀な指導力を有する少数者」で構成されたもので、中央本部の場合は、このメンバーに次の国務総理や総務長官候補が入ることになっている。中央本部委員会と国務院との関係は、その間に「全国聯合協議会」が介在して、山口は「全国聯合協議会は全協和会員の最高最終の意思決定機関である」といっていて、政府（国務院）はその国務を「協和会に諮問」しなければいけないことになっている。まさに政府の精神的母体であるわけだ。むろん前述したように、これは山口や小澤が協和会精神を守り維持するために作ったものである。

山口はこれが協和主義であり、資本主義や共産主義、自由主義や三民主義より進んだもので、また満洲国の一様でない民族意識、封建的気風の現存情況では、これが最も妥当な「民本」主義となるはずだと考えたのである。彼はこの考えを、かつての事務局次長や奉天副市長時代の実体験を基に構築

満洲国協和会組織図（『満洲帝国協和会指導要綱案』より作成）

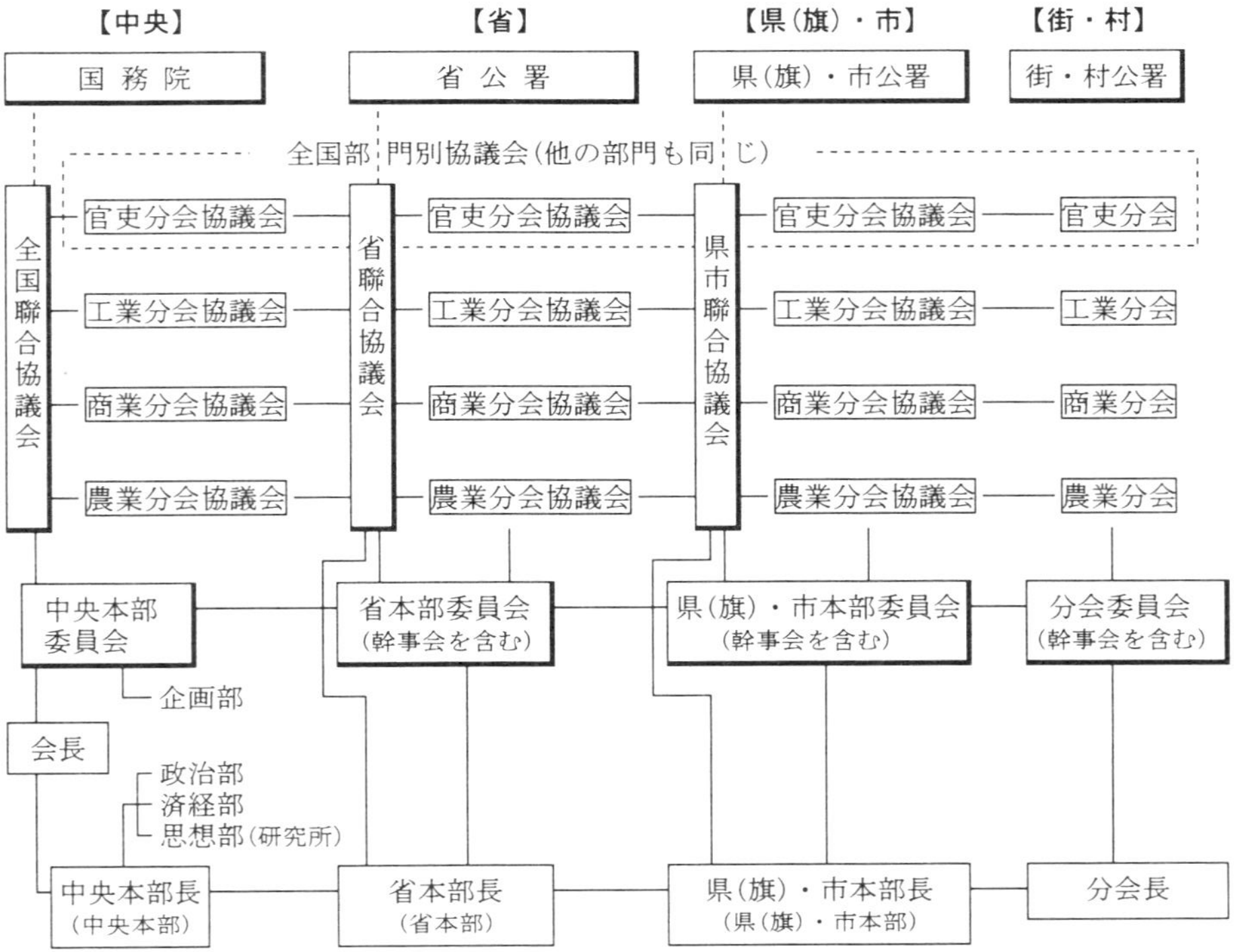

した。民族協和を円滑に実現しうる組織を彼は構想したのだ。そしてそこには中国本土 China proper のことまで入っていた。「協和盟邦」という言葉が出てくるが、これは「東亜聯盟」の同義語である。満洲国に民族協和が成ることで、それは中国本土まで好影響を与えるという彼の、ひいては石原莞爾の夢がここには刻印されていたのである。

『満洲帝国協和会指導要綱案』は彼の考えるありうべき協和会像を示したものである。「協和会員に非ざれば政治的一切の官職若《もしく》は公職に就かしめざることを原則として立案した」というほどで、これを実現するのに三年ないし五年をめどにするとも書いており、内容の過激さを彼も理解していたといえる。

ちなみに彼が中央事務局次長を辞めさせせられた後に次長となった阪谷希一は、『満洲評論』（昭和十年五月）上で次のように主張していた。

政府と協和会は車の両輪、着物の表と裏、一枚の袷のようなものであり、全国聯合協議会で決まったことは「自己意識を決定するだけで政府又は官庁に対し或る作為を要求し、又は指令するの権能なく」ただ「それが合理的なものであれば、可能なる範囲に於いて可成速《なるべく》かに是が実現を図る道徳的の義務を感ずべきものと信ずる」と。

穏やかなものである。「宣徳達情」＝教化と上申とはこういうものとして理解されるのが常識とされていた。しかしこういう阪谷の言い方は、山口にははなはだ腰が引けたもの、物足りないものだったのである。満洲三千万民衆の共存共栄のための楽土にするためには、この『要綱案』くらいの大改革がなされなければいけなかったのである。

「関東軍司令官の満洲国内面指導撤回に就て」

山口は書き上げた『要綱案』を持ち、昭和十二年の暮に満洲に戻った。参謀副長となっていた石原莞爾にそれを見せた。石原は喜び、山口はそれを五十枚ばかり謄写版にして知人に配布した。石原もまた満洲国の改革案作りに没頭していた。山口案を参考にそれも出来上がった。これは「関東軍司令官の満洲国内面指導撤回に就て」(原文片仮名)と題したものである。

自由主義政党が指導力を失い、国家が危機に瀕したとき、やむなく関東軍は満洲建国の第一線に立った。今日、政治の推進力になっている軍部も世に示すべき具体案なく、軍部横暴の声が満ちている。軍は本然の任務に復帰すべきであり、先んじて兵を進めた関東軍は真っ先に矛を収むべきである。「即ち成るべく速に軍の満洲国政治に関する干与を撤回する為め左の要領により、逐次第四課業の縮小を図る。余の信ずるところによれば三年以内に第四課を廃止し得るに至るべし」というように前文はなっている。

第四課は関東軍の日本人官吏の監督をするところであり、結果的に満洲国の内面指導をする形で、満洲国政治を動かしていた。しかし実際の四課の参謀たちが政治経済に詳しいかというとそうではない。山口にいわせれば、結果的に狡猾な官吏や実業家が取り入って、自分たちに都合のいい政治経済運営をやっていたということになる。そしてそれは満人側庶民の不満を生んでいたという。

それではどう具体的に改革を行なうかというと、「協和会会長の下に中央委員を組織し其訓練、活用により逐次国策決定の能力を獲得せしむ」。この「中央委員を組織」というのは、石原も書いているが、山口の『要綱案』にある「中央委員会」とほぼ同じといってよい。さしあたりその会長は本庄将軍を石原は考えている。将来的には韓雲階、阮振鐸、于静遠らの国務総理候補を念頭に入れていたようだ。

またこの会長の下に企画機関を置き、建国大学に大同学院を合併したものを作って事務官養成機関とし、また企画機関の中核にする。「天才的学者を広く世界に求む」とあり、ここにガンジーやトロツキーといった人材の講師招聘ということも念頭にあった。

このような国策決定機関を一年をめどに成立させ、関東軍の内面指導はここを通じて行ない、逐次指導範囲を整理し、三年をめどに機能を十分に発揮できるようにする。つまり東亜聯盟の理念である「政治の独立」を念頭に置いていた。

次には経済統制機関を再編成する。軍の経済的指導を撤収する。満鉄始め、鉄工所や炭鉱の実質的満洲国移管を念頭に入れているわけである。石原は「関東州を満洲国に譲与する英断」として満洲建国前夜、朝日新聞座談会で話した権益返還をまたここで提案する。

そして「官治の制限、自治の拡大」ということを述べ、これが「行政機構の簡明化」につながるという。官治のなすべき範囲を治安、裁判、徴税、統制経済に止め、後は協和会の自治に任せよという。彼もまた満洲人の草の根組織の民主性、団結力と自衛能力を高く評価し、その意向を協和会を通して汲み上げようと考えたのだった。その意向が反映されている限り、共産党宣伝などに踊らされることはないというのである。しかし実際は協和会を通じた下からの意向は政治に反映せず、官側からのお達しのみが政治の形となっている。それは民心を失うことと山口は危惧し、石原はその改善をやろうとしたのである。

東條参謀長との軋轢

石原はこの出来上がった二大方針を以って、満洲国政治の大改革に当たろうとした。その過程でよく知られているように、上司の東條英機参謀長と激しく対立した。ここではその証言者として、星野直樹と五十子巻三の回想を紹介する。

星野はむろん建国直後にやってきて、満洲国の通貨改革などの財政を手始めに、満洲の発展と近代化に大きな尽力をした人物である。この時期は総務長官をしていた。

「あるとき、司令官の官邸で会食があって、私も石原副長その他と話しながら、会のはじまるのを待っていた。そこに参謀長が自動車で乗りつけてきた。なお参謀長の官邸からそこへは、一町もないくらいの距離であった。石原さんは、じろっと見ていたが、吐き出すように、『日本の軍人も、足がくさって戦争なんかできない。半町も自動車がなければ歩けない』といった」（『見果てぬ夢』より）

五十子は満洲国の開拓や農民金融などの農政に尽力した官吏である。農事合作社（農業組合）設立の説明に参謀長室に岸信介（実業部総務司長）と説明に行ったときの思い出である。説明が終わると石原がすぐに「制度として結構である。しかしこれを実施する場合には、何箇所かで実施してその経過を見て改善し、全満洲に広げればよい」とアドバイスした。

「ところが石原先生の話が終ると、すぐそのあとで東条《ママ》さんが『五十子君』と呼んで話を始めようとされた。そうすると間髪をいれず石原先生は非常に激しい口調で『五十子さんもうこれでよろしいです。こちらは憲兵ですから、何もわかりません。これで決定いたしました』と言い切られた。さすが

東条さんも怒るわけにも行かず、苦笑されながら席を立たれた」（『あゝ満洲』所収「石原莞爾先生と農事合作社」より）

星野は東條とうまくやっていた人物であり、石原派からは岸信介とともども不評の人物であるが、私は石原とも普通にやっていたと思っている。能吏である。また五十子は石原を尊敬している。共に客観的に状況を見ていたと思う。しかしそれにしても、この石原の東條に対する激しい口調は尋常でない。

東條は石原の来満が決まってからは、うまくやっていこうと考えていたようだ。しかし満洲国の内面指導は自分（参謀長）の領域であり、副長には軍の作戦、教育全般を受け持ってもらいたいと上司として指示した。これは石原の不満を増幅させた。石原は協和会をてこに、満洲国政治の革新を図ろうとしていた。満洲国の大部分を占める漢民族の共感を呼ぶ政治に転換させようとしていた。支那事変は始まり、中国と日本は戦争状態となっている。これが日中の民族問題として満洲国において問題化すれば、満洲国は漢民族の支持を受けられなくなる。そういう判断が彼にあった。民族協和の理想を満洲に築き上げる。それは支那事変解決のための大きな要因となるはずだ。

それをやろうとしたのだが、参謀長に止められた。おそらく最初は東條を動かして自分の思うような改革をさせようとしたのだが、あまりの革新性に東條は二の足を踏んだのだろう。彼には満洲国の現実からあまりにかけ離れていると見えた。三年でそれができるか？　危ぶまれた。仮に内面指導を撤回するとして、例えば韓雲階を始めとした満洲側にそれに見合うだけの人材がいるか？　それを東條は心配したようだ。

韓雲階は建国の功労者であり、山口重次ともいい。石原はこのコンビで、協和会改革をやろうとした。しかし星野直樹の『見果てぬ夢』によれば、韓雲階は関東軍をバックにしているとしてしばしばわがままがあり、監察院の監察部長、品川主計に弾劾され、黒龍江省長を辞めさせられている。

品川はその回想録『叛骨の人生』で、韓雲階と趙欣伯＝二人の建国功労者を「どうしても放置できない」「貪官汚吏」「悪名頗る高かった」とまで酷評している。具体的な罪名は挙げていないが、『官場現形記』という清朝末の小説を引用しているところから見て、見逃せない賄賂、汚職という嫌疑だったのだろう。立法院長の趙欣伯は辞表を出さず、抵抗したために弾劾解任され、結局満洲を去らざるを得なかった。しかし品川は参謀副長として満洲に復帰した板垣征四郎と鋭く対立し、結局日本に帰された。その後参謀長となった板垣は、ほとぼりが冷めたところを見計らって韓雲階を再び政府に復帰させた（新京特別市長、それから財政部大臣となる）。

しかしこれはある意味でもう一つの大達茂雄事件であった。満洲国官吏の品川は関東軍の内面指導に反逆し、帰国したのである。

関東憲兵司令官もしていた東條はそういう韓雲階の評判を知っていただろう。だとすれば、石原のいうことを真に受けられなくなる。行政手腕ということでも、日本人たちに任せたほうがいいというのが彼の現実主義であった。石原のような東亜聯盟という考えは彼にはない。

後に東條が総理大臣になったとき、秘書をしていた赤松貞雄によれば、「石原は理想主義者だ、しかし着想はよくても現実に即していないと、足が地に着かず、国民を率いていく政治にならない」と東條はいっていたという。

山口重次も品川と意味するところは違っていても、「貪官汚吏」の排除を掲げていた。何という皮肉だろう。しかしもう少し考えてみよう。山口の『満洲建国の歴史』、他の回想には韓雲階の汚職は書かれていない。しかし別の事件に関して、品川のことを批判的に書いている。これも韓雲階省長時代のことである。

昭和七年暮れ一年ぶりに山口がチチハルに行ったとき、林義秀（陸士26期）チチハル特務機関長が転任させられていた。馬占山や程志遠（前省長）から賄賂をもらい、おまけに芸者を身請けしたという噂が飛んでいた。その理由で品川監察部長の弾劾に遭ったのだという。身請けではない、肺病にやられた女や母親が死んだ女に同情して、林や山口がお金を出して帰国させただけだ。林を知る山口には賄賂嫌疑も嘘だと判る。「日本官僚が、官匪にそそのかされて国を誤る」と思わず憤慨したと山口は書く（『満洲建国の歴史』）。

山口は協和会次長時代に多くの日本官吏が貪官汚吏にうまく騙されている例をいくつも知っていた。品川主計もその一人だというわけだ。そう見れば、韓雲階の汚職が本当か疑問となる。品川の回想録の背後でにやついている満人貪官汚吏の顔が見えそうである。

品川の韓雲階処断を喜んだのは、清朝復辟派の雄である羅振玉である。品川に面会を求め、固持していた監察院長に就くことを承諾している。いうまでもなく、文治派の韓雲階とは相容れない関係である。しかし私にはどちらが正しいと判断する根拠はない。満人側高官の間で目に見えぬ派閥抗争があったのだろうと想像するのみである。

しかしその石原もまた東條のいう「理想主義」の反対側で現実主義的満洲論を展開していたのだ。昭和七年八月の満洲離任に際し、帰国途上で書き上げた「満蒙計略に関する私見」においてである。全四項のうち第二項には「漢民族は優秀なる民族なりと雖も、自ら近代国家を造る能はざるものと断ぜざるを得ず」とあり、第三項は「総督政治か独立国家か」と題され、漢民族の欠陥を補うために日本が満蒙を領土とし、その公正な政治の下に簡明な日満協和の政治を発展させていくことはすこぶる有利な一面を有する。しかしこれは漢民族の自尊心を損し、好ましくないから、日満協和をぜひとも成し遂げなければいけない。しかし万一「この大事業にして失敗せんか初めて断固として次の手段に出るものとす」といい、二方策を挙げている。「1、若し吾等が民衆の支持を得る見込み充分なるに拘らず、支那要人の利己的策動による時は満蒙を併合して簡明なる政治を用ゐ各民族の公正なる発展を計る。2、若し吾等民衆の支持を得難き時は日満協和乃至日支親善は到底望み難き空論に過ぎず、同時に日本は東亜の王者たる資格なきを示すものなるを以て満蒙より退却するか、又は威力により支那大衆を搾取する欧米風の植民地政策を施行し物質的利益を追求するに満足す」と。

これが石原のリアリストの側面であった。これを託された佐々木要一から受け取った山口は「公表を憚る字句がある」(『満洲建国の歴史』)とさえ書いている。またこの後着任した仙台第四聯隊長時代の講演では、「満洲を支那人だけに任せていたらうまくいかないことは日露戦争後の歴史が証明している」とも述べている。

星野や五十子の回想に話を戻せば、第三者がいる前でこれほどあからさまな東條批判をする以上、石原は二人だけなら、想像を超える侮辱的、人格否定に近い発言をしたに違いないということだ。東條にはそれは決して許せないことであったろう。

石原莞爾、満洲を去る

昭和十三年五月末、東條英機は近衛改造内閣の陸軍次官となったために帰国した。石原はそのまま副長として参謀長の任務を代行することになった。ソ連との国境紛争となった張鼓峰事件も彼が先頭に立って解決に当たった。周囲はそのまま彼が参謀長になるものだと思っていたらしい。しかし七月末に磯谷廉介が参謀長として着任する。この磯谷とも石原は衝突した。もちろん内面指導問題である。参謀本部には東條は板垣新陸軍大臣より三日早く着任した。その間に関東軍参謀長の人事を決めたという説もある。

ここに古海忠之が関わりを持つ。彼は昭和十二年四月から、官吏（主計処長）のまま、協和会の指導部長を拝命していた。総務部長が甘粕正彦であり、二人は偶然のことだが姻戚関係にあった。古海は大達茂雄のことを関東軍の内面指導を断固として拒絶した官僚の先輩として尊敬していた。彼にとっては、石原や山口と違った意味で満洲国は独立国だったのだ。

彼は指導部長になると共に、官吏に対して対抗意識の強い協和会員は、それこそ官吏と協和し協力して満洲国建設に邁進しなければいけないと考えた。そしてその対立の元凶が山口や小澤らの初期協和会組織人の考える政府を指導する協和会像であることに思い至り、それを改め、協和会の本質や組織を考え直し、新たに会員規則や分会組織に関する諸規定を作り公布した。支那事変勃発後の八月である。それまでとの大きな違いは、理事長の承認を得る必要のある旧規定と違い、協和会の目的に賛成する者は誰でも会員になれるようになったこと、分会組織が職業別、民族別でなく、地域別になった。

石原の協和会改革を含む満洲国政治改革方針は、当然古海にも聞こえてきたろう。そしてときあたかも山口の『満洲帝国協和会指導要綱案』は石原の意向で、改造社から七月に出版され、満洲にも送られてきていた。古海はこれを読んで批判したという。

『満洲日日新聞』(昭和十三年七月二十日夕刊)には、「協和会機構の大改革」と題し、「山口氏の一石　首脳部に大衝撃」という大きな見出しが躍っている。『満洲帝国協和会指導要綱案』のことである。記事には「協和会最初の体系的指導理論」と紹介され、「最近の協和会運動の行詰り、協和会機構の改革等が論議されてゐる折から著書に盛られた協和会運動乃至協和政治の本質に関する革新的意見は会首脳部をはじめ関係各方面に多大の衝動を与へつゝあり協和会今後の動向に重大な示唆を与へたものとして重視される」とあり、根本の理論と内容を大要紹介しつつ、「一国一党、官治専制の排撃を強調したものである」と書いている。

次いで『大新京日報』(昭和十三年八月七日夕刊)には、江崎利雄特派員記事として、昭和十三年初頭より牡丹江省次長となっていた山口重次の当地でのインタビュー記事が出ている。

「協和会指導要綱は私のかねがね信念としてゐる処を著はしたに過ぎないものであつて、世の批判を仰ぐことが出来たならばこれに越したことはないのである」と山口は前置きし、「私の云はんとする処は、満洲国はその建国の当初においては自治の理想によつて生れたものであつた。それが今日ではどうであらうか、勿論満洲国としては今日の国際情勢に鑑みて協和盟邦の共通の利害関係あるやうな、国防或は経済に関する限りこれを単純に決定することは不可能なことであるが、少くとも事の内政に関する限り立法、司法、行政、財政のいづれを問はず、盟邦共通の国防、経済に直接重大な影響を及ぼさないものは」「つまり政治だけは独立して行はなければならないといふことを力説するに他ならないのである、然らば今日の政治の現在においてはこの理想が実現されてゐるであらうか」「果して民意を反映する満洲国独自の政治が遂行されてゐるかどうかを疑はざるを得ないであらう」と山口は著作の意図を語る。

そして江崎記者は要綱案の内容を紹介した後、「その帰する処はこれによって官僚政治、政党政治を排撃し、協和会組織を強化完成して『協議政治』を実現せしめ、これに依って真に民意を反映する官民一途の独創的王道政治を顕現すると共に民意を体する政治の独立を確立して満洲政治の理想に還へり、真の光明を求めんとする協和主義実践、即ち一国一党に依る団体的自治の確立に他ならない」と述べ、この意見に対して「既に官民の各方面において是非の意見が現れ且つ真剣に批判されんとしつゝある」と山口著の衝撃の現状を報告している。

古海の批判もまたこうした「是非の意見」の一つだったのだろう。協和会が政府を指導するなど彼には考えられることではなかったのだ。それが石原の耳に入り、古海を在郷軍人会での講演で公然と批判した。石原の考えは官僚である古海を辞めさせ、山口を協和会指導者に戻すということである。古海はそれを出席者から聞き、自分を呼んで意見も聴きもしないで批判するとは何事かと怒った。そして関東軍第四課に行き、課長の片倉衷に指導部長も官吏も辞め、帰国すると宣言した。片倉は「元々石原さんはああいう毒舌家なんだから」となだめ、しばらく待つようにと慰留した。

石原には古海のように誰でも会員になれるという考えでは駄目だったのだ。数年後の退役した後の昭和十六年、石原は講演でこう話している。

「協和会自体の中に於ける大きな弱点は、中堅会員制度の確立がなかつたことであります。協和会を作る時から、正会員制度を確立しなければならぬ。本当に同志として信頼出来るものを正会員として、普通会員とはつきり区別しなければいけないといふ主張があつた（中略）到頭それを確立し得なかつたのであります」（「東亜聯盟協会運動要領」に就て）

騒ぎが大きくなり、満洲に持ち込まれた『満洲帝国協和会指導要綱案』は甘粕正彦の指示によって港に到着した時点で、まとめて焼却処分されたと山口はいう。しかし読みたい人は直接改造社に注文して、改造社版は売り切れた。甘粕は八月初め、満洲国の欧州使節団（韓雲階団長）に随行して旅立つ。山口と甘粕の関係はこれ以降完全に途絶えた。

ちなみに韓雲階が使節団団長となったのは石原の強い要請によるものだという。韓雲階の満洲国政治への不満の言動が、暗殺の危険があったからだと彼自身が書き残している。

石原が問題としたところは協和会だけでなかった。『満洲日日新聞』（昭和十三年七月十日朝刊）には、関東州の満洲国返還が論議されているとの記事が出ている。日露戦争の結果得た租借地の満洲国譲渡である。石原の主張であろう。治外法権撤廃だけでお茶を濁していてはいけない。関東州がある限り、満洲国は真の独立国ではないのだ。これもまた植田司令官、磯谷参謀長には唐突過ぎる献策、現実から離反したものと受け取られたであろう。十万人の尊い鮮血を代償に勝ち得た権益なのである。

小山貞知の『満洲評論』（昭和十三年七月二十三日号）には、石原の言動に振り回される当時の満洲国政治の上層部にいる官吏や軍人の困惑が伺える。こわばった空気を和ますつもりか、小山は『新満蒙の建設』（朝日新聞、昭和七年発行）に出てくる建国前夜の一月十一日の奉天ヤマトホテルでの座談会の石原発言を引用している。関東州を返還せよとの直言である。そしてこう書く。

「この当時こんな放胆な言ひ表し方で新満蒙の建設抱負を述べた石原さんはあとで東京方面からキツイお叱を受けたとのことだ。だいたい石原さんの頭は飛躍してゐる。結論が配列されるだけなのでそれを聞いてよく翻訳否意訳して、実践に移さないと、とんでもないやうなことに結果することもある。今は片倉さんといふ意訳係が居るから満洲国は仕合せだ。前述座談会中の石原さんの言も治外法権の撤廃や、満鉄附属地行政権の移譲などぼつぼつ意訳係によつて意訳されて来た。この頃では東京でも

協和会服を着た山口重次（昭和17年）

おこらないであらう」と。

小山は石原の卓見を尊重し、彼の理解の仕方をアドバイスし、その間に立つ人物として同じ満洲事変組の片倉衷が最適だとやんわり登場を願おうとしたのである。しかしその意訳係の片倉も荒れ狂うが如き石原をなだめることはできなかったようである。皮肉にも古海を指導部長に推薦したのは片倉で、再度満洲に赴任する際に石原に了承を得ていたのである。

八月十三日には張鼓峰で停戦が成立した。牡丹江省次長の山口は唐突に石原から新京に呼ばれた。和田勁、杉浦晴男らの東亜聯盟の同志が集まっていた。石原は「満洲国の政治改革はできそうもないので、帰国して退役をお願いするつもりだ。これ以上ここで戦うと満洲人の同志を傷つけることになる」といったという。植田司令官は副官も連れず、官舎に遺留にやってきた。しかしそれも無駄だった。『満洲日日新聞』には、八月十六日午前八時四十分新京発の京図線経由で石原が「東上」したと小さくベタ記事が出ているだけである。行きと同じく日本海航路を取って帰るのである。山口と和田は延吉までお供した。「関東軍司令官ノ満洲国内面指導撤回ニ就テ」（昭和十三年八月）と題するタイプ印刷が残される。石原はこれを最後に二度と満洲に戻らなかったが、まるで遺書のように見える。山口も牡丹江省に戻り、辞表を出した。純粋に民間の立場から協和会運動をしていこうと決意した。これ以降、満洲林業の監査役として閑職にあり続けたが、終戦まで協和会幹部に復帰することはなかった。むろん関東州が満洲国に返還されることもなかった。

『大新京日報』の石原莞爾論

石原は敗れた。満洲国内部の現状維持派に敗れたのである。

『大新京日報』に「軍部の大陸人を描く」という三宅五郎という人のシリーズ記事が出ていて、その四回目（昭和十三年八月五日朝刊）に石原の顔写真入りの「理想家・石原莞爾」という石原莞爾論が出ている。六段組のかなりまとまった、そして好意的な石原論である。大要を紹介しよう。

世の中の人は満洲事変中の石原の言行を聞いて怖がった人もいて、東洋風な豪傑という印象を持った人もいるが、本物の石原は謙譲で文化的で、科学的思考をする合理的な精神の持ち主だ。そして「彼はまた徹底した理想家である。一つの理想に向つては極めて猪突的に極めて勇敢に行動する。不合理を極端に嫌ふ彼にとつては場当たりの思ひ付きは毛虫よりも嫌なものとなつてゐる。計算や見通しのないことには全く耳を貸そうとしない、理想に生きて、理想を追ひかけてゐる男、これが石原莞爾である」とその理想家ぶりを描写する。三宅は「計算や見通しのない」支那事変に反対する石原の言葉を聞いていたのだろう。

次いで石原は「宗教と科学の渾然一体化が即ち真理を求めるものゝ生活だと信じてゐる」と日蓮信者であることを紹介し、彼に「東洋平和再建の政治運動の指導者たり得る資格を見出し得る。彼も大陸を知つて、大陸の生活を愛してゐる。さうして大陸の生活の中から一つの哲学を産み出してゐる」。

「五族協和」がそれであるが、協和精神はその大陸哲学の骨子をなすものだと正当な理解を示す。「世界平和確立への途、新秩序胎生の鍵は民族問題への合理的解決にある。この簡単な事実に対して世界の政治家は目を覆うてゐた。満洲国の建設と協和精神の発現とはかゝる卑怯なる世界の政治家達に対する一つの警鐘であつた」。

石原は民族協和のスローガンがやがて世界平和再建への途となることを見通して果敢に行動に移したのだ。

「政治を指導するものは常に一つの哲学を持ち一つの理念に生きてゐねばならない」。

そうしてこの哲学や理念から人心の動向を察し、民衆を率いる指導票を選び出すことができなければいけないと三宅は書き、「現れた事実を処理し、法令に基いて計画を行ふのが政治の本体ではない」とおそらく東條や磯谷のことを念頭においた批評を述べる。そして真の政治指導者の執るべき態度は、将来への洞察と起ろうとする事実に対して明快なる政治的行動を規定できることだと述べ、石原は完成してはいないが、その資格ある人物だと断定する。

そして今起きている満洲国の政治改革意見をめぐる石原の言動やそれに対する批判を念頭に置きつつ、以下のように述べるのである。

「理想に生きて、勇敢な言行をなすものに対しては何れの時代にも反撥する力が伴つて、逆作用が行はれ易いものである。石原の場合においても彼の発言、彼の行動に対して反撥する力は極めて強く働くものと想像する。併し歴史は常に反撥と推進の合成力の頂点から新しいものを産み出してゐる。先覚の士は、必ず、悪罵と冷笑の期間を経過せねばならない。この期間の経過こそ大丈夫を作る培養期であるから石原たる者、明日の偉大なる事業のために自重と自愛をもつて一貫されんことを願つてやまない」

客観的に見れば、石原に対する批判の多くが悪罵と冷笑であったのだろうか。古海排撃も石原の撤回しようという内面指導そのものではないのか。満洲国は独立国だ、あんたの干渉は不要だと。三宅の文章からはそういう空気がありそうに思える。また小山のいう「意訳家」を必要とするというのも政治家として欠けてはいないか。誰にでも判る言葉で、反撥を感じないように人を動かすというのが本当ではないか。三宅の「自重と自愛」にはそういう彼の石原への危惧も感じられよう。

こういう石原を好意的に批判する陸士の同期生が満洲にいた。ハルビン特務機関長樋口季一郎である。石原は心安い友人に、満洲国施政への不満を述べていたようだ。それに対して樋口は、各民族平等の満洲国といっても、この国が関東軍の武力で出来上がってきたものである以上、内面指導は当面必要で、漸進主義で行き、「日本側として逐次自制する以外に方法がないではないか」（『樋口季一郎回想録』）というように、石原の理想とその現実的実行方法に整合性を求めていたのだった。

古海忠之とその後

三宅五郎のいう「悪罵と冷笑」を以て石原を見た代表として古海忠之を登場させるのは間違いではなかろう。彼は八十二歳の晩年になっても否定的な石原観を変えてはいないからである。軍人として大物でない、人間的に東條の方が上、石原は実行力がない、彼の子分に立派な人物は一人もいない（『獄中の人間学』より）。公開の場で批判されたことが記憶にあったとしても、これはまた辛辣な石原批判である。

彼は石原に罵倒されて、協和会指導部長を辞任した。しかし石原帰国の後八月末の協和会中央本部拡充人事改定に伴って、新しくできた企画局の副局長という職務に推されて就いた。『満洲日日新聞』（昭和十三年八月三十日朝刊）には、古海が「新機構の推進力」として紹介され、以下に見るように、彼の当時の協和会観と意欲がよく判る記事となっている。

指導部長となったとき、彼は「協和会はもっと雲の上から地上に引き戻して大地に足を付けさせなければならない」といっていたという。あまりにも大地から足を浮かせていたために、従来ややもすれば確固不動でなければならないはずの会の方向に、実際は絶えず激しい動揺が続くのだと。つまり協和会はそれ自体の力で一人歩きができず、ある特定の指導者の主観によって動かされるのだ。大地に根を下ろせば自然に一人歩き＝確固たる基礎ができると彼は考え、諸規定の改革をやったわけである。

また彼は協和会で口を開けば使わなければいけなかったような「王道楽土」「八紘一宇」といった美しい言葉の羅列を嫌ったという。「観念の遊戯や実際に出来ないことを今にも実現できるかの如く喧伝することを協和会の邪道として排撃してきた」とある。石原や山口の考えを念頭に入れての発言だろうか。実際にこういう古海の意見を聞いて、「協和会の創立当初の真精神を没却するのではないかと相当やかましい批評があった」という。しかし彼はそんな批評に耳を貸さなかった。そういう「特定の主観をも完全に消化して、これを生かしていけるやうなブレーン・トラストをつくらねばならない」。そのために企画局を作ろうと古海は奔走したという。

彼なりの改革は成功して、この年の暮れには会員数は百十万人を越えたことが判る。倍増以上のペースであったらしい。これで「確固とした」国民組織としての基礎はできたのだろうか。逆に建国理念である民族協和の運動体としての性格は薄まったかもしれないのである。石原の考える「正会員制度」とは方向が反対であることは間違いない。

ともかく石原は尋常ならざる形で帰国してしまった。しかしその対立者の古海がそのまま協和会の幹部として居残り続けることはやはり相当な反撥があったようである。石原は満洲国の生みの親であり、協和会の創立者というべき存在だ。翌十四年になり、古海は協和会を辞めて外遊することになる。喧嘩両成敗という形が曲りなりに取られたのである。

古海には始めての欧米旅行であった。約一年に亘る見聞で、彼は多くのことを勉強したという。欧米人との考え方の違いであり、日本人独特の民族性は中国人、朝鮮人とも違っていて、これを認識した上で民族協和とか五族協和とかを考えるべきだったということである。日本人の独善性ということだろう。八紘一宇の早まった押し付けという言葉も『獄中の人間学』には出てくる。

古海がそう考えているのならば、それは山口や小澤が理解した漢民族の自ずから成っている自治社会を基礎にした協和会像と同じ理解につながっていくのではないのか？　彼が山口や石原の協和会観と対立する要素はどこにもないように見える。しかし彼が指導部長としてやろうとした協和会改革は、日本人同士の問題性＝政府官吏との対立ばかりを問題にしているきらいがある。そのとき彼には漢民族の底辺にある自治社会＝民主組織という理解はなかったようである。その理解のなさ＝独善性が、石原＝山口的思想との軋轢を生んだということも理解の外であったようである。

そのようにして山口や小澤は、古海のようなエリート官僚を《職業建国業者》と揶揄し、自らを《義勇建国者》と誇り高く任じていたのである。例えば中国共産党の資金源となっていた熱河省における阿片密売問題に対する山口と古海の対策は全く違う。山口の施策案は熱河省を特別経済地区にする。共産党は満洲国の専売価格より高く買うから農民が喜んで売る。それよりも政府がここでは高く買うのだ。経済闘争だ。それで彼らが苦し紛れに武力闘争に出てきたら叩けばいいという動物的な勘で、敵共産党の弱点を突くことを考える。しかし古海の場合、『忘れ得ぬ満洲国』の回想に出てくる阿片密輸対策は無能な中国人を使って、稚拙そのもの、結果は失敗に終っている。

満洲建国十周年という記念行事が多く行なわれた昭和十七年（康徳九年）に、『満洲建国側面史』という本が作られている。駒井徳三、金井章次、星野直樹、韓雲階、武藤富男、平島敏夫、橘樸といった錚々たるメンバーが建国当時からの体験や苦労話を披露している中に、古海忠之も「建設十年の回顧と将来への展望」という文章を載せている。このとき彼は総務庁次長という重職にある。

興味深いのは彼の「満洲国治政十年の教ゆるもの」という最終章である。「凡《およ》そ満洲国の諸建設は駆け足であった。夜に日を継ぐ強行軍であったとも云へる。それ丈に無理もあり、各部面に亘り欠陥乃至は矛盾を包蔵して居た事は拒むことが出来ない」と全体を回顧し、最近では「諸制度施策に対する真摯なる検討が行はれ、各方面に於て是正、或は調整の方途が講ぜられつゝある」。こうした無理や矛盾は近代文明（日本文明）と固有文明（支那文明）の接触面において際立っているというのが彼の認識である。

満洲国の構成分子の大部分が満洲人であればその活動範囲は拡大、寄与貢献を期待しなければならないのに、「日本的法制機構等諸制度移植の数々は満系の積極的活動力の途《みち》を狭縮《きょうしゅく》する結果を招来した」。また行政の第一線では「諸施策の高度化、行政の複雑化は、彼らの理解協力を困難ならしめ、著しく政治、行政の能率を低下せしめた」。これからは「日本的な善さを満洲式に濾過、吸収され得る如く考案変改を要す」と述べる。

具体的例として、彼は中間搾取的存在として一時排斥した「糧桟」（金融業を兼ねる農産物問屋）、「包頭」（苦力頭）などは、「信用、災害扶助、生活必需品の支給其他の利便を供与し、而も感情的結ぼれを有《も》つたものである。経済民族である彼等が単純なる搾取に甘んじて居たと考へる所に錯誤があるのである」とついに満洲自治社会の内面にまで視線を向けている。その他に満洲在来の伝統農法には、機械化農法とは全く違う優れた意義があるとまで踏み込んでいる。そしてこういう。

「世上往々にして満洲では失敗したと云ふ様な声を聞く。その度に我々は寂しく思ひ、情けなく感ずる。勿論満洲国の歴史が総て成功の歴史とは云はぬ。失敗も随分あらう。此の国の指導的立場に立ち、中核を形成する日本人の中には現に所謂『善意の悪政』に悩んだ覚へがあるに違ひない。つまり、日本的意識、性格、方法に於て企画実行した結果が失敗となつて現れたのである」と痛切に反省の弁を語る。しかしこれは日本人の貴重な経験であると彼はいう。そして以下の考察は欧米視察体験からもきているのだろうか。

「大体日本民族の『尺度』は他民族に対して、通有性に乏しい。精神的、理想主義的、正義潔癖、早急等々此の『尺度』を以て量り得る対象は稀であり、従つて、此の『尺度』を基礎として建てた家は他民族には誠に住みにくゝ、時には入りたがらない事すらあるのである」とまで、この華やかなるべき記念書籍の中で述べるのである。

石原莞爾の側近であった田村真作は、「満人の伝統も習慣も、無視して、日本流の法規を矢鱈に作っては、満人の生活の隅々まで、干渉し強制していた。この干渉は、戦争になるとますます烈しくなってきた」（『繆斌工作』）と戦後になって批判しているが、古海は既にきちんと理解していたのである。

石原莞爾や内田良平は、日本の朝鮮統治を「善意の悪政」と呼んでいた。山口は朝鮮での失敗を満洲では繰返さないと誓っていた。同じ言葉を使う古海のこの謙虚な認識はこの時点で、石原や山口とほぼ重なっている。このときならば、彼らは手を握り合えたのではないか。しかしこのときにはアメリカとの戦争は始まり、山口は甘粕や古海との交流はなくなっていた。彼らが交差する機会はついに訪れなかったのだ。

最後に古海は満洲国に渡るとき聞かされた、東京での高橋是清の送別の辞を紹介している。自分の失敗談を語りつつ、「満洲に行ったら、土地、人、物についてよく勉強しなさい。これをよく知らないと失敗するよ」と高橋は古海や星野に教えた。その言葉が十年経ってしみじみ判ると彼は書いて、文章を締めくくっている。つまり自分が近代国家のシステム構築をなすだけの存在でしかなかったと反省するのである。

三年後、満洲国は崩壊した。古海は甘粕の自決を阻止し得ず、そのまま戦犯として抑留され、帰国するまで十八年の長きを中国で過した。帰国後、旧友の斡旋で会社社長などを歴任しながら、満洲国の貴重な歴史をまとめた浩瀚な『満洲国史』の編纂に力を注いだ。昭和五十八年に死去する。

ただ山口も『満洲建国の歴史』でこう書いていることは見逃してはならない。満洲中央銀行の設立などによる、「この幣制統一は、四億の漢民族の辛亥革命以来の宿望であり、しかも未解決であったものが、満洲国で立派に解決されたのであったから、漢民族の信頼と賞賛は満洲国ばかりでなく、中国四億の民の驚嘆と羨望となった。幣制統一は、産業の興隆、経済発展の基礎となり推進力となった。この功績は阪谷希一、星野直樹以下十三名の大蔵官僚に帰すべきである」。

新民会結成と繆斌の『新民主義』

日本軍の実力は、中国軍の精鋭を北支から駆逐した。北支那方面軍司令部は河北、河南、山東、山西省といったいわゆる北支地域の治安と秩序を確立しなければならない役割を負った。根本博（陸士23期）大佐を中心に特務部が設置され、北支の新政権を作る動きが活発になる。そして同時に国民党の三民主義に代わる新政権の指導精神を持った思想団体を設立することが協議され、陸軍中央の承認を得て、新民会の構想が具体化する。小澤開作が民衆組織を作らねば勝てないと根本に話したのである。根本は賛成し、十万円出してくれた。会の名は『大学』にある言葉「政治の要諦は民を新たにすること」から来ている。

一方山口重次は東京にいるときから、北京での新民会創立構想に協力していた。来日した張燕卿（新民会初代副会長、会長は空席）と会ったり、協和会指導要綱案をそのまま新民会の綱領にしたいという小澤開作らの要請に応じたりしていた。つまり新民会は北支における協和会構想となっているのだ。

新民会の創立式典は昭和十二年十二月二十四日である。北京市内、中南海の懐仁堂において、王克敏中華民国臨時政府行政院長や北支派遣軍参謀長の山下奉文（陸士18期）、特務機関の根本博大佐、森島参事官らを来賓に迎えて挙行された。しかし当時の新民会は小澤、張燕卿、友枝英一など活動者は少なかった。しかしまもなく根本の要請で、上海から繆斌、満洲から矢部僊吉らの協和会グループと続々とやってくる。

新民会の組織構造は山口の『満洲帝国協和会指導要綱案』で描かれた組織図とほぼ重なっている。名前が違うというだけのものだ。小澤はまさに自分の理想とする日中の協和形態を、理想とする設計図の下で北支に作り上げる機会を持つことができたのだ。

小澤と繆斌はすぐに知己となった。そして繆斌は翌年一月には『新民主義』という新民会の指導理論となる著作を書き上げる。これはこの年の五月に、「新興支那の指導理論」と副題がついて新書版の日本語訳が出た。

「新民主義は我々人類がよって以て生存すべき自然法則である」との言葉から始まるこの著作のまず意図するところは、西洋由来の資本主義でもなく、まして共産主義でもない、東洋古来の王道の復興であり、その宣揚であるということである。その実行方法として、彼は「格物」「到知」「誠意」「正心」「修身」「齋家」「親郷」「治国」「平天下」という儒学的項目を挙げる。しかしそれは抽象的な議論でなく、ごく具体的な例証を挙げて議論は展開される。

天地自然の法則に従ったものは善であり、道にかなっているために発展する。天道には私情がなく、善のみを助けるようにできているからだ。人間においては「格物致知」や修身齋家という形で個人の人格形成がなされる。そうでないものは淘汰される。そうして始めて社会の天道に反する形態を批判できる。共産主義や資本主義は天理に反しているために、色々な社会の問題を起こすのである。私欲や放蕩、妄想といった不正常なものが跋扈するのは、人間の欲望のみを原理として考える功利主義が問題なのだ。

「国家を治める方法は民族祖先が皆父母たる関係に一貫するものだと知らなければならない。それによって国内皆同胞であることが立証される。さらに一家を治める以上はその氏族の祖先が我が父母の関係に立つことを知れ、よって一族は皆親しい兄弟であらねばならず、その故に孝悌の行いが一族間に行なわれて一族は皆治まるのだ。孝悌が一国に行なわれればその国は善く治まり、さらに天下に行われれば天下は治まるの必然となる」。

「孝悌」とは、家族間の親しきを親しむ＝「親愛精誠」から出発するもので、ひいてこれを天下に及ぼし、「ついに万邦協和し、いわゆる最後の到達点である王道の理想は完成せられるであろう」と繆斌はいう。新民主義は石原莞爾の東亜聯盟思想と近づいている。というよりも彼ははっきりこう書く。「新民主義においては文化の流れを同じくするものは、同盟を結成し、以て日本、中国、満洲の三ヶ国は一聯盟として行動すべきことを主張する」。

「齋家」に続く「親郷」という項目は郷土を治めるということだが、現在でいう地方自治は地方における官僚によってなされ、警察官によって縛られる政治だ。こういうものは「自治」ではないと彼はいう。東洋の政治思想に期するところは、あたかも治者を君と見、人民をして各々その本分を守り、その生業に安んぜしむるものだ。「鼓腹撃壌、帝力、我において何をかあらんや」という境地こそが、自治に求める極点であるという。つまり「官治」が終わるわけである。そして一家の主人公、つまり家長から村長へ、区長から県長へ、さらに首長へという繆斌の描くベクトルは、まさに満洲社会の草の根組織の自治共同体に注目した山口や小澤と重なってくるだろう。新民主義は協和主義の別名といっていい。繆斌は小澤を通じて石原の東亜聯盟思想を理解していたのだ。

最後にいっておくべきことは、繆斌の仮借ない蒋介石批判である。「彼は天下を自分のものとする野心の下に、革命の仮面をかぶって中国の政権を獲得した」「共産党を討伐した身が今は提携する。日本との親善を口にし、裏に回っては日本に反抗する。自己の栄達と便宜のためには人民を魚肉のごとくに考えている。十数年、蒋介石が政権を取って以来、戦争ばかりで人民はいささかも安堵できない。今や、荒涼無類、焦土政策を実行し、四億の同胞の長となりながら、その一半を殺し去ろうとしている」「この種の抗戦は国を災いし、民衆を塗炭の苦に陥れるだけで、かの李自成と異なるところがない」と彼は蒋介石を見限っていた。

中央指導部の発足と組織工作の開始

昭和十三年三月一日、中華民国新民会の中央指導部が正式に発足する。会長は欠員にして副会長に張燕卿、中央指導部長に繆斌、中央指導部次長に根本博、総務部長に小澤開作、総務課長に矢部僊吉といった陣容である。

そしてその組織は山口の指導要綱案そのままに、中央指導部の下に、首都指導部、省指導部、その下に道、市、県それぞれの指導部があり、最下部に分会がある。そしてそれぞれの指導部に横のつながりとして、聯合協議会があって、それも全国、首都、省、市、県という形で垂直につながるのである。

もちろんこれを実際に動かさなければいけない。北支の民衆の声を新民会の中に暢達《ちょうたつ》、反映させ、それを北支政権の施策に具体化＝「協議政治」させることこそ小澤たちの役目である。そうして初めて北支は親日的な形で安定するはずなのだ。

小澤の基本的な考えは、北京を中心とする北支は辺境の満洲と違う。中国三千年の文化が花開いた場所であり、そこを指導するには満洲的な民族協和だけではうまくいかない。中国伝統の王道思想、儒教的理念による必要がある。日本人は表に出ず、彼らの理想とする政治形態が実現しやすいように縁の下の力持ちになるべきだということであった。

そのために小澤らが選んだ方法は、江西省の李宗仁や白崇禧が中国伝統の井田法、保甲制度を近代的な形で再生させた「三自政策」＝自衛、自給、自治運動の活用であった。この採用によって、江西省は匪賊の被害が少なくなり、農産業が勃興したという好結果をもたらしていたのである。根本博は実際に地元に行き、白崇禧とも会って話を聴いていた。根本はこの中国自前の再生法こそ、北支の治安確立に有効なものと考えたのだ。小澤も満洲で、苛烈な政治体制下にあってなお有効な自治性を維持している民主的共同体に注目していた。根本の提案に反対するはずもなかった。

なおかつ、日本からは北支産業開発の投資が行われ始めているが、これによって潤う民衆はせいぜい北支全体の一割五分に過ぎない。ほとんどを占める農村部には影響、恩恵がない。これでは本当の社会安定にはつながらない。農村の復興、農民生活の向上こそが新民会の行なうべき仕事だと小澤らは考えた。彼らの念頭には共産党があった。農民の苦境と不満につけこんで、共産思想が蔓延することを彼らは恐れ、対策を考えなければいけなかったのである。

根本博も石原莞爾を尊敬していた。石原は昭和十六年三月に退役し、「退役挨拶状」を各方面に送った。根本は当時満洲にいたが、その石原への返書の一節には「学兄の卓見には小生常に感佩《かんぱい》仰きて師と致し居りたる次第なる」とある。

北支の課題はつまるところ、軍政であった。根本が弟分の渡邊渡（陸士30期）と共に北支軍政に力量を発揮するのは後述するが、終戦期のことになる。

小澤開作、大いに語る

『満洲日日新聞』（昭和十三年一月十一日夕刊）に、「新民会総務部長に就任の小澤開策氏」というタイトルの小澤の紹介記事が出ている。彼の動向も判り、彼が北京でどう見られていたかを的確に論評したものと思えるので、記事の大部分を適宜改行して紹介しておきたい。

「（小澤氏は）満洲に多数の知己を有してゐる。氏は温厚の裡《うち》に燃える情熱を有してをり、従つて支那人間においても絶大の信望あり、而も実行力に富み複雑な会務処理には最適任者である。

事変勃発以来京津地方は石炭不足に悩まされ、炭値の暴騰に悩まされた。一方北京の駱駝《らくだ》業者は冬期間香港炭の運搬に従事し、生活の糧としてゐたものが途絶し、双方共に苦しんでゐた。小澤氏は炭鉱当局、炭鉱夫達の利益を併せて、一石四鳥の駱駝の失業救済を八方奔走復活せしめた。

又蔬菜不足の張家口方面では京漢沿線より白菜の供給を受け、その代りに馬鈴薯の種子を与えてゐたが、事変のため決済の見通しつかず、取引途絶してゐたのを自己の危険において取引を復活せしめ、京漢沿線の農村収入に資するところ大であつた。最初の決済によつて得た利益五百円を農民代表者が持参し来つて〝これは思ひがけぬ儲けだから何かの費用に使つてくれ〟と頼まれたのを一蹴したのは勿論である。

これ等の例は小澤氏の人となりの一部を示すもので、今事変が勃発して在留邦人が交巷に避難した当時など敢然踏み留まつて縦横無類に活躍したものだ。

氏の持つ理想抱負は現実に即したものだけに耳を傾けるものが多い。北京に治安維持会が組織されるや文化組の委員として教育、宗教、文化各方面に亘つて手を伸ばし、時宜に適した氏一流の敏腕振りを示したものである」

「交巷」とは「東交民巷」のこと、天安門近くの外国公使館などが集まった区域である。

次に同じ『満洲日日新聞』（昭和十三年六月三十日夕刊）に「あの頃を語る」という支那事変勃発の頃の小澤の談話記事が出ている。「戦後・疲弊に喘ぐ農民救済に挺身　危険を冒して工作」と副題がある。前記事と重複するところもあるが、これも適宜改行しつつ大部分を紹介したい。

「〃あのころ私は大連の星ヶ浦で波を見つめながらコーヒーを啜つてゐた〃と情熱家の片鱗を双頬に漂はし偉大な体躯をグッと突き出して語るのである。往時の活躍を回想する語調ははずむ。

最も恐れてゐたものが終に来た、満日紙上で事変勃発を知つた私は熱い血が高く脈打つのを感じジーッとして居られぬ気持だつた。軈《やが》て不安と焦燥の念を列車の一隅に託してひたむきに北京に走つた。動乱の北支に帰つて以来渾身の活躍をしたのである。七月二十八日と言へば在留邦人が交民巷に引き揚げ籠城の苦杯を嘗めてゐるときだつた。南苑の空襲にさしも頑迷な二十九軍も敗退の色を完全に示し、三十六計のドロンをきめ、行きがけの駄賃に近郊の農民にあらんかぎりの暴行を働いた。金銭強要ばかりではない、めぼしい品若き男女の拉致――さうした渾沌たる状態にあつて善良な農民は陸続として城内に引き揚げつゝあつた。

貧しい所帯道具、幼い子供を車に託して着のみ着の儘《まま》で城内に流れてくるもの一日数千名に上り、数日にして数万に上つた。城内四十四ヶ所の収容所は忽ち超満員となつた。然し治安が稍《やや》落ち付き始めたころは既に収穫も間も無い農繁期である。日毎に苦衷を訴へる農民のために凡ゆる危険を冒して実地調査を行う一方、農会を通じて〃善良者たることを証明す〃といふ会員証明書を発行、三寸位のブリキに日の丸を描いたものを交付した。

八月中には殆ど全部を農家に帰らしめて彼等から深く感謝された。越えて十三日在京の農工商及び各界の団体代表者十余名と会談を遂げ正義日本の姿を説いた。十六日には亜洲文化促進会を主体とし、各団体員を網羅して百台の自動車に分乗せしめ、市内に〝日支親善〟〝我々の華北〟といふ意味のビラを撒布せしめた。抗日意識を持つた支那人の度肝を抜いた壮挙だけに頗る効果があつたやうである。

さうした一方治安維持会の顧問として昼夜を分たず走り廻つた。単に学校関係のみではない。タツチする方面も頗る広範囲に亘つただけに文字通り寝食を忘れて走り廻つた（中略）。

軈て秋が訪れた。だが敗残兵の蹂躙に荒され尽した北京四郊は、例年なら馬鈴薯の種を植ゑつけ、来る春を待ち受けるのだが、そんな余裕なんてあり得よう筈がない。餓死線上を彷徨する農民の姿は哀れであつた。深い決心をした私ははるばる張家口に赴きシコタマ種芋を運んで農民に分ち与へた。かくて農民の心は漸次温かき日本の情を悟り初め、鬼畜の如き支那兵に怨嗟の声を放つに至つた。

十月中旬ごろ北京四郊に私自身赴いて郷長会議を開催した。当時は危険視された一種の冒険である。何時敵がズドンと一発放すか知れたものではない。勿論覚悟の前《ママ》だつた。集まつた郷長に事変勃発の原因を説き、東亜の和平理想のため日支提携の必要性を語つた。自らの感激性をブチまけ、協力を求めた。彼等は感激しつゝ異口同音に答へる。

日本の心を今知つた。師と仰ぎ私達は誓つて日支両国のために一命を捧げませう。だがご承知の通り尚ほ敗残兵の横行が激しく人質をとり、金銭の強要をしたり迫害を加へてゐます。勿論一致団結して対抗しますが、非力な私達です。何んとか取締つて頂けませんか。取締れば何んでも尽しますと訴へた。

我々が治安の確保に尽力すべきことを誓った時など彼等は男泣きに泣いて喜んだ。かくて合作社の前身たる互助社は着々結成され、蘇る平和境の裡に農民の楽しい生活が営まれ始めた。

冬が来た。満洲各地に産出される野菜類などの農作物を作るべき温室用の石炭が不足を告げ、再び農民は喘いだ。この時門頭溝の石炭を買入れるべく随分骨折ったものである。罹て――駱駝の背に石炭を満載し鼻歌も軽く幾里の道を連ねて行く美しい風景を描き出したのはそれからまもなくだった」

「合作社」というのは、新民会が農民たちに作るように訴えた、生産、販売、消費、金融といった生活全般を統括する産業組合――互助組織であり、それは官庁統制下におかないで、農民の自治に任せる組織である。むろん思想指導は新民会で行うが、農民を親日に向けるために小澤らが最も大事だと考えていた経済工作である。こうした合作社は事変以前から北支にはあった。しかしそれは中農以上による組織、租税徴収を意図した銀行の出先機関程度の意味しかなかった。小澤らはそれを真に下層農民のための組織とするよう考えたのである。

新民会の土台作り

新民会の最初の計画、運動方針は具体的には次のようなものとなる。首都北京、天津、青島、済南、太原、開封、唐山といった北支の省都や中心都市に組織を拡大強化し、そこに地方指導部を設置する。前記した農村合作社を創設、再生する。福祉施設としての新民病院を作る。医療班を農村に派遣する。「三自政策」を手本にした模範農村を実験的に作る。北京には職業紹介所を設ける。新民主義思想の普及、拡大。各分会を通しての民意の暢達、汲み上げという組織化を図る。機関紙としての『新民会報』を発行するというようなことであった。

もちろん繆斌のいうような新民主義の抽象的な議論が文字も読めない農民たちに分かろうとは思えない。小澤らが重視したのは経済工作、農民の生活安定である。

その他に新民塾を作った。日系の職員の養成機関である。日本軍の占領地区は拡大し、活動箇所も広くなる。会務職員も増やさなければいけなかった。新民精神を理解する日本青年が必要だった。塾長は小澤開作。昭和十三年四月に第一期生二十八名が入所する。彼ら第一期生のみ、十一日間の集中育成でその後各地の第一線に赴任して行った。小澤や繆斌は彼ら塾生に、支那事変の真意義や新民会の理念などを講義した。その第一期生に後年、『「繆斌工作」成ラズ』を書くことになる横山銕三がいる。駒井徳三創設にかかる満洲国の康徳学院の第一期卒業生であり、駒井から小澤に託されるように新民会にやってきた青年である。横山の回想によれば、小澤の教育は熱心で、自宅に塾生を呼んで談笑しながら日本軍の軍規粛正の必要や中国民衆の救済の信念を語ったという。別の者の証言によれば、横山は痛飲しつつ小澤に食ってかかったこともある。

翌年から毎年拓殖大学や東亜同文書院出身の学生など、意欲のある青年を募集し、半年ほどの厳しい訓練を受けて各地に赴任という形式が確立する。昭和十七年の六期生までが募集されている。その翌年からは新民会をより新民会たらしめるという理由で日本人はほぼ会から離れ、日系職員の募集は行なわれなくなる。名簿がない年もあり、日系職員の総数は判らないが、数百人という単位であろう。もちろんそこには八路軍相手に銃撃戦で殉職したり、病没する者もいた。

第二期生の百足襲夫(むかでえなお)は宮城県出身で、石原莞爾の心酔者であり、経済的支援も行なっていた近隣の素封家、鈴木文平の紹介でやってきた十八歳であった。彼には東京営林局という安定した職場が決まっていた。しかしそれを蹴り、家族の反対を押し切って戦雲渦巻く大陸に行くことを選択した。第五期生の塩田喬は面接試験で、「高粱畑のこやしになる！」と宣言して合格した十八歳の九州男児だった。当時、「東洋平和」「興亜」といった日中提携＝アジア主義の思想がどれだけ人口に膾炙していたかが伺われるエピソードだ。

この新民塾では、講師による中国語会話、社会学、医療行為の実践はもちろん、粟粥、高粱飯などの粗食、断食、一月風呂に入らない（そうすれば南京虫に噛まれてもかゆくなくなる）空手や尻の皮が剥けるまでの乗馬などの武道鍛練、農作業、冬でも暖房なし、しごきやビンタなど、バーバリズムに満ちた訓練が行なわれた。半年の訓練で半数が脱落、逃亡するのが普通だった。

日系の職員を養成するのと同時に、中国人職員も育成しなければいけなかった。それを中央訓練処といい、新民塾とほぼ同時に始まった。処長は繆斌である。新民精神を教えることは共通だが、新民塾とは逆に日本語を教え、日本軍の下士官などによる軍事教練が行なわれた。日本人を理解することに重点がおかれたのは当然といえば当然である。

青年訓練処

こうして鍛えられた日系と華系の新民会の若者たちはそれぞれに新しい中国を作ろうという高揚した使命感を持って北支の各地に派遣されていった。むろんそれは日本軍によって治安の確立された県、村などに行く。その武力掃討に並行して、平和工作を行ないつつ、日本軍の駐屯期間に治安の絶対化を図る。その次に組織の時代が来る。

具体例を挙げれば、貧民への衣服、食糧の給付、医療所の設置、そして合作社の結成などである。また「三自主義」を念頭に入れた経済的な自立、保甲（自衛）を機軸にした村の安定である。日本の現地軍部隊による青年の教練もある。その村なりの次の中心的指導者たりうる中核の者を親日の方向に覚醒させるのである。これは新民会が産業の開発で民生を安定させ、民意の暢達に成功し、ひいてはあの繆斌のいう友邦を結びつけ、世界平和に貢献する日まで続けなければいけないものなのだ。

そしてこれはそれなりに成功していたのである。なぜならこうして更正した農村を目指して、中国共産党はゲリラ攻撃を仕掛けてきたからである。日本軍が進軍して行った後の背後に彼らは根拠地を作り、集中的にそうした青年訓練処を攻撃してきたのである。訓練処の青年が共産党に拉致され、彼らは途中途中にゲートルなどを落として経路を教え、後で全員救出されたという事件も報告されている。殺されなかったのは共産党は今度は彼らを利用しようと思っていたからだ。村人の信頼獲得競争である。

新民会職員が拉致監禁される場合もある。『新民会報』には訓練処の青年たちが危険を顧みず、職員たちを助けに行って成功した感動的な事例が載せられている。

これらは共産党にとって、新民会に自分らの急所を衝かれているというあせりや脅威が存在していた証拠である。彼らにとって新民会はがん細胞であったのだ。彼らは対抗して、新民会と同じ合作社を〝解放区〟に設立した。その形態も工作も新民会と殆ど同じであったのだ。新民会活動は生れるべくして生まれ、小澤や繆斌は現れるべくして現れたのである。

友枝英一と農村青年たち

小澤の片腕だった友枝英一の父親、友枝英三郎は頭山満、内田良平と親しい玄洋社員であった。その関係で英一は中野正剛とは近い関係にあった。その中野が主宰していた東方会の機関紙『東大陸』(昭和十四年五〜六月号)に友枝英一の河北省新城県(原文ではS県)での、青年訓練処指導体験記、「新民運動への発展」が載っている。

彼は現在新民会が最重点的に取り組む課題は、青年訓練処であるという。事変前に国民党か共産党しか選択のなかった「民衆に対し、新政権を謳歌せよ、新民主義に帰依すべしと、見ず知らずの人間が百の宣伝や講演を行ふより、職員達と朝夕起居を共にする青年訓練処ほど能率的なものはない」と。

昭和十三年十一月二十五日、新城県高碑店に友枝は華系職員と共に青年訓練処を開設する。第一期の生徒数は六十名である。屋根に穴が開いて見る影もなく荒れ果てた空き民家を講堂兼宿舎とした。生徒は土間にわらを敷き、うずくまって教官の話を暗いランプの下で聞き、冬の星座を仰ぎ見ながら教官ともども寝るのである。

訓練一週間目、友枝は村の青年たちを引き連れ、夜明け前から高碑店から中国五十三軍が支配する新城県城への日本軍の討伐行に従軍した。機関銃や大砲の音を聞きながら、訓練処旗を先頭に列を乱さず進む青年たちを見て友枝は「わずか一週間でここまで……」と眼を見張った。夕方県城に到着。四十キロほどの行軍だった。彼はその感動を中国語で青年たちに話した。

「戦争と云ふものは人類にとつて、最大悲惨事である。君達は今日の戦争を見て如何《どう》思ふか。だが併し、戦争は今度の事変で終るのだ。そして今から我々の建設が始まるのだ。戦争の必要のない県を華北の模範県として建設するのだ。お互は新城県新民会の創設者となるのだ。……君達は日本軍を見て何んと思ふか知らない。併し、君達は日本軍の好さを知つてゐるか」

そして友枝はこの県城の住民が五十三軍と連絡があったことを理由に、日本軍が県城を焼き払わなかった事実を挙げて、今までの軍隊と違う日本軍の好さを見なければいけないと語りかけるのである。青年たちは目を輝かせて「解りました」と答えたという。

五十三軍は退却する際、城壁を破壊しつくし、民衆も戦争を恐れて城内には人っ子一人いなかった。日本軍と新民会、職員と生徒は城壁を始め、道や県城の修復を始めた。十二月の後半になると、人々は徐々に城内に戻ってくるようになったが、店は容易に開かれない。日本軍の掠奪を恐れているのである。新民会はそのために経済復興委員会を作り、小口の無利息資金を貸与することを始めた。

年が明け、正月になると日本軍の県城守備隊は、新民会訓練生が協力してくれたことに感謝して表彰状授与式を挙行した。

友枝たちはのんびりとしていなかった。第二期生を募集しよう。日本語学校、少年少女団結成、小学校の再建、医療、新民市場や新民茶館の開設だと息つく間もなかった。第一期生は訓練課程は充分でなかったが、全部県警察に働くことになった。第二期生は八十名である。

予期せぬ事件が一月十七日に起きた。部隊移動が始まり、城内の日本軍主力が一小隊だけになったのを見計らって百数十名の「匪団」（共産軍）が攻撃してきたのである。しかしこちらには訓練を受けた六十名の一期生がいた。日本軍と協力して難なく撃退したのである。

このようにして日本軍と新民会の青年訓練処の若者たちの連携プレーは、城を守り、匪賊撃退にも生かされた。二ヶ月ほどの間に、県内の匪賊数は急激に減少してきたのである。

三月十六日、友枝は病気治療のために新城を去ることになった。城外に県役人、警察隊、新民会教官、生徒、住民、三百名の人がそろって友枝を見送った。

「訓練にも仕事にも、厳を以て臨んで来た私であつた。だのに彼等は去り行く私に流涕、慟哭して送つて呉れた。彼等と共に過した感激の幾月かゞ、たまらない愛着となつて込み上げて来た。馬を引き寄せ県城を去る何里かの間、何度振り返つても彼等は城はずれに立つたまゝ、動こうとはしなかつた。私の目には止めどなく涙が溢れ落ちてゐた。行雲流水、今はあの時の私の涙は何処をどう流れてゐるか知らない」

友枝はこの後に「純情無垢な青年達」「汚れなき支那民衆層の露頭」と書き、自分はそれを見ることができたのだと書いている。生死を共にし、銃を持って戦い、「厳を以て」臨む友枝の態度に、いささかの私心、不誠実、傲慢さも村人たちは発見しなかったのだ。真に自分たちを思ってくれる日本人の真心を信じ、安んじて指導を受けたのである。そうでなければ彼らの眼から慟哭の涙がこぼれてきはしまい。小澤の片腕たる能力を彼は持っていた。歴史上ほとんど政治に汲み上げられてこなかった中国の下層民衆の心に触れ、そこを揺り動かす力を持っていたのだ。それは《誠実》である。苛烈きわまる社会環境ゆえに、彼らは簡単に心を許さない。一文字読めなくても、嘘は簡単に見破る。嘘で彼らの心は開けないのだ。

友枝英一の日中提携論

友枝は『東大陸』（昭和十一年十月号）に、「対支外交と民族主義」という論文（11頁）を書いている。当時の日中関係の情勢分析とそれに対して日本人がいかなる対処をなさねばならないかを論じたものである。彼は当時政治学徒を目指していたようで、これにはそうした格調、風格が濃厚である。

彼はまず率直に自分の危惧を述べる。「筆者の怖れる理由はこの儘の状態で、支那が反日的統一国家として強化された陣営を完成することである」と。そして当時の対中外交の指針となっていた「広田三原則」を俎上に上げる。満洲国承認、日中提携、共同防共を蒋介石に求めるものだが、「日支外交の彼方に和を欲するならば、今日支那に向つて満洲国承認を固執し、三原則を押付ける如きは下の下の策である」。なぜなら方法は一つに限らない。中国人の日本認識、信頼という観点からは、現状を見るならば、彼らは心から腕を組むことを希望していないというのが彼の理解である。

ではそれを阻害しているのはなんであろうか？　一つは満洲国の存在である。彼はいう。

「満洲建国は日本資本主義の為に打たれた芝居ではなかつた筈だ。それでは満洲国三千万民衆は、永遠に解放されないであらう。満洲国は日本失職官吏の姥棄山《うばすてやま》ではなかつた筈だ。若しそうだとすると、そこに払はれた犠牲は余りにも甚大過ぎるではないか。満洲国の現状は如何《どう》あらうと、日本朝野に未だ満洲を支那から掠奪したかの如き観念の存在する事実こそは、嘗て米国要路の大官に日本の満洲行動を侵略なりと指摘され、識者の慷慨を尻目に責任ある外交当路者が、頬被りを以て走り去つた満洲認識の不徹底さの、その争ふべくもない延長として考へられる事実なのである。満洲三千万民衆の苦悩開放運動として、王道楽土の建設を日本は満洲国建国に当り、共に中外に盟《ちか》つたではないか。日本の満洲認識に一分の矛盾を現実が示すならば、満洲国は欺瞞的存在でしかあり得なくなる。日本の満洲行動に対してそれが何人であつても、伊太利のエチオピア的行動（領土化——引用者注）と混同し、それと同一角度より視る者があるならば、吾々は斯《かか》る観念を将来実践の上に於て一掃せねばならぬ。吾々日本人が克く前《よ》言に忠実に満洲国民衆を指導し、三千万民衆を苦悩より解放し得る暁に於て、吾々は三千万の同志を日支融合の戦士として、東大陸の野に向つて放つことに成功するのである。その時こそ不満なく全支民衆が、彼より来《きた》つて満洲国を承認する前日である」

お分かりだろう。友枝のこの満洲国認識は、石原莞爾、山口重次、そして小澤開作と寸分違わないのだ。

日中提携を阻害する第二、第三の要因となるのは、イギリスを筆頭とする西洋帝国主義とソ連コミンテルン活動である。

西洋列強の対中国政策における対日牽制はワシントン会議で決定したと彼は考える。ここで締結された「九箇国条約の結果は一見世界列強の力が、日本を大陸から完全に閉め出し得たかと思はれた」。しかしこの「列強の意図は、大なる誤算に於て見事失敗に終つてゐるのである」「世界帝国主義の鋒《ほう》鋩《ぼう》は、同会議では一に日本に集中したのである。これこそ日本が被《こう》つ《む》た日本帝国主義の受難最終幕であつた」「列強の誤算とは、彼等と同等なる帝国主義として、日本が永久にそれを固執すると考へた点である」。ワシントン会議は「日本を帝国主義の羈絆《ははん》から開放」した。今「日本は旧帝国主義を揚棄し、民族主義の大旆《おおはた》を東大陸の一角に押立ててゐると、現に吾々の歴史は語つてゐる。」つまり「従来の自由主義的帝国主義イデオロギーでは容易に考へ及ばれなかつた、新たなる民族主義運動への出発である」と彼は認識する。

この列強帝国主義を非難するもう一方の旗頭がソ連＝コミンテルンであると彼は考える。ソ連成立後の対中国へのカラハンの名による宣言は大なる反響を以て迎えられたと彼は書く。そこには以下のような文言がある。「吾人は東方の虐げられたる民族、就中支那国民を外国の銃剣と黄金の覊絆から開放せしめんとするものである」。そして旧ロシア国帝政政府や日本や他の聯合国が「支那に加へたる不法、不正の行為を一斉に除去せんとする用意がある」。むろん義和団の賠償金、奪取した土地をも放棄するというわけである。

この呼びかけは「支那大衆の心を揺り動かしたのである（中略）用ひられてゐるそれはマルクス主義に欠けたる観察として人々に指摘されてゐる民族を以て呼びかけてゐる」。そしてこれは、現在大きな思想的勢力となって全支那に広がっているというわけである。日本は西洋列強とも、またこれとも戦わなければいけない。彼は最後にこう締めくくる。「吾々は全有色人種及び被圧迫民族を背後に、来るべき世界平和に堂々参画しなければならぬ」。これが彼の決意である。

彼はこの論文を書き終えてまもなく、軍特務機関の要請（おそらく中野正剛の推薦）で本格的に大陸に渡ることになる。病床にある内田良平に暇乞いをして行った先は、北京の小澤公館である。こうして彼は不穏な空気が渦巻く大陸に、足取りも軽やかに踏み入って行ったのである。

厚生工作、経済工作

友枝英一の「新民運動への発展」に、「新民茶館」というのが出てくるが、これは中国の民衆がお茶を好む習慣を利用して、これを開設し、新民会の宣伝と民衆の組織化に資しようという取り組みであった。こうした茶館は安価で彼らの願ってもない娯楽施設であり、多くの民衆が立ち寄るからである。新民会ではお茶はほとんど無料とし、新民会の図書、雑誌、蓄音機や将棋、ピンポンなどを置いた。素人演劇も可とした。そこに働く職員はもちろん、新民会の思想を理解している者たちを配する。立ち寄る民衆が多くなり、慣れてくれれば新民思想を判りやすく教える講演会も催す。

医療活動は一番効果があった工作である。北支の地方農村に医者などいなかった。そこに医療行為のできる新民会員がやってくることは朗報であった。これには宣伝は不要だ。具体的に困っている身体を直し、治癒するのである。感謝されないはずがない。『新民会報』には村人のかかっている病気として、アメーバ赤痢、マラリヤ、風疹といった重いものから、目耳疾患、胃腸病、寄生虫、皮膚病、性病、神経病と様々である。環境そのものが劣悪で不潔なところが多いからであるが、新民会員はそれに対して真摯に対応してやっていた。そうしてできた信頼関係から、共産党と通じている者の思わぬ情報がもたらされたこともある。

経済工作とはつまり先に紹介した合作社の設立、再生である。それを真に貧しい、困った農民に利用できるようにするのである。新民会は共産党とも国民党とも戦う。西洋帝国主義とも戦う。そしてアジアを開放し、アジア共同体を作るのだ。そうした理念の下に合作社運動はなされなければいけない。

伝統的な農村では、「公款」という村人から徴収される村費があった。しかしそれは極めて不正が多く、村長と一部の土豪劣紳が結託して自由に使われることが多かったという。そういう弊習は直さなければ真に明朗豁達な村政が実現されないし、共産党に付け入る隙を与えてしまう。新民会の分会を通して村人の意向を汲み上げていくのである。

もちろん農民の貧困は自然要因もある。黄土の問題、灌漑施設、害虫、井戸、やるべきことは山のようにある。農業技術者も動員された。

農民は零細で、窮乏すると撒く種子、肥料、家畜もなくなってしまう。そのための資金貸し付けをする。その額は中国聯合準備銀行の記録では毎年多くなっている。それは効果がなかったということでなく、一応の政治的安定がもたらされたことで、貸しやすいシステムができたのである。農民の必要とする物資、それを円滑にする購買事業も新民会の仕事だった。そうした人材は不足していたために、昭和十六年からは内地や朝鮮から産業組合運動の経験者を嘱託雇用し、各地に派遣した。

社会の安定には農村の更生と共に、農村からあぶれた労働者のための職業斡旋が必要である。そういうところがなかったわけではない。しかしそれは当然の如く賄賂を要求されるわけで、真に困っている貧窮者には評判が悪い。新民会はそこにもメスを入れた。「労工協会」の設立である。設立の宣言書にいわく、「茲に積極的国家建設の秋《とき》、正に労働大衆の努力すべき秋に当り、吾人等は労働者積年の苦痛を救ひ、労働大衆の幸福を謀らんため（中略）労工協会を組織、新民主義を奉じて労工資源の供給、労働者の生活及環境の改善保護を謀り、以て民生安定、失業消滅の目的を達せんとす」（昭和十三年六月）。

職を求める人たちに職業を斡旋し、その日暮しの苦力から紡績女工まで、生活保障、中間搾取の排除、福祉施設の整備など様々な活動を始めていたのである。

新民会の改造

こうして小澤や繆斌らが決然立って始めた新民会運動であった。彼らの戦略は間違っていなかった。前述したように、共産党側は自らが展開しようとする戦いを、逆に新民会に先んじられたからである。

また合作社にしても、資金的には臨時政府を背景とする新民会がはるかに潤沢だ。順調な運動の展開がなされていたのである。

しかし北支那方面軍には、その新民会工作を全く理解しない軍人が多かったのである。その筆頭は参謀副長の武藤章であった。彼は飛び切り怜悧な頭脳を持った秀才だったが、いわゆる「支那通」軍人ではなかった。経歴を見ても、昭和十一年関東軍第二課長となるまで中国滞在の経験がない。アジア主義者である石原莞爾との対立も、基本的にはそういう体験、思想の有無であったのだろう。支那通になろうとしなかったし、そうした軍人がたむろしがちな特務機関に対する見方も辛辣である。

「特務機関長は方面軍司令官に属して、北支の政務に当っているのであるが、これが方面軍と離れ勝ちで、どうしても方面軍司令官の意図通りにゆかない。というのは特務機関に勤務する将校たちは、最初はよいがいつの間にか一種の浪人型に化する。いろいろの支那人や日本浪人と接触し、支那の政治、民政、経済等の部面を担任していると、何かしら自己を過大評価し、頭脳は粗笨となり、命令規則を軽視する風を生ずるらしい」（『武藤章回想録』）とは、士官学校二期先輩の根本博やその部下（後述する渡邊渡など）に対する批評ではないかと思われる。

支那事変が起きてすぐに編成された北支那方面軍には、司令官の下に参謀部と別に特務部が設置された。根本は特務部総務課長として新民会を作ろうとしたのである。参謀部と並立しているわけで、武藤としては目障りだったのだろう。特務部のやっていることは、臨時政府に対する政治干与なのだと彼は考えた。当然の如く、新民会に対する見方も厳しい。

「新民会は私の着任以前からあったもので、その目的や動機はよい。しかしその中心人物が満洲の協和会崩れであった。協和会で持て余しの定評ある人々をもってこの種精神運動が出来る筈がない。支那人殊に臨時政府要人の反感大であっては、百害あって一利もない次第であった」「新民会について は内地より安藤紀三郎中将を招聘して、これが徹底的粛清を行った。安藤中将の努力によって着々功を奏し、王克敏以下関心を持ち始めた」（同前）

「持て余しの定評ある」「満洲の協和会崩れ」と評されているのは、まさに小澤開作である。武藤が小澤と石原莞爾の関係を知っていたかは定かでないが、小澤と会ったとしてもたちまち喧嘩であったろう。

武藤は特務機関を司令部と一体化して、特務機関を参謀長の統制下に置こうとした。そして軍司令官の方針意図が統一化された形で臨時政府に通達され、その実行が監督されるやり方に変えようとした。この過程で武藤に対する強い反撥があったと彼は回想する。後述するように、これに根本や小澤が関わっているように見えるが、推測でしかない。

武藤的新民会の見方に対し、その当初の運動方針を守ろうとしたのは根本博だった。なんといっても設立者である。彼は昭和十三年暮れに設立された興亜院の華北連絡部長に就任する。しかし武藤はこの興亜院連絡部というのは純然たる日本行政機関で、日本領土でないところにそういう機関が設置されるのは違憲であると反対した。連絡部がもう一つの特務機関となると考えたのである。穏やかな根本は石原と違い、真正面から武藤と対決しようとしなかった。表面化しなかった理由である。

しかし昭和十四年八月、根本の東京転任が決まると、その防御壁はもろくも崩れていく。同時に安藤紀三郎（陸士11期）の着任が決まる。武藤の〝粛清〟というのはこのことである。しかし王克敏は根本＝小澤新民会に反感を持っていたのだろうか？

確証はないのだが、繆斌に好意的でなかった今井武夫（陸士30期）の回想にこうある。繆斌は「支那事変後は、日本人に助言を依頼して、王克敏や汪兆銘の政権に、就任の自薦運動に狂奔して参加し、其の無節操ぶりは中国同僚の顰蹙を買っていた」(『支那事変の回想』)。こういう行動を王克敏らに嫌がられていたから、繆斌とタッグを組む小澤以下のスタッフが交代することで「関心を持ち始めた」のだろうか?

新民会は小澤の意志が強く反映する団体だが、本質的に中国人の組織である。山口重次が協和会で満洲国政治をリードしようと考えたように、小澤も新民会の力で王克敏の臨時政府に影響を与えようとしたのではないか。それには日本人である自分より、繆斌がいいと思った可能性は充分だ。それならば、「自薦」でもなければ「狂奔」でもない。彼らは同志なのだ。

また「汪兆銘政権への自薦運動」というのは、参謀本部支那課長だった今井が昭和十四年五月に、繆斌に汪兆銘への紹介を頼まれたという話のようだ。汪はそのとき、重慶から脱出後、ようやく東京に来て日本政府と交渉する機会を得ていた時期だった。繆斌も偶々、新民会東京事務所発会式に参列するために来日していたのだ。今井は「国民党を否定し、新民主義を掲げるあなたがなぜ汪政権に同調できるのか?」と危惧の念を以て忠告したという。

しかしこれは今井の方がよほどおかしい。繆斌の考える政権は親日政権である。そこに新民会と国民党の区別はないはずだ。日中が手を取り合ってこそ東亜の平和は訪れる。そのために新民会より新しい汪兆銘の国民政府樹立が重要となってきている情勢なら、いくらでも汪と話し合いたいと思っただろう。ましてや彼らは昔から知った仲である。蔣介石国民党を批判してきた関係上や、汪兆銘の命を狙う刺客を警戒して旧友といえども近づけなかっただけだろう。そのため今井に斡旋を頼んだだけではないのか? どちらにしても個人的猟官運動ではない。

このことに関しては、新民会離脱後の小澤が出すようになった『華北評論』(昭和十五年十一月十五日号)に繆斌の談話がある。このときの汪と繆斌の会見で、彼に新政府の治安部大臣の椅子が用意されるという噂があったという。彼の黄埔軍官学校時代の教え子に、汪派で治安関係に働いている者が多く、彼らが運動したのだと繆斌は述べている。会見は「某氏のキモ入り」で行われる計画だったと出ていて、誰かは判らない。

ともかくも王克敏は、小澤＝繆斌の新民会を好んでいなかったようである。自分の上に立つ新民会よりは、いうことを聞いてくれる新民会の方がいい。「中国同僚の羈甓」とはそれだろう。まして小澤は日本軍の批判を遠慮なくする。評判は悪いのだ。近づけば、小澤の仲間だと思われる。折もよく、小澤に近い根本が転任する。重石が取れたのである。新しい指導者の安藤紀三郎が新民会を掌握してくれればそれがいいと思っていただろう。

宣撫班

ここで宣撫班について書いておかなければならない。満洲建国のところでも書いていたことだが、宣撫班は元々本庄司令官や石原参謀の意向でできた関東軍占領地区の民心安定、獲得のための従軍宣撫組織だった。それを山口や小澤の協和党と八木沼丈夫の満鉄社員グループが中心となって行なって、優れた業績を上げたのだった。それは「宣撫官一人の存在が一個中隊にも匹敵する」とさえいわれたほどだった。

支那事変後、日本軍が宣撫班を組織しようと考えたのも、そうした実績を評価していたからであり、その活動の中心に八木沼が抜擢されたのも当然だった。満鉄鉄道局参事だった彼が天津司令部に招かれてきたのは、昭和十二年七月十日のことだ。盧溝橋の衝突の三日後、ここで彼は宣撫班の編成計画に着手する。

八月九日に最初の宣撫班が組織され、七班に分れて北寧線沿線に投入される。満鉄社員五十二名で、満洲事変での宣撫工作の経験者から成っていた。

八月二十九日に宣撫班本部が作られ、九月二十五日段階では、北支、中支の計九各兵団に七十九名の宣撫班員が配属されている。年末になると、班数は八十、班員は日本人五三四名、中国人二九五名といった数に膨れ上がっている。むろんこれは後になれば益々多くなり、結果的に方面軍の財政を圧迫する結果となる。昭和十三年一月、宣撫班本部は北京に移る。八木沼の肩書きは「北支方面軍特務部宣撫班総班長」である。

これでも判るように、宣撫班と新民会は特務部の統制を受けることでは共通していたし、日本軍と共に従軍したり、あるいは占領地における民衆工作に従事することも共通する業務が多かった。しかしあくまで新民会は「中華民国新民会」であった。宣撫班は日本軍の中の組織で、数ははるかに多い。新民会員は便衣であり、宣撫班員のように、軍服、軍刀という格好で民衆の前に立つことはなかった。山口重次はそういう宣撫班のやり方がまずいと批判する。「宣撫官」と書かれた腕章をつけるのだが、中国の民衆にとっては「兵隊」や「官」は悪と汚職の代名詞である。そういう所が警戒を呼ぶといいたいのかもしれない。

ここでも満洲事変時と同じで、小澤と八木沼は宣撫方法で対立する関係に立った。小澤は日本軍をバックにするようでは中国人の心を捉えられないと考えていた。新民会のように、中国人を前面に立てて指導を行なうのが正当だと考えていた。しかしだからといって、八木沼が威圧的に中国民衆の前に立つ宣撫官を多数作っていたわけではない。彼は派遣される宣撫官に向かい、「宣撫官員は戦場の母である」といって送り出していた。若い彼らはそれに感激し、治安も覚束ない言葉もままならない荒涼とした大地に勇躍、県連絡員や県顧問として命がけで赴任して行ったのだった。

八木沼はこうもいう。「宣撫の目的は日本人を宣撫することだ」。これは日本軍を批判することの多かった小澤と近くはないだろうか。ただ新民会については、後方にいることが多く、日本人の第一線経験者が少なく、軍との連絡がうまくできないという批判の言葉を残している。

石原莞爾は後述するように、小澤（新民会）と八木沼（宣撫班）を区別してはいない。どちらも中国民衆の心を捉えるという目的では一致していると考えていた。

「渕上辰雄宣撫官日記」

昭和十三年三月十四日、満鉄のハルビン局産業課に勤務する二十二歳の日本人青年が特急アジア号に乗り、友人や親戚の見送りを受けて一路北京に旅立った。後に石原莞爾の側近となる渕上辰雄である。彼が満鉄に入ったのは、昭和十一年四月、翌年十一月に宣撫官に応募し、四ヶ月ほどの訓練を受けて出発したのだった。

北京に到着した渕上は、十八日に任地を告げられる。山西省の南部にある新絳《しんこう》である。田中という班長がそこにいた。以下、戦地の情況を理解してもらうために、貴重な体験記録である渕上日記の一部をそのまま引用してみたい。

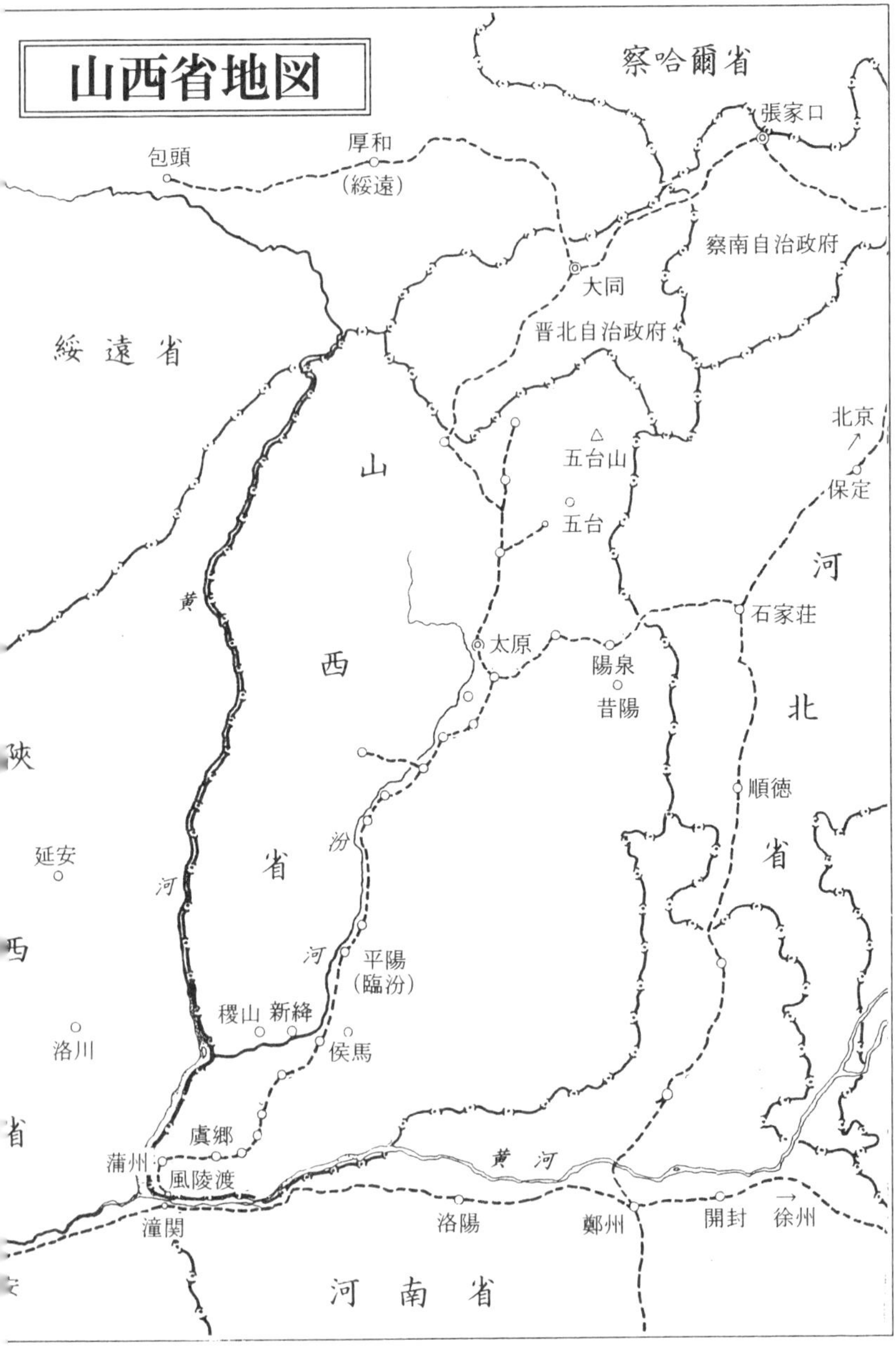
山西省地図
察哈爾省
張家口
包頭
厚和
(綏遠)
察南自治政府
大同
晋北自治政府
綏遠省
山西省
北京
保定
五台山
五台
河北省
石家荘
太原
陽泉
昔陽
順徳
陝西省
延安
黄河
汾河
平陽
(臨汾)
稷山
新絳
侯馬
洛川
虞郷
蒲州
風陵渡
潼関
黄河
洛陽
鄭州
開封
→徐州
河南省

「宣撫班に来て初めての仕事をする。農民の徴発された馬を取り帰《ママ》すため、石田隊と病馬収容所に行く。石田隊に於いても、快く面接し、同意をあらはされ、色々とよくしてくれた。百姓出身の兵士将校もあるので、農民に馬の必要なることを知り、馬についての問題は理解よく解決した。（中略）農民は嬉々として帰る。この問題は地味で人はいやがるけれども、是非自分としては親切にしてやりたい問題だ。夜、農民の代りの者が来て、品物を持つてくる。宣撫官の立場を話して持ち帰つてもらふ。そう今まで何処の国でもならされてゐるこの風習を打破するのが必要だ。特に支那に於いては」（四月七日）

「少年泣きながら来たり、日本兵の乱暴を言ふ。通訳と共に行く。酒飲みての癖の悪いのがもとらしいが、針大しての話と思ふも、これは戦に勝つてその幾多の血を流したその事を無駄にすることなので、よく頼んでおいた」（中略）従軍宣撫班は「すべからく一度其の地に居つたなら、其の地に於いて定着し、特別の理由ある以外は移転さすべきではない。又、一県一班主義でありたいと思ふ」（四月九日）

「兵士達が兵士達と言つても、我々よりずつと上の召集兵が、蓄音機を聞いて、一年振だと喜んでゐるのや、本を一冊でもくれと言つて活字に対する愛着の念を述べてゐるのを聞くと自分も同感であり、涙ぐましくなる情景だ」（四月十日）

「班の横庭より街を眺めると、実に美しい眺めだ。遥かに横たわつてゐる汾河、其の向こうに広がつてゐる平野、森もある林もある。そして彼方に山も見える。（中略）誰がいつここで争つたのだ。夢だ、あの丘に、首なし死体がほこりにまみれて残つてゐると、どうして思へる。ころがつてゐる、それ事態こそ夢の世界に似てゐるのだ。だが、現実は常に冷たい。死体をガツガツと食ふ犬の群が、あ

そこを走つてゐるだらう」（四月十一日）

「そこには広い耕地がある。田や畑で働いてゐる農夫の姿は少ない。皆農民は井戸をほつて、小さな井戸によつてこの広い土地を耕してゐるのだ。大地、大地、土にはいつくばつた農民よ、何と思つてみつめてゐるのだ。そこには没法子《メイファーズ》があるだけか。烈しい憎しみがあるか。私は笑ひきれない寂しさがある。地方農民は、こんどの戦争も南方軍閥がせめのぼつてきたと思つてゐるものもあるさうだ。そこに支那の悲劇があるのだ」（四月十六日）

「（稷山）県大会にのぞむ。第一になすべき事は、民衆の苦痛を、戦場で受けた悲惨な気を消し去ること。それはとうてい一度や二度のもよおしで出来るものではない。民衆の苦痛を救ふのはそんなものより、もつと根本的なものにあるのだ。（中略）式終れば、何もなすことなし。然し、今日の日を喜びにあふれたる姿にて踊りくるふと見える民衆に、亡国の夢は果していづれにあるのだらうか。あらゆる悲劇をつらぬいた喜劇、又、其の反対のそんなものが物寂しく想ひ浮べられる」（四月十八日）

「夜、新絳市内の淫売婦の状態を見に行く。薄暗い路地の隅に小さな家の内にゐる彼女達、そして、ほとんどが夫を持つてゐるのだ。この状態を見る時、支那に何があるのか。支那が亡びる原因が解るやうな気がする。これは勿論、日本に於てもあることと思ふ。だが、行く女、女が皆夫を持つてゐるのには理解出来ない支那人の心理を想ふ。阿片を吸つてゐるらしい部屋のにごつた空気。その空気の中に育つ子供。貧、餓は人間をここまで動物のやうに追ひつめてゆくのか。これを承知しながら兵士たちはここにくるのだ。みにくいと言ふよりも、もつとつきつめた人間の動物性をまざまざと見せつけられ、又知ることが出来る。本能の前に弱い、精神的にそして強くなれる、それが人間だ」（四月

二十三日）
　彼が見た山西省の農民、下層民の生活は想像を絶していた。以下日本軍批判がある。
「本当に支那民衆の心に喰入るには、支那民族性をよく知り、支那人の立場に一度は立つて考へなければ駄目だ。今、戦争中の兵士達に、この理屈を言はせてやればよいと思ふ。日本流儀で彼等をおしきらうとすれば、彼等を治めることは長く出来はしないだらう。小さな事だ。馬徴発の件に於ける兵士達の言動に、これが表れるのは残念だ。文句を言ふ奴はすぐ殺せばよいと言ふ。この言動こそ真に日本人の欠点を現してゐる言葉ではないかと思ふ」（四月二十五日）
「西本大尉と会ふ。宣撫工作に対する軽視を知る。我々としても宣撫班の仕事については実に頼りない感情を持つてゐる。其の立場の日和見的な事、大きな明確な使命の決定なき事、結局は日本軍隊の尻ぬぐひにすぎないのだ。宣撫と言ふ事が、表面的にでも必要となつて、戦争の惨をおほひかくすことが、社会情勢となつた事を軍人として知つてもらひたい。（中略）戦場占領地がみな、其の国家の権力下に置かなければならなくなつた、その点を考へてほしい。然し、戦争にとつて宣撫官を作つてやるのは、実際あまりこうかはないと思ふ。この仕事は将校の団体によつて組織さるべきだと思ふ。軍の作戦上とか軍略上とか言はると、何も言ふところがない。そのましたがつてゆくばかりなのだ」（五月十日）
　この時期から日本軍に対する中国軍の攻勢が始まる。攻撃が盛んになり、ゲリラ攻撃も行なはれる。
「稷山道路、周流村より報告あり。昨晩の午後八時、電柱約十一本、道に幅三尺深さ五尺の穴を掘り、自動車テンプクを計画した敵の部隊通過してそれを実行する。敵部隊約四百、銃器を相当持つてゐたさうだ」（五月十三日）

これは四月に実施が決まった徐州作戦と大きな関係がある。徐州付近に集中した中国軍を殲滅せんと北支那方面軍と中支那方面軍が挟撃しようとしたのだ。これは武藤章の回想録にもあったように海の魚を笊で掬うような体たらくに終ったのだが、これによって北支の治安状況は極端に悪くなった。兵力転用によって、警備が手薄くなったところを、山地に潜んでいた共産軍を含む中国軍が攻撃してきたのである。渕上はそのただ中に置かれたのだ。

「床にねころんだと思ふまもなく、ゆるい小銃弾の音が屋上を流れる。つづいて迫撃砲だ。相当の音だ。ヒユーン、ヒユーンとうなりをたててとぶ。がばとはねおきて外に出ると、早くも城外よりの攻撃が初《ママ》まる。小銃と迫撃砲の乱れうちだ。ピユーン、ピユーンと飛ぶ、パンパンと聞へてくる。何と言つても心持のよい音だ。例の情報通りの総攻撃が初まったのかと思ふ」（五月十六日）

「正午、自分の部屋に寝てゐると、隣の部屋で大きな音がしたので、何だと思つて行つてみると、窓から迫撃砲が飛びこんできたのだ。幸に不発だつたのでよかつたが、これがはれつしてをれば、寝てゐた中村君は駄目だつた」（五月二十二日）

こうした攻撃は二十八日まで続いて止んだが、敵の包囲は続く。しかも新絳から約三里の侯馬の兵站倉庫では、軍服、米一万五千俵、酒や慰問品などがすべて持ち去られた。日本側の飛行機を含めての反撃が功を奏し、撃退はできた。しかし終れば終ったで、日本兵と民衆のトラブル解決に奔走しなければならない渕上だった。

「新絳籠城も、約十六日だ。この状態は国辱とすべき状態だ。一度占領してゐたこの平和郷新絳を、再び前の状態に帰すことはむつかしいであらう。我々は、この日本軍の態度、又、城内の特務兵の強姦、強盗、これに対して、何をもつて正義の軍と呼ぶことが出来るだらうか。我々は日本を愛するために、再教育を以て出発しなければならない。日本兵ならずとも強くないのだ。教育の改革、それは是非行はなければならない問題だ」（五月三十一日）

この二日前の記述には、強盗事件を起こした兵士は渕上の懇切な意見に涙を流して改心したとある。強姦事件も宣撫班が間に立って解決したのだろうか。記述はない。ただ六月一日の記述に、「籠城は我々をきたへる。本当に人間として築かれるのだ。兵士達は粟がゆを塩で食つてゐる。この悲惨な立場に落ち入らせたのは、何だ。指揮官としての愚劣さだ」とある。軍上層の戦争指導に疑問を抱き始める渕上だった。

極限の精神状況下、自棄と敵民族の女なら構わないという感情からこの特務兵らは罪を犯したのかもしれない。四月二十三日の淫売宿の記事を思い出すべきだろう。阿片臭の漂う汚い部屋でも兵隊は肉欲を満たしに来るのだ。渕上は彼も被害者だと思ったかもしれない。あるいは女は一食分の食事と交換に身体を与えただけかもしれない。しかしそれを問題にするのも、住民トラブルの原因になりはせぬかと気苦労するのも宣撫班だ。

六月五日の記事には、川岸兵団の戦死者七千、負傷者一万二三千人、侯馬と曲沃の戦闘で、約七百ばかりの戦死傷者がでたとある。宣撫班は敵の銃声と砲の着弾の中、真夜中に城外の麦刈りを始めた。「敵の包囲は、これを撃退することが出来ないままで、依然として同じだ。南関はまだ落ちない。色んな敵が実にしつかりしてゐる。支那軍隊も日本内地で考へてゐる程馬鹿ではない。日本人の支那に対する感情を改めねばならない」（六月十一日）

渕上はこの二ヶ月の従軍体験で、宣撫班の仕事に疑問を持ってきた。「軍隊の尻ぬぐひ」という言葉に象徴的だが、六月二十九日の記事には、「軍人の小さな思想で、この政治的な指導理論についてとやかく言はれるのはのぞましくない。たとへ、班そのものが旅団の直轄にあるとは言へ、軍人一流の作戦に協同して容易ならしめる。それのみが我々の仕事であつてはならない。民衆をつかむ以外に宣撫の方法なし。今からやれと言はれることは表面的な事ばかりだ。彼等に百年の方針を求めるのは無理だ」と批判している。憤懣はこう続く。「要するに一番大切なことは宣撫班の拡大、独立にあり、この重大なる仕事を（一満鉄の社員）八木沼にやらせる人間がどうかしてゐるのだ」。

「この地にいま少し居たいといふ気と、駄目だ早く帰るのだと言ふ気と交錯してゐる。（中略）今日、たつた一羽残してゐた鶏を食ふことにして徹夜してこれを食ふ。美味い。今生の内の一番最大の料理かもしれない」（七月二日）

こうした揺れ動く気持ちの中に、新民会批判もある。「新民会の精神といふ中央指導部の委員の書いた本を読んでも、これで一国の政治を指導してゆかうとするのは難しいと知る。先づ新民主義の名前だけつけて、これに形にはまるやうに、孔子の大学の中からぬき出しただけの話だ。神がかり的な、現代の支那に対し何等の理解なく、古へ帰る――への運動にしかすぎないのだ。この主義に理論として引きづられる青年は恐らく居ないだらう」（七月五日）

この本というのは繆斌の書いたものかもしれない。しかし彼は批判はしても、ここで新民会を発足させて民衆を指導していこうと決心する。新民塾の卒業生は一応複数いたようだ。

「軍の方針では、宣撫班は政治に深入りしない事と言ふ指令を出してゐるが、今の状態で政治指導を宣撫班の手で行はずに誰の手で行へるものか。単に宣撫班を軍の宣撫班としてあつかほうとしてゐる態度に誤りがあるのだ。名称は何でもよい。又特務機関の政治工作隊であつてもならない」（七月六日）

この時期から支援部隊が大挙やってきたために、ようやく中国軍を撃退し、治安を安定させ得るようになった。しかし敵は山岳地帯に逃げ込んだだけである。討伐をしなければいけない。

「南山西に於ける戦争は終結してゐない。長期戦としての遊撃戦法は成功をなしてゐる。新絳県境の山地に約一ヶ師の兵が居る。これが当地方に進撃してくるだらう（中略）八路軍の動きに対しての注意は必要だ。日本の捕虜に対して八路軍のたいぐうはよく、石家荘の近くではおくりかへしてきたさうだ。色々の点に於いて偉《す》ぐれたものはもつてゐるやうだ」（八月一日）

この共産党軍に対する観察は重要だろう。彼らの取る自在な遊撃戦術のうまさと軍規の高さへの驚きである。後者については小澤や友枝も実は指摘している。改めて考察したい。

「日本民族と支那民族が手を握る日はいつ。戦ははてしなく続く、その後に来るものは」（八月七日）

「軍費を使つてゐる自己の寄生虫的存在についてひどくいやけがさす」（八月八日）

「佐々木兄の便りを持ち帰り来る。哈爾濱《ハルビン》へは帰来出来る由書ききたる。今の心境は大いに迷つてゐる」（八月十六日）

八月二十一日、苦力にコレラが発生。外出禁止となる。候馬でも異常に流行っているという。多数の死者が出た。蝿と馬糞の町だとの記述もある。不潔極まりないのだ。

「新しい兵站の将校連中が来てこの地方の住民及動向を聞きたいと言ふので一席をやる。日本兵の欠点と思はれるとこを率直にのべる。これからの人間は非常に苦労するだらう。この人々はとても感じがよかつたので案外物を言ふ気になつた。壁の落書をみて驚いてゐた。一、我等は常に人類大理想の先駆者たるべし。一、我等は先づ大亜細亜の建設を誓ふ。一、我等は人類のあらゆる業績の遺産を学びとり進展せしむべし。一、我等は理想の下に死するを光栄とす。一、我等は鋼の如き意志を以て大

理想の貫徹を誓ふ」（九月六日）
このような理想を持って、彼は宣撫官に応募してきたのだ。そして次のような認識もある。
「今や支那は一つに団結して来た。それは国共合作とかいふ政治的問題でもなく又蒋介石がどうのかうのといふ個人的問題でもなく、政治軍事的圧迫にかんぜん起つた新しき支那であり、青年、若いそして激しい、新しき思想により代表された支那なのだ」（九月九日）
こういう考え方が新民会批判につながるのだろう。九月十七日の記事には、使命感を持たない同僚宣撫官への不快感がある。そして希望を出していたようで、ハルビンへ帰ることを決めたようだ。理想と現実の大きな落差に苦悩し、自らの非力を嘆く青年だった。
「周保通が満洲へつれて行ってくれとたのむ。まことに可愛いものだ。自分は人をひきつけるなにものかを有してゐるらしい。支那人でも言葉が解らなくても近づいてくるものがたくさんゐる。偉い方よりも青年達がひどくなついてくる。治安局の警士達は自分に一番なついてゐる。自分がここを去ることを悲しんでくれるのも彼等であらう」（九月十九日）
渕上青年の誠実さは、ここで中国社会の底辺にある民衆の心と触れ合おうとしていた。しかし一方、一筋縄ではいかないとも思う。二十ヶ村の村長を集めて会議を開いた時の感想が出ている。
「自然は人間の智識智能を超越してはるかに大きい。これに学問のない農民達はおしつぶされるのだ。そして常に運命を信じ神を信じ、あきらめをつぶやくのだ。その生活が一人一人の村長の顔にくつきりとあらはれてゐる。こちらが強く話せば不平も愚痴も言はないで黙つて聞いてゐる。聞き流せばよい、その気持なのかもしれない。この農民を相手にして、この支那大陸を相手にして日本ははたしてこの人々を同化させうるか。又統率しうるか。これは決定しがたい問題であり不可能である」（十月

六日）

九月二十五日、閻錫山の山西軍に属する三十三軍四二六団の帰順工作がなりそうだと、渕上は小躍りしそうに書いている。「成功すれば大きい」と。しかし十月八日、団長は約束の場所に来ず、工作はあえなく潰えた。

十月十四日、転属命令が来る。「七ヶ月の自己の仕事や民衆に対するうれひや、警士達若い連中へのなつかしみで熱くこみあげてくるものがある。昨日も関係□が卵を百、別れと言つてもつてきてくれた。彼等の感情の中に流れる血潮も又我々の中に流れる血潮も同一に赤く清らかなのだ。国を越へて大きく前進する人類の世界が広つてゐる」（十月十六日）

友枝英一と農民の別れを思わせるところがある。彼の転勤先は河北省の正定であった。その間、山西省の太原に滞在して、日本人の多さに驚き、カフェの女「ひろこ」に淡い恋愛感情を持ったことも記されている。

「支那人は黙々として歩ゆんでゐる。それ以上にとるべき道はないやうに。（中略）日本人は肩をそびやかして歩ゆんでゐる。征服者のやうに。征服した者の勝利はこの城内僅かばかりでしかないのだ。これも何も知らないで安心してゐられるものこそ幸福なのか」（十月二十三日）という太原での観察が記されている。

渕上日記は石家荘を経由して、正定の新しい勤務地に落ち着き、新しい工作に入ろうかという十一月二日で終っている。その後の記録はない。十月二十一日は広東陥落、十月二十六日は漢口陥落の日である。汪兆銘が重慶から脱出するのは十二月二十八日である。

渕上の戦後の自筆履歴書によれば、昭和十四年一月に満鉄を辞めている。宣撫官をやめ、ハルビンに戻ってから帰国したのであろう。しかし彼の頭には支那事変をどうしたら解決できるのかという懊悩が渦を巻いていた。そして八木沼のつてを頼ったかして、第十六師団長の石原莞爾を訪ねた。石原の「押しかけ書生」という言葉を後に妻となる淵上千津は聞いている。彼が東亜聯盟協会本部（東京赤坂）に勤め始めるのは昭和十五年一月である。

この日記は昭和六十三年の渕上の死後、遺品から発見されたもので、宣撫班にいたことを知っていた千津にも未見のものだった。書かれている体験の一部は石原にも話されたことだろう。長々と引用してきたのもそのためである。二十二歳の正義感あふれる青年が茫漠とした山西省の戦場に放り出され、悶々としながら中国の農村社会と触れ合う体験から、支那事変の本質のようなものが垣間見えるのではないかと思ったのである。

なお彼の弟、国雄は陸軍中野学校に入り、戦争末期はチャンドラ・ボースの警護の任に就いていた人物である。その下の弟、勲は終戦後、石原が入植した西山農場に入り、石原が亡くなるまで働いていた。

毛沢東の持久戦略

こうした日本軍の行動、新民会や宣撫班の活動を中国側はどう見ていたのだろうか。

渕上の日記にもあるように、戦ったのは国民党でもあったし共産党でもあった。しかし国民党に属する閻錫山軍には帰順工作もやっていた。この工作は日米開戦まで持続していた。しかしこれと系統を別にする共産軍とはそうはいかない。その共産軍の対日戦略こそ、支那事変を考える上で最も重要となる。

毛沢東の延安での講話、「抗日遊撃戦争の戦略問題」（一九三八年五月）を手がかりにこれを考えてみよう。なぜならこれは、同じ月に書かれた「持久戦論」と同じテーマであり、なおかつ武漢陥落後の十一月二十五日から四日間、湖南省衡山で開かれた蒋介石、周恩来らの国共両党の首脳が集まって開かれた「南嶽会議」で、「持久戦」が抗日戦争方針として正式に採択されているからである。当然毛の戦略論が参考にされたであろう。

「抗日戦争全体は、日本侵略者が強国で侵攻的であり、我々が弱国で防禦的であることによって、我々の戦略的防御戦と持久戦が規定されてくる」と毛はこの戦争が彼らにとっては受身の戦いであるという全体の見取り図を提示する。これに勝利するためには持久戦しかないのだ。抗日戦争を「正規戦と遊撃戦での戦役と戦闘における進攻戦を数多く積み重ねること、つまり進攻戦において数多くの勝ち戦をするしかない。抗戦力を強める時間を稼ぐと同時に、国際情勢の変化と敵の内部からの崩壊を促し、それを待って戦略的反攻を行い、日本侵略者を中国から駆逐するという戦略的持久の目的を達する」というように、これは遠大な戦略思考を持って戦い、結果としてそれを成功に導いたという意味で、無視できない理論なのである。

毛沢東は日本軍の弱点として、「中国の持つ力に対する評価の不足と日本軍閥の内部矛盾によって、指揮上たくさんの誤り、例えば兵力を逐次に増加すること、戦略的な協同が欠けていること、ある時期には主攻方向がないこと、一部の戦いでは時機を逸すること、包囲しても殲滅できないこと」などを挙げている。確かにこの時期、徐州作戦があっても殲滅できなかった。盧溝橋以降、先手を取られ、戦略的には後手後手に回っている日本軍の弱点を彼は知っていた。

彼は日本軍は兵力が少ないという。鋭く日本軍の弱点を突いて遊撃戦を展開していたといえる。友枝英一も渕上辰雄も体験していた。中国（共産）軍は日本の兵力が少なくなったところを集中して叩くことを盛んに行なっていた。反撃討伐されれば、戦力展開が難しい山地に入り込んで姿を隠し、また反攻時期を待つ。日本軍が地域に駐屯する場合も同じ問題が発生する。いずれは移動する運命にあるのだ。移動すれば、そこに共産党がやってくる。渕上はだからこそ「一県一班」の宣撫班を考えた。しかし軍と共にある宣撫班はそれが難しい。渕上はそのために不安ではあるが新民会を創設しようと考えた。

また毛沢東戦略には持久戦に持ち込み、国際情勢の変化を待つこともある。そして国際宣伝を大いに活用して、〈悪玉日本軍〉のイメージを煽り立てる。国際問題にして、中国の味方を増やすのである。それにはコミンテルンも協力する。当然アメリカにおいても、親共産主義知識人、エドガー・スノーやアグネス・スメドレー、新聞雑誌を使って行なわれた。

友枝英一は私に八路軍の規律の正しさを話してくれたことがある。「民家に泊っても土間に寝る。きちんと片付けてから出て行く。掠奪はしない」と。小澤開作も座談会で語っている。共産党は「当時から強かった（中略）我々の工作員が拉致されるんですよ。二ヶ月ほどして帰ってくる。拉致される途中で百姓の作ったものを取ると怒られる。軍規は厳正で農民を可愛がること」（『橘樸著作集』第二巻）

渕上も八路軍に感心していた。このように共産軍はそれまでの匪賊と大して変わらない中国軍隊とは全く異質の軍隊となっていた。小澤の感想は、人民を背後にした強さであるということだろう。このことも毛沢東は遊撃戦理論の一つとして、以下のように根拠地樹立の問題として取り上げている。

根拠地は第一に防備しやすい山地がふさわしい。しかし日本軍が広く中国国内に侵入してくれば、そこには自ずと隙が生れる。敵の後方＝「広大な被占領地区で遊撃戦争を隈なく展開し、敵にその全占領地で戦争を停止できないように、敵の後方をも敵の前線に変えていかなければならない」「敵の後方での遊撃戦争は根拠地なしで支えていくことはできない」「またたくさんの抗日の人民がいること、これらのことが平原地帯に遊撃戦争を発展させ、また臨時の根拠地を樹立できる客観的な条件を与えている」。共産ゲリラには有利な情勢を作り出していくのだった。これは結果的に日本軍が大都市と鉄道沿線＝点と線しか押えられない状況が続くことによって、

根拠地に、「抗日の人民」を作ることが大事なのである。日本軍がこうした人民を敵に回せば、それは共産党の思う壺だからである。そうであるがゆえに、新民会や宣撫班の活動が有意義であったのであるし、共産党にとっては目障りだった。

逆にいえば、こうした〃人民の海〃に支えられなければ、彼らの遊撃戦争は継続できなかったともいえる。人民を敵にすることは自らの破滅を意味する。毛沢東は率直にその危惧を表明する。「我々の指導の誤りか、あるいは敵の広大な圧力の結果によっては（中略）根拠地が遊撃区となり、遊撃区が敵の比較的安定した占領地になることがある（中略）指導者たちは特に警戒する必要がある」。

根拠地樹立の条件は「武装部隊の力を含むあらゆる力で、民衆を抗日闘争に立ち上がらせることである。このような闘争を通じて人民を武装化する。すなわち自衛軍や遊撃隊を組織しなければならない」「民衆の力に頼る以外にない。特に重要なことは、このような闘争を通じて民衆を立ち上がらせ、その地方の抗日政権を樹立し、または強化することである」。規律の正しさは必要欠くべからざる高等戦術であった。経済戦の問題も取り上げられている。「抗日民族統一戦線の原則、すなわち合理的

負担と商業の保護を実施しなければならないことであり、地元の政権と遊撃隊はこの原則を決して破ってはならない」。

具体的には現実の経済体制を変更しないことと、金のあるものは金を出せ、農民も一定限度の食糧を提供するというようなことである。なおこの問題に関しては、後述するように共産軍の規律とも関連して異論がある。

支那事変は共産党の「破壊赤化戦術」という壮大な意図によって始められた。その総監督は毛沢東である。日本軍は大きな軍事力はあっても、その意味では共産党の手のひらで踊る孫悟空のようなものである。いや軍事力があるからこそ、「破壊赤化戦術」は有効なのだ。この危険を初めから認識していたのは石原莞爾や小澤開作であった。敵側にあるこの主導権をいかにして日本側に奪取するか、それを求めて小澤開作はしゃにむに動き回っていた。しかし――。

小澤開作、ふたたびの挫折

渕上辰雄の宣撫班体験と似たものを新民会員から深刻に聞いていたのが小澤開作である。その新民会における小澤の分身というべき人物が協和会以来の仲間の矢部僊吉である。彼がこの時期の小澤の苦悩と言動を「華北新民会時代の想出」と題して回顧している関係部分を引用する（『父を語る』より）。

「昭和十四年度には、既設の北京首都本部をはじめ、河北、河南、山東、山西指導部で管内の道指導部、占拠地域の県指導部の開設が行われた。新民会運動も、華北の主要鉄道路線の沿線の都市地域に限定される観があった。というのは、日支事変はいたずらに軍事行動に偏向し、敵の術中に陥り、北支、中支、南支と、次第に戦線を拡大した結果、北支の民心安定工作に全力を傾注した新民会の工作も、常に敵の進撃戦術に悩まされた。

小澤は、精魂もつき果てたように、『日支事変は、ゴールのないマラソン競争の悲劇だ。苦しむのは、北支の民衆だ。東京で日本の当局者に反省をもとめ、日支事変の結末をつける他に途はない』と悟り、東京に飛んだ。迷夢からさめきらない軍部の一部では、『小澤は反軍思想者だ。小澤は反戦思想にとりつかれている』との私語さえ洩れはじめた」

舞鶴要塞司令官時代の石原莞爾日記に「小澤君午後四時来リ午後七時五十カヘル」（昭和十四年三月十八日）とある。そういう自分の苦悩を石原に話しにわざわざ舞鶴まで来たのだろうか。矢部の回想を続ける。

「北支方面軍では、北支の軍宣撫班を全員新民会と統合させる話が持ち上がった。統合の根本理念は軍費の削減で、統合によって臨時政府から経費を負担させようという意図であったようだ。

北支方面軍の山下奉文参謀長がその主唱者であった。小澤や私は正面から反対した。その理由は簡単であった。『宣撫班員が身命を賭して、第一線に立って宣撫工作に挺した功績は高く評価するが、新民会は河北人民の自衛、自給、自治の実践組織体である。会務職員としての日本人は最小限度にとどめ、内面指導を任務することは会創立以来の鉄則である。ピストルやサーベルのいかめしい武装で民衆の前に立つものでなく、身に寸鉄を帯びず、民衆の心を心として真に民生の安定、福祉の向上に身命を賭しているはずである。現に、北支の軍事行動は終っていない。宣撫班の任務はまだまだ残されているはずである。統合に同意することは、遺憾ながらできない』と、繆斌指導部長、早川次長、田中監察部次長はもとより、山下奉文参謀長にも率直に意見を申し上げた」

このあたりに関しては、武藤章の回想ではこうなる。

「この案（特務機関の根本的改造）の実行並びに新民会の改造に就ては、非常な反感を呼び起した。山下参謀長及び私に関するデマ放送、東京への誣告等、浪人通有の策謀を逞しうした」

小澤が東京に飛んで武藤を批判したのだろうか。武藤にとって小澤は「支那浪人」の一人に過ぎなかったのだろう。前述した武藤の《安藤紀三郎による徹底的粛清》以降については、矢部の回想はこう続く。

「陸軍中将安藤紀三郎と同少将片桐護郎氏は北支方面軍司令官の指示を受け、新民会の嘱託としての会の機構や宣撫班の統合について検討を重ねていた。統合問題について、軍との折衝は早川三郎氏が主として当っていたが、小澤さん始め私たちの反対意見があまりに強いので、かなり苦悩されたようであった。

外はゴールなきマラソン競争に等しい軍の軍事行動、内は不合理な宣撫班との統合問題で辞任を決意し、小澤開作委員、（中略）次長早川三郎、塩月学委員と私、ならびに私とともに新民会工作に馳せ参じた総務部企画科長秋山豊三郎、厚生部業務科長兼合作科長山崎健太郎の両氏とともに辞表を出し、九月十一日付で、約一年七ヵ月の新民会の会務職員としての任務から解放された」

小澤はかつて自分が中心になって作った協和会からはじき出され、今度もまた新民会から追放された。小澤の日本軍批判は「いたずらに軍事行動に偏向している」ということだが、これではかつて満洲ではやれた「匪民分離戦術」ができないということである。軍事行動の偏重は中国民衆の生活基盤を壊すだけだ。結果的に共産党の「破壊赤化戦術」と「戦争を停止できないようにする」（毛沢東）

持久戦略に振り回されている。しかしそう説いても理解してくれないのである。彼は友枝英一を呼び、「後は頼んだぞ」といった。山崎健太郎は山口重次とは姻戚関係で、小澤とも協和会時代からの同志である。結局北支における協和会を作るつもりがそこまでいかなかったのだ。

その後昭和十五年三月一日、新民会は宣撫班を強引に合体させて再発足した。ちなみに主要幹部を紹介しておけば、会長は王克敏、副会長に王揖唐、安藤紀三郎、繆斌、顧問に片桐護郎（陸士20期）という陣容である。

小澤たちが反対だったように、実は宣撫班でもこの統合には反対であった。方面軍の担当第四課長である有末精三（陸士29期）に顔色を変えて食って掛かり、逆に「内地では食い詰め者だったお前らを拾ってやった恩も忘れたのか。感謝しろ！」と叱られ、軍刀を手に「たたっ斬ってやる！」と息巻く者もいたという。

八木沼丈夫もこの合同には反対であった。有末精三に因果を含められ、新民会の庶務課長、後には中央訓練処長に任命されたが、拒絶した。石原莞爾第十六師団長の満洲建国八周年を記念した講演会「満洲建国と支那事変」（京都堀川高等女学校　昭和十五年三月一日）では、石原の前座で八木沼が話をしている。「中央訓練所長」という肩書きである。しかし彼はこれを実際は受けなかった。石原は八木沼の苦悩をよく理解していたと思う。この会場に渕上辰雄がいた可能性もある。

『華北評論』創刊

昭和十五年三月一日創刊号の『華北評論』は新民会をやめた小澤が発行し始めた日本語言論雑誌で

あった。小澤は編集長兼社主。「華北評論社」の所在地は北京新開路三五、つまり彼の自宅であった。ちなみに小澤は小山貞知の『満洲評論』を姉妹誌と位置づけ、二人はこの二月二十五日に北京で会っている。

創刊号の編集後記に発刊には二つの意図があると書かれている。

「『机上の空論』が空論に終るならば、事大陸に関する限り我々の安堵する処であるが、空論の域を易々と超へて来ることに大きな危険を感ずる、現地認識の度合は東京と北京を問はず、当面の責任者よりも腰を据へて現地の建設に絶へざる努力を払ひつゝある者の方が遥かに深い、野人は云はゞ岡目八目とでも云ふか、容易に二手も三手も先の手を敵と味方の区別もなく見抜いて当事者の打つ手をもどかしがる、然し惜しむらくは此の種の人間は得てして発言の自由を持たない、本誌創刊の所以の第一は成長し得ない正しき輿論の助長鞭撻にある。

日本人と中国人の立場は同じ大陸の上にあっても可なりの距たりがある、故に双方勝手に論じて居ては二本のレールの如く結論に達して尚一致し得ないものがある。要は日本人だの中国人だのと個々に捉はれることなく科学者的な立場に立脚して総ての大陸問題を検討することが必要である、それは現下の最重要問題たる事変処理が中日何れに偏してもいけないからである、斯かる公正なる輿論を指導者に徹底せしめ、而して日本の大陸発展と中国の更正とが併行して行く建設を完遂させねばならない、之敢て本評論を創刊する所以の第二である」

『華北評論』創刊号

そして次のように書く。

「日本人の関心が大陸に注がれるやうになつて以来（中略）中国人の輿論なり声を取り扱つてゐるものは少い、戦勝の日本人に細《こまか》い思ひやりがない故かどうかは知らないが中国人は事変以来多弁家から沈黙家になつたと聞く、それかあらぬか和平の重大問題にしても今の処汪精衛の一人舞台で、中国民衆の之に対する要望なり意見なりに接しない、新政権下に於てすら斯くの如しとすれば況んや重慶陣営から和平の声が起らう筈がないではないか、本評論はこの雰囲気を打破する言論を期待するものである、それは中日合作が彼我の言論一致と感情の融和より出発を信ずるが故である」

書いた人は「匠楽」となっていて、誰かは判らない。別の号には「小山内匠」という人の文章もある。しかし「野人」とは小澤その人に見える。事変のありようが日本軍よりもよく見えている自分らの言論の場を作り、あわせてここに中国人からの忌憚なき声を掲載することで、公正な輿論を形成し、指導者に理解してもらい、日本と中国（重慶を含む）双方の益になるようにやっていこうという小澤の強い意志が現れている。

創刊号には、盟友山口重次の「新東亜の魂」、支那事変が始まった頃に『改造』誌上で座談会に同席した中国文学者の村上知行の「林檎と棗《なつめ》」というエッセイなどが出ている。A５判全三十四頁で、当初はこうした体裁で一日と十五日の月二回発行であった。広告は第九号から始まる。「北支那開発株式会社」「中国聯合準備銀行」などが広告主である。しかしこの一年後からは月刊となっている。頁数は大体変わらない。

第二号には小澤の「新民会の将来性」という四頁の注目すべき論文が掲載されている。執筆は二月二十五日、小山と会った日である。

「汪精衛氏を中心とする中央統一政府の樹立（三月三十日——引用者注）が確定するに当り」新民会はかつての「北支唯一の建国団体として滅共、掃党の大旆の下に民衆獲得の独壇場に在りし時代と異」なった時代にいるという認識が必要だ。今北支には純正国民党、中国青年党という「純中国人」による親日的政党が台頭してきている。新民会は「『日本人が中軸的に多数参加』して居るが故に新民会の興亡盛衰は直に国家的威信の問題として批判の視点が拡大して来ることを免れない」。

この小澤の意見は、本来中国側の組織である新民会に多数の日本人が入ることによって、その組織の意義や目的が曖昧になりかねないという危惧の表明である。「万が一にも会運動が意に委せず、民衆の支持を受くる事少なく、或は内部的障害等により、所謂中途半端な存在に陥つた暁には、同族の運動に魅力が自然移行するのが必然と思はるゝからである」。現在の政治情勢下では「職員諸君が誠心誠意盡《つく》されても中国側からは過小評価さるゝ感情的或は民族的雰囲気が現実の姿であることが否めない」。

「然らば積極的に新民会存立の本旨を全ふし、新中国建設即新政府の一翼として北支に唯一無二の建国団体としての存在を示すには如何なる運動方針を確立すべきか」。

小澤は具体的目標は、「農村経済の復興を目標とする合作社運動の全面的展開」と「青少年訓練に基礎付けられたる地方的自衛団の結成より更に前進して新民自衛軍の編成」であると主張し、これを少なくとも五ヶ年計画の下に実施してみることだという。これがうまくいけば、それは「新支那の実質的建設であり、新民会が求めずして与へらるゝ唯一無二の建国団体たる光輝が中国を光被するであらう」とその理想建設が現実となる可能性を説く。

ただしその前提として、重要なことがあるという。「日系職員の上下を問はず、中国人より人として信頼を受くる徳性の発露が肝要である、中国人の生活は全く人と人との関係が全部だからである、次いで日本人の独善と善意の過失に陥る事を堅く戒める等の」ことが必要であるという。

まさしくここに中国に多年暮らしてきて、彼が肌で学んだ哲学信念のようなものが吐露されているのだろう。それは日本からやってきた急造新民会職員や軍人には全く判らない支那社会の機微に触れたものなのだ。

彼は根本博と親しかった。根本が南京の駐在武官だった昭和二年の南京で、領事館が中国北伐軍の暴兵に襲われ、女性が陵辱され、根本も銃剣で刺されて重傷を負った事件を知らなかったはずはない。支那社会のおぞましさを理解した上で、中国人を軽蔑せず、信頼を受けるよう努力せよと彼はいうのだ。「人と人との関係が全部」という言葉には、法秩序というものに頼れない中国社会において唯一信頼できるものがそれであるからそれを作れということなのである。そして彼は「善意の過失」という言葉を使っている。内田良平、石原莞爾、古海忠之が悔恨をこめていった「善意の悪政」と同じことだろう。日本人が「善意」で行うことが、「独善」になるということなのだ。

いわばこれは三月に再出発する新民会に対する小澤の遺書であったのかもしれない。

この時期、繆斌は南京にいた。まもなく国民政府を樹立する汪兆銘や周仏海と会っていたのである。二月二十二日の周仏海日記に、「繆斌が来て、新民会問題を話し合う」「汪先生に陪席して繆斌を招宴する」といった記述がある。二十五日にも二人は会っている。北支における新民会の改組、新政府樹立がテーマであったのは間違いない。汪兆銘首班の国民政府は三月三十日発足するが、繆斌はこれにも参加しているのである。一応新民会に籍は置いていたが、彼の活動比重は国民政府側に傾き始めていた。

石原莞爾の動向、そして東亜聯盟運動

満洲から勝手に帰国した石原をどうするかは軍部内で大問題となった。石原は病気の治療を理由としていたが、それをそのまま信じる者はいなかった。結局、年末十二月五日に舞鶴要塞司令官という閑職に就いた。関東軍参謀副長を免ぜられたのもこの日である。板垣陸相の強いかばいだてがあったのだろうが、それにしても階級と実績、年齢にふさわしい職とは思えない。盟友の里見岸雄は「一日十分で仕事が終る、私は『用ない司令官』です」とダジャレを聞かされている。しかし閑職であるがゆえに、彼は願ってもない読書と思索に専念する環境を得てもいた。これ以降、日本国内の協和会関連団体、国柱会の青年部会(精華会、まこと会)、軍人諸団体などで精力的に講演、執筆をするようになる。そしてこれらはパンフレットとして頒布、単行本として発刊、総合雑誌に掲載されたりして、石原の完成された思想動向を伺う格好の資料となっている。

昭和十三年十一月三日(明治節)に、近衛内閣のいわゆる「東亜新秩序宣言」に続き、年末の汪兆銘の重慶脱出に伴う「近衛三原則」声明がある。二つの声明の背後に石原は、板垣陸相の強い意向を汲み取って評価している。特に三原則は領土や賠償を求めず、「善隣友好、共同防共、経済提携」を中国に求めるものであり、石原の東亜聯盟の原則、政治の独立、経済、国防の共同と重なるところが多く、この線に沿って進むことが事変終結の鍵となると彼は期待した。

翌昭和十四年八月一日、ほとぼりが冷めたころを見計らうように、石原は陸軍中将に昇進と同時に、第十六師団司令部付となり、八月三十日に師団長となっている。同日付で支那派遣軍総参謀長となる

板垣の置き土産だろう。

この年の十月、月刊誌『東亜聯盟』が創刊される。石原の故郷、山形県出身の政治家で石原を敬愛する木村武雄が会長となった東亜聯盟協会の発足とほぼ同時であり、その機関紙である。石原は顧問という形だが、中心的存在であることは疑いない。木村武雄は当時中野正剛の率いる東方会に所属していた。中野と石原は親しく、ここからも友枝英一が北京の小澤開作宅に行ったいきさつの一端が垣間見える。『東亜聯盟』第二号（十一月号）には、石原の側近、杉浦晴男名で「昭和維新論」が掲載されるが、これは翌年の『華北評論』の第二号、三号に転載されている。石原と小澤の緊密な連携振りが伺える。

東亜聯盟の運動は満洲建国とともに始まるといってよく、それは昭和七年八月発表された「満洲国協和会創立の理念」の第二項「民族協和の根本精神」にほぼその原型が表れている。

「満洲国における生存の為、協和を絶対必要とする東亜諸民族の敵たる支那軍閥は撃滅せられたり。今日以後日本が政治的権力支持の下に満洲国に於て漢民族と争わんとする如きは自ら支那軍閥を模するものにして、断じて東亜の王者として白人との決勝場裡に立ち得る気宇ありと称する能はず。東亜諸民族親善の根本障害を打破せる吾人は豁達なる協和、公正なる競争により人類の理想を先づ満洲国に実現せしめ、以て東亜諸民族親善、万邦協和の第一歩を此処に築くを要す。日本人は裸一貫になりて奮闘すべきものにして、日本国家の政治的擁護により経済的社会的活動をなさんとするは絶対に不可なり」（原文片仮名）

ここには「白人との決勝場裡」という言葉があり、石原の最終戦争論の考えが反映されている。翌年三月、山口が協和会次長になるとすぐに作られた「満洲国協和会会務要綱」の「会の根本精神」に、その石原イズムがそのまま投影された。

「満洲国協和会は王道主義に基く建国精神を汎《あまね》く国民に普及徹底せしめ且つ確固たる信念を持する国民を糾合し民族協和の理想郷の完成を期すると同時に最後の目標は渾沌たる状態にある全支那本土に民族協和の運動を及ぼし進んで之を全東亜に拡め東亜聯盟を結成することに依つて東洋文化の再建と東亜永遠の平和を確保するにあり」（原文片仮名）と、ここで初めて「東亜聯盟」という言葉が使用されることになるのである。

このように、東亜聯盟という概念は石原の最終戦争論と深く連結している。石原の最終戦争論は簡単にいえば、兵器の進歩、戦争の技術と思想が弁証法的に発展してきている今の時代は、アジアブロック、アメリカブロック、ソ連ブロック、欧州ブロックと世界に四つの「国家聯合」体制が形成されつつあるという前提に立つ。石原によれば、一国の領土拡張という方針はもう取れない時代となっているからで、また諸国の最終戦争に対する無意識の予感がブロックを形成させる潜在的力になっているという。これは確かに世界恐慌の結果のアウタルキー（自給経済経済）と共産主義イデオロギーによる地域的まとまりという形で、現実感を持つものとなっていた。

そしてこの四つのブロック間で二、三十年内外に準決勝戦、それからまもなく最終戦争が到来し、その結果として世界が統一されるというのである。日本はこの戦いに勝ちぬかなければいけない。「八紘一宇」の理想を世界に輝かすためである。その勝利の暁には日本の天皇は世界の天皇として仰ぎ奉られ、迎えられることになる。なぜならば、「王道の伝統を神代の古より御任持遊ばされた　天皇は、全人類の為無二の至宝」「天皇の御存在は人類に永遠の平和を与へる為の天地霊妙の作用である」（「新体制と東亜聯盟」昭和十五年十月十七日）からだ。

日本はその準備として東亜聯盟、そこからさらに東亜聯邦を作らねばならない。東亜聯盟が完成したときには、天皇はその盟主となる。科学技術を始めとしてアジアが西洋諸国に劣っている分野は多く、その発達に力を注ぎこまなければならない。しかし日本一国では発展のための天然資源は不足し、それを補うためにはアジアにある資源を開発する必要がある。そうでなければ最終戦争には勝ち残れるはずはないし、その前提として当然あるべき西洋諸国の植民地状態となっているアジアの開放はあり得ない。

アジアで唯一近代国家を確立している日本はその指導者となる資格はあるが、それは周囲から推挙されてこそ意義がある。最終戦争が起る段階では、東亜聯盟ブロックの産業力は決勝戦の相手であろうアメリカをも上回っていなければいけない。そのためには東亜各地での資源の効率のよい開発と、諸民族の協調が必要だ。例えば今のままの北支開発ならば、侵略といわれかねないが、日中が手を取り合って聯盟が成立している段階ならばそうはならない。

明治維新は日本国家の黎明＝民族国家の成立であったが、昭和維新は東亜の黎明でなければいけない。つまり東亜の維新である。東亜の大同、それが東亜聯盟の結成なのだ。東亜聯盟協会はそれを実現するための指導原理を「研究する」団体である。つまりこれは政治団体でなく、文化団体だというのが石原の協会の位置づけである。協会の主張が国策として採用されるに至れば、協会はその役目を終えたとして解消されるのである。

アジアの中心となるのは「東亜の二大民族」日本と中国である。この二国が支那事変を契機として戦争状態にある。このことは悲しむべきことだが、聯盟結成のための致し方なき陣痛だと理解したい。明治維新で西南戦争が起ったように、今支那事変が起っているのだと。しかしこの両民族の相互理解はうまくいっているとは思えない。日本人は中国に対し政治的優越感が過ぎる。しかし漢民族は自尊心、自惚れが強く、日本に対して文化的優越感を持っている。その垣根を取り払うようにする努力が肝要である。

また満洲国の民族協和による発展は、隣の中華民国のよい手本となり、東亜聯盟結成への促進剤となると彼は考えていた。逆にいえば、協和がうまくいっていないから、支那事変は起きたというのも彼の考えである。「根本的なる原因は、三千万在満民族の失望である。若し彼等が真に満洲国に対する共感を持ち続けたならば、何人が煽動しやうとも北支に事変発生の可能性はなかったことを確信する」(「新体制と東亜聯盟」)。この意味で、支那事変は満洲事変の延長であるというのが彼の認識である。

「三千万在満民族の失望」というのはきつい言葉だが、これこそ彼の考える「善意の悪政」なのである。「新体制と東亜聯盟」には、古海忠之や星野直樹らを念頭に入れているのか、「建国後満洲国に乗込んで来た人々は、先進国日本の姿を一日も早く未開地満洲国に実現せんとする熱情に燃え渾身の力を振つたのである。其の誠意には勿論感謝すべきであり満洲国は為に急速に外形的上の発展を遂げた」「外形の発展に逆比例して、民族協和の精神は逐次後退した。基より悪意ではないのであるが、急速に渡来せる日本知識階級が漢民族等の性格、能力を知らず、其の言語を解せぬ為自然彼等を除外して日本人が建設を独占する結果となつた」とある。

彼ら知識階級は「昭和維新せらるべき旧体制であつた」と石原は考える。民族協和、東亜聯盟という新体制を「直感した建国当時の同志即ち在満非知識階級的分子は、其の旧体制的見地よりする社会的地位低き為間もなく或は下積となり或は国外に去つた」。これはまさしく山口重次や小澤開作のことである。

しかし石原は昭和維新、民族協和の大理想がそんなに簡単に実現できるとはむろん思っていない。「日系高級官吏も今や十数年前在満日本人が経験せる処と同一の体験をなしつゝあるのである。真剣に戦ふが宜しい。此の戦ひの結果吾人は必ず十数年前と同一の結論、即ち民族協和に帰着することを確信する」。これはまさしく古海忠之が『満洲建国側面史』で述べていた痛切な反省と響きあうものであろう。重ねていうが、石原と古海は理解し合えるはずだったのである。

『派遣軍将兵に告ぐ』の思想

石原が満洲国の日系高級官吏が東亜聯盟、昭和維新の線に合流してくれる、またそのことが支那事変解決に資すると期待できたのは、彼にとっては好ましい時勢の進展があったからである。石原は「三国同盟は太平洋の波を高くしつゝある、何時如何なることが起きぬとも限らぬ」（「新体制と東亜聯盟」）と、風雲急を告げる日米関係＝太平洋の荒波にひしひしと危機感を持ちながら、あくまでもその点では楽観的であろうとした。

第一次近衛内閣の東亜新秩序、近衛三原則などの声明は、石原の東亜聯盟の原則にかなうものであったし、それを実現しようとする汪兆銘の南京政府成立（昭和十五年三月三十日）、「支那派遣軍総参謀長板垣征四郎」の名前で出された小冊子『派遣軍将兵に告ぐ』（昭和十五年四月二十九日の天長節）の配布が彼の意を強くしていた。

「東亜聯盟」という言葉も出てくる『派遣軍将兵に告ぐ』（全二十九頁）の内容をここで見ておこ

う。内容は二つに大別できる。支那事変が当時の世界情勢にどう位置づけられるのか、戦地にある日本兵（民間人を含む）が中国人に対していかにあるべきか、この二つを派遣軍将兵に懇々と説いたものである。執筆は当時南京にいた辻政信である。

元々両国は二千年来の友好関係があり、今日のことは例外的事象である。事変発生の根本原因は日中両民族の西洋中毒にあり、解決のためには共に東洋人としての自覚を必要とする。西洋中国とは個人主義的欧米の物質文明に幻惑しているからであり、中国はその力を利用して日本の発展を阻止しようとする。日本は日本で日清戦争後、戦勝国として中国に軽侮感を以って臨み、西洋諸国には阿諛追従した。以後日本は日露戦争、満洲事変と目覚ましい発展を遂げ、今度の事変で東亜再建、新秩序建設の旗印を掲げて決起した。

欧米諸国は中国に対して阿片戦争以来侵略的行動をとり、租界を作り、経済的利権を各地に作ったが、中国人の意識覚醒に伴い、その政策を巧みに偽装転換して、その民族運動の矛先を日本に向けるようになった。

一方ソ連は東洋の赤化を謀っており、満洲建国後もその意志は変わらず、中国の民族運動に便乗して共産党の勢力拡張を目指している。そして抗日という共通目的のために国共合作を謀り、今日の事態となっている。両国の抗争は赤化促進の好条件なのだ。

「我が交戦の対象は英、米、仏、ソ連の煽動に踊りつゝある抗日政権及其の軍、匪であつて決して支那の良民ではない」、したがってこれらの政権は何年かかっても徹底的に膺懲しなければならないが、「刀折れ矢尽て我に降り或は其の誤りを覚《さと》つて帰順して来たものは之を寛容すべく、又無辜の良民は心から之を綏撫《すいぶ》し、弱きを扶《たす》け強暴を挫くべき我が伝統の武士道を此の聖戦に於て遺憾なく発揮する事が派遣軍将兵に課せられた大使命である」。

「英、米、仏等の諸国が重慶政権を援助して居る根本目的は前述の外日本の援助による支那の独立開放を怖れて居るからである」「尚彼等の我を危惧する理由として極東よりの閉出し放逐を受けると謂《い》ふ眩影恐怖感を挙げる事が出来る、之は東亜再建と東亜閉鎖との錯覚である、支那の独立完成と日支の善隣友好とは何等第三国の排除を意味するものではない、彼等の正当善意の協力は寧ろ望む所であり、是れ万邦協和の本領なのである」「八紘一宇の理想は万邦協和の建設であり、東洋平和は万邦協和への第一歩である」。

「東亜再建即ち東亜新秩序の為には先づ其の基礎である日満支三国の関係を道義的基礎の上に物心両面に亘り調整結合せねばならぬ」。これに関しては、東亜新秩序、近衛三原則の国策が提唱され、支那事変解決への道筋は作られている。かつて西洋諸国のように、中国を「細分弱化して之を操縦せんとする様な考へを持つ者が絶無ではなかつたが」これは「断じて聖戦の目的ではない。日本が支那の内部に火の如く起りつゝある支那統一の民族的要求実現に如何なる協力をも惜しまざる大決心を固めた時に始めて日支親善の結合は得られるものである」。

これこそ、満洲国から帰国した本庄司令官が拝謁を賜ったときに、日本将兵のことよりも、まず満洲人民の生活を心にかけられた天皇陛下の大御心に沿うものである。

「東洋永久平和の基礎は日満支三国の道義的結合の上に東亜聯盟を結成し、善隣友好の関係を維持し、東亜侵略の暴力に対しては共同防衛に任じ、相倚《よ》り相扶《たす》け互恵の経済を以て有無相通じ、三国国力の充実発展を図る事によつてのみ実現せられ、延《ひ》いては東洋に於ける他の諸民族の自主正常の発展をも助成し、万邦協和の福祉を倶《とも》にするの世界平和に貢献し得るのである」。

そのために派遣軍将兵がなすべきことはなにか？　六つの項目が出されている。「真個の日本人たれ」「皇軍たるの本質に徹し身を以て道義を実践せよ」「敬、信、愛を以て両民族を永久に結合せよ」「英霊を冒涜すべき不良邦人を戒飭遷善《かいちょくせんぜん》せしめよ」「支那人の伝統と習俗を尊重せよ」「正当なる第三国人に対しては寛容であれ」とあって、我が日本人は事変勃発以来の十万の英霊や天皇陛下の大御心にもとるような行為はなかったか、反省すべきであるというのである。

「皇軍の特質は道義の軍として皇道を宣布する事を其の使命とするにある。陛下の軍人、陛下の軍隊は行住坐臥《ぎょうじゅうざが》唯々大御心を奉戴し身を以て実践しなければならぬ。聖戦遂行の第一線に立てる派遣軍将兵が其の行状に於て天地に愧《は》ずる様な事があつては大御心を冒涜し奉り、支那人に反つて永久の恨みを残す事となる。人心を逸して聖戦の意義はない。掠奪暴行したり、支那人から理由なき餞別饗宴を受けたり、洋車に乗つて金を払はなかつたり、或は討伐に藉口《しゃこう》して敵性なき民家を焚き、又は良民を殺傷し、財物を掠める様な事があつては如何に宣伝宣撫するとも支那人の信頼を受くるどころか其の恨みを買ふのみである。従つて仮令抜群の武功を樹てゝも聖戦たるの戦果を全うする事は出来ない」などと、以下懇切丁寧に日本軍将兵としてのあるべき態度を説いている。

具体的な例を挙げているところは、そういう事例が実際にあったことを念頭に入れているのだろう。周仏海の日記（昭和十五年四月十一日）には、南京政府委員の話として、「日本の中下層軍人は未だに理解を欠いており、特に華北ではひどい」という記述がある。渕上辰雄の宣撫官日記にも兵士の強盗や強姦事件が書かれていた。しかし日記ではあれだけである。渕上が説教した兵隊は泣いていた。おそらく「天皇陛下に顔向けできるか」というような叱責をしたのだろう。

しかしあればあったで、それは特徴のある事件として逆に印象に残る。また皇軍の悪徳事例として中国側に大いに宣伝利用される。悪いことはしないというのが皇軍である以上、絶対に容認できないのだ。愛情を以って中国人と接し、身を慎めというのが『派遣軍将兵に告ぐ』の骨子なのだ。

小澤開作の『華北評論』創刊号に、「何」名の「新秩序建設の基礎　中国知識人は斯く云ふ」というエッセイが出ている。一部を引用する。

「個人と個人の間ならば、自分一人だけ慎めば、先づ相手の感情を害する事はなからう。併して国民と国民の間に於ては、多くの国民が好い事をしても、少数の人が悪い事をすれば、その善は悪に依て解消されてしまふであらう。中国に在住する日本人は即ち日本国民の代表である。その中の一人でも悪い事をする人があれば、中国人は日本人をば、皆悪い人であるかの如く、誤解しやすい」との趣旨の日本人への忠告である。

確かに支那事変勃発当初は、居留民は皆生命の不安におびえていた。しかし日本軍による秩序維持がなった今は、逆に日本人の放埓な行動が日本人によってでも眉をひそめられる事態となっていた。小澤さくらは人力車の代金を払わず、追いすがる車夫の車を蹴倒した心ない日本人を目撃している。

『満洲日日新聞』（昭和十三年六月二十二日夕刊）には、「支那の風習尊重　無作法は慎め　厄介な出稼ぎ気質の邦人　総領事館が心得書」という記事が出ていて、服装や公共心得、人力車に二人乗りしないなど具体的な例を挙げ、領事館が居留民に注意を促している。「風紀に関すること」「都市の美観保持」「支那民衆に対する態度」「衛生に関して」という大きな項目があり、「放縦を慎み」という言葉が何度も使われ、具体的に「放歌乱舞を慎み、殊に乱酔酩酊して外出又は街路を徘徊せざること」とあるが、渕上辰雄は太原でこんな光景を見たのだろう。

心得書の「支那民衆に対する態度」の項を全文引用する。

「誤れる優越感の是正＝我が国は地方政権に転落せる蒋介石政権の党軍を敵として戦ひを交へ居るも新政府治下に在る友邦官民とは日満支提携共存共栄東洋永遠の平和確立の大理想の下に一致協力しつゝあり、同文同種の東洋民族として和衷協調の緊要は理の当然にして苟も誤れる優越感を以て友邦民衆に対し越軌過酷の処遇あるべからず」

これはややもすれば、〈チャンコロ〉などといって馬鹿にしかねない一部の日本人に対する戒めであった。しかしこの通達にしても、『派遣軍将兵に告ぐ』にしても、大事なことは日本人が日本人を戒めていることだ。つまり好もしからざる日本人は日本人が許さなかったのだ。またこれは明治以来の日本の理想とする大アジア主義の主張によるもので、石原、板垣、辻、小澤開作らはそうした流れにいた人物である。こうした毅然たる規範は後述するように、終戦まで心ある日本人の決して消えない倫理としてあったのだ。

汪兆銘の決意と中国東亜聯盟の発足

昭和十五年三月三十日、汪兆銘による南京政府が成立したが、こうした汪兆銘の行動は石原莞爾の東亜聯盟運動に深く連動したものだったのである。板垣支那派遣軍総参謀長も強い影響力を発揮していただろう。

小澤開作はこの年三月から『華北評論』という言論の場を作り、そこを根城に日中間の様々な懸案の解決に当ろうとした。「昭和維新論」を掲載したことでも判るように、これは中国での東亜聯盟運動を大きく巻き起こそうという動きの一環であった。それに連動して、五月には、繆斌によって中国語の『東亜聯盟』が創刊されている。

『華北評論』（十月一日号）の巻頭主張「東亜聯盟の結成」四頁は小澤の力作である。ここには「東西に戦ふ死闘を他目にソ連及米国の二大ブロック勢力は、次の選手権獲得の準備態勢整備に充分の余裕を示しつゝある」などと、石原の最終戦争論の影響が濃厚である。

「東亜聯盟の結成こそは明日に迫る、東亜の危機を救ひ、東亜の解放と発展を期し、東亜民族不滅の生成を保持し進んでは世界文化大成への唯一の途である」と小澤は言揚げし、それを東亜において実証するのが満洲事変であり、その結果としての満洲国建設が「若干の歪曲を見」たために、支那事変を惹起した。これは「東亜大同達成途上の恐るべき棘の道である」。この上は「大和民族に課せられた使命は」「東亜聯盟結成を一環せる信念としての事変完遂に外ならぬ」と自分の現状認識を述べる。

そして日常中国人と接している彼は、「乍然《しかしながら》、事変の現実の事態は余りにも混迷の中に在り、最善を傾け尽してもその解決は相当長期に亘るを免れ難く、東亜聯盟成るの日も亦遠い、而も事変渦中に在る日支両民族の東亜聯盟的理解に至つては遥かなる距たりがある」と厳しい現実を理解している。

「日本人の総てが聖戦の意義を体し、東亜聯盟精神に徹してこそ、東亜民族自他一体の温情も湧き民心の把握収攬と云ふ言葉も内容を持ち、執拗な感情的反感に生くる中国人も、東亜的日本人の風格が反映感染し相互理解への燭光が見出されるであらう」。

日本の執るべき道は、東亜聯盟結成精神の確立と倫理化、高度国防国家の完成である。このことによって、事変解決の資格者となれるというのが彼の主張であった。

この年の十一月三十日には、「日満支共同宣言」が発表されている。南京に集合した日本（阿部信行）、中華民国（汪兆銘）、満洲国（臧式毅）三国代表による「東亜に於ける恒久的平和の枢軸を形成し之を核心として世界全般の平和に貢献せんことを希望し」、善隣友好、共同防共、経済提携の樹立を目的として宣言せられたものである。ここに掲げられた目的は石原の意図する東亜聯盟の趣旨に沿うものであり、形としてはここに東亜聯盟が成立したのである。要はここに蒋介石の重慶政権が合流すれば、問題は解決するはずである。汪兆銘はこれを「全面和平」と呼んだ。さらにいうならば、石原理論においては東亜聯盟が東亜聯邦となる未来の想定がある以上、そうなれば蒋介石が満洲国の解体を望むことも充分可能なのである。

この宣言とほぼ同時に中国東亜聯盟が発足する。九月には広東で「中華東亜聯盟協会」が成立、十一月二十四日には南京で、「東亜聯盟中国同志会」が国民党六百余名を結集して発会式を挙行した。これに繆斌が関わっていることはもちろんである。十一月三十日の「日満支共同宣言」式典にも参加している可能性がある。その翌日には、周仏海と会って東亜聯盟問題を話し合っているからである。『華北評論』(昭和十五年十一月十五日号)の「大陸の人物評論」というコラムで、この時期の繆斌の動向が紹介されている。

「此の聯盟論を理論より実践に移すべく乗り出した中国東亜聯盟運動のピカ一に新民会副会長繆斌がある。見方に依れば彼は現に北支民衆工作の総本山、新民会の副会長であるから殊更に好んで中国東亜聯盟を組織し月刊東亜聯盟を発刊し、聯盟の同志獲得に身を投ずるまでもなく、会工作に専念しつゝ実質的に聯盟の骨子とする日満支、就中北支としての一単位を充実し、以て東亜聯盟達成に前進し得るのではないかと云へるのである」。しかし、その新民会での彼の手足と頼む中国人が一人去り二人去りしている情況で、必要と思われてはいるが、「居て用なきが如く」に見えているという。

記事によればこの当時、「中央政治委員会委員」「憲政実施委員会委員」「華北政務委員会委員」という肩書きがあった。新民会に所属しながら、北支の行政の一端に携わり、東亜聯盟運動に奔走する忙しそうな繆斌の姿がほの見える。しかしその軸足は『華文東亜聯盟』の急速な販売増ともあいまって、新民会から東亜聯盟を旗印とする汪兆銘政権に徐々に移っていた。十一月二十六日の周仏海日記には、「繆斌が北平より来て、東亜聯盟運動及び北方情勢について話す」とある。この後繆斌は江蘇省の泰州に赴き、当地にいた国民党軍の指揮官である李長江に会いに行き、投降を勧めている。翌年二月、李は一万の兵を率いて汪兆銘側に帰順した。おそらく後述するところの皖南《かんなん》事件に触発されたのではないかと思われる。この一月に繆斌は国民政府立法院副院長に就任する。

汪兆銘はこうした東亜聯盟運動の急速な展開、つまり中国知識層、青年層への普及に応じるように、昭和十五年十一月二十四日、南京における東亜聯盟中国同志会の発会式で「大亜洲主義と東亜聯盟運動」という訓示を述べている。彼はここで初めて公然と東亜聯盟を提唱した。

「東亜聯盟の組織は東亜各民族国家をして各々その自由独立の立場に基き、共存共栄の目的に向って共に努力せしむるにあって、その条件を政治独

中華日報

東亞聯盟會昨成立

汪主席特親撰訓詞

今後共同努力：政治獨立・經濟合作・軍事同盟・文化溝通

實行國父大亞洲主義

『中華日報』の記事
(1940年11月25日)

立、経済合作、軍事同盟、文化溝通に置いている」と訓辞は始まる。そしてこれは国父孫文の大亜洲主義（大アジア主義）の考えと同じであり、「中国の完全なる自由平等は必ず東亜の解放を待って始めて獲得し得るものである」「大亜洲主義を東亜聯盟の根本原理となし、東亜聯盟を大亜洲主義の具体実現とし、以て東亜諸民族国家が共に利し互いに愛し合いつつこの大事業を完成されんことを特に東亜聯盟中国同志会の諸君に望むしだいである」と彼は結ぶ。

石原莞爾の講演「東亜聯盟と興亜運動」（昭和十六年五月三十一日）によれば、汪兆銘は東京の東亜聯盟協会本部に色々の手紙を送ってきていた。両者の連携が成ったのである。ここには前述した山田純三郎の斡旋も関係している。汪がこうした聯盟思想に共鳴するようになったのは、支那事変の後のことである。「中日関係に関する私の根本理念と前進目標」（別名「重慶脱出の真相」昭和十四年七月九日）という上海でのラジオ放送を要約して見てみよう。

日中両国が戦うことは共に傷つき、破滅に向うもととなる。事変発生後、何とかこれを阻止できないかと考え、遂に近衛声明、三原則に賛同して自分は重慶を脱出したのである。「日本に対しては仇を解くべく仇を結ぶべからずとの考えを有している」。両国間の過去の紛糾は清算することができる、現在の戦禍は償うこともできる、「将来の共同生存と共同開発の大道に向って一歩を踏み出すことができるのである」。しからばなぜ我々は和議を拒絶し、継続抗戦を高調するのか。

「我々は知らねばならぬ。抗戦以来、軍隊も人民も充分民族意識の摩滅すべからざるを表明したことを。しかしながら同時に我々はまた知らねばならぬ。この民族意識が今や全く共産党の利用するところとなっていることを。民族意識を利用し、民族意識の擁護の下に、民族意識を滅ぼし国家を滅ぼす工作は共産党にあっては当然のことである。何となれば、彼らは根本においていわゆる国家あるを知らず、ただコミンテルンの命令を受けて中国を犠牲とするを知るのみであるから、犠牲の地方いよいよ多ければいよいよ好し、犠牲の人数いよいよ多ければいよいよ好し、犠牲の時間いよいよ多ければいよいよ好し、かくして中国は一物も余さず犠牲となり、日本もまた相応の損失を受けることを免れないであろう。これコミンテルンより観れば、真に一挙両得というべく、いわんや願ってもなき蒋介石を捉えて看板となし、民国十六年以来の剿共の恨みを心ゆくまで晴らすことができるにおいてをや。しかも充分恨みを晴らした後は彼らは当然コミンテルンの故郷に立ち帰りなんら心を残すことはないだろう」

かつてその内部にもいたことのある汪兆銘はこのように、共産党の戦略を知悉していたのである。まさにこの戦略は山口重次や小澤開作が体験した「破壊赤化戦術」なのである。しかも汪は両国がいつまでも和解しないことは共産党にいたずらに漁夫の利を占めさせることになると警告している。この持久戦略を危惧するにおいて、彼は石原らと思想を共有していた。

汪兆銘は放送を以下のように結ぶ。「敵を転じて友となすことに努力し、第一歩は日中の和平を回復し、第二歩は東亜の和平を確立することにある」「これが「中国を復興せしめ東亜を復興せしむる道である」。自分はこの道を進むことを決心している。「同志と団結し且つ全国の各党派および無党無派の有志と団結し、共にこの道を歩まんとしているのである」。

石原莞爾、汪兆銘の両雄は生涯一度も相見えることはなかった。ただ石原の使者というべき人々は多く彼と会見している。

昭和十六年初頭、木村武雄を実質的団長とする「東亜聯盟促進議員聯盟中華民国視察団」二十名が上海や南京を訪問し、汪兆銘や周仏海と会見している。もっとも東亜聯盟を政治団体にしようとしなかった石原は、この訪中に賛成でなかった。石原の危惧は当った。帰国後、議員たちは憲兵による調査、取調べでひどい目に遭い、「聯盟促進」に尻込みする者も出るのである。

その他に児玉誉士夫もいる。彼は満洲事変当時も満洲にいたが、笠木良明系の彼は石原と会うことはなかった。彼を石原に紹介したのは終生仲の好かった片岡駿である。初会見は石原の日記によると、昭和十四年七月十一日、舞鶴の石原宅である。当時児玉は参謀本部の要請で、ハノイ脱出後の汪兆銘の保護のために上海や香港に飛んだりしていた。彼の当時の考えを示す手紙がある。

「日本人を見る支那人の、此の恨に燃える眼の色がさうで無くなつた時こそ、東亜新秩序が成るの日と思はれます。実践の伴はぬ百千の法案を立てるより、先づ民心を得ることこそ刻下の急務と思はれます。然しさうした点に就き、何等の動きの無き事は無方針なるが故と思はれます。これと申しますのも、国内に本が立たぬからです。日本国内に先づ本が立ち大精神が興り、第三国に対しても、支那に対しても、確乎たる大方針が決定すれば、現地も出先もそれに応じてびしびし統一されて行くのです」（昭和十四年十一月）

石原莞の可能性もあるが、笠木良明かもしれない。しかしこれは石原の事変解決策と非常に近いことが伺えよう。翌十五年五月二十六日には、支那派遣軍総司令部付であった辻政信との交流を、六月十五日には北京で田村真作と会ったことを日記に書いている（以上『獄中獄外』より）。いずれも石原の紹介によるもののようだが、田村真作は朝日新聞記者時代の昭和十二年に西郷鋼作名で『石原莞爾』という本を石原に内緒で書いて叱られた人物である。この時期記者を辞め、北京に来て東亜聯盟運動を展開しようとしていた。児玉の記述を引用する。「北支那東亜聯盟の中心田村君と会談し大いに教へられる所有り、夜は同君の紹介で新民会の副会長をして居る人と夜半三時頃迄語り合ふ。田村君は支那名を田鋼と謂ひ、仲々の熱血児で真心の有る人物である」。

副会長というのは繆斌だろう。このように軍の特命を帯びて活動し、石原派とも親しくしていた児玉は、大東亜戦争勃発後は海軍や外務省の嘱託、汪兆銘国民政府の軍事顧問部嘱託として、軍需物資の調達をするいわゆる「児玉機関」の中心として、終戦まで中国で活躍することになる。

なお田村は、重慶脱出後の汪兆銘の政治的声明や思想信条の表明などをまとめて『全面和平への路』と題して編集し、昭和十六年六月に改造社から出版している。ここに引用した汪の文章もそこからのものである。

百団大戦と皖南事件

小澤と別れて新民会に残った友枝英一は山西省における不穏な前兆を感じ取っていた。それはもちろん彼と親しい中国人からもたらされた情報である。八路軍が日本軍支配地区に対して大規模な攻撃を仕掛けようとしているという。彼はこの情報を信じ、それを北支那方面軍に通報した。しかし方面軍はこれを信じなかった。それどころか、根拠なきデマを振りまく人物として密かに憲兵の監視下に置かれた。

しかしそれは事実だった。昭和十五年八月二十日、正太線（太原—石家荘）、同蒲線（大同—風陵渡）などを始めとする幹線鉄道や炭鉱が、共産軍によって突然一斉に攻撃されたのである。鉄道は破壊、切断、放火され、正太線沿線の日本軍分隊は全滅、旅団司令部のある陽泉市内では市街戦も展開された。井陘炭鉱は完全に破壊された。

監視を命じていた方面軍参謀有末精三は友枝を呼び、謝罪した。友枝は怒った。監視されていることも理由だが、受けた被害はもちろん、情報を取ろうとしない、また信じない方面軍が情けなかったのだ。

日本軍はもちろん反撃を開始する。九月初めから行われた八路軍に対する攻撃は、その年末まで波状的に続いて収束した。八路のこの攻撃は彼らとしてみれば本格的な正規軍攻撃であり、そのために反撃してくる日本軍による被害も大きかった。客観的に見れば、「百団大戦」という大袈裟な共産党側のネーミングとは裏腹のゲリラ攻撃に毛が生えた程度の攻撃でしかなく、日本軍が友枝の情報と意見を入れておけば、待ち伏せも可能な何ということのない未遂事件として片付けられたものであったろう。結局そのように、正規軍戦闘の経験のない八路軍は例によって山岳地帯に逃げ込んで、もとの遊撃戦闘スタイルに戻るわけである。

しかしこの八路軍の計画的行動と日本軍支配地区への巧妙な浸透は、日本軍の認識を改めさせた。情報面においても共産党対策が推し進められ、一時的には治安の劇的な回復がなされることになる。

結果的にはこの作戦は共産党側の敗北に終わったといえる。指導者だった彭徳懐の後年の文革における悲劇もここに胚胎していたほどに危機的な情況をもたらした。しかしそれ以上に共産党に深刻な打撃をもたらしたのが、彼らのいう「皖南惨案」＝皖南事件である。

昭和十六年一月十二日、安徽省南部の皖南に駐屯していた葉挺と項英が率いる共産党軍＝新四軍に対して、国民党軍の精鋭が攻撃を仕掛けてきたのである。中心となったのは顧祝同であるが、何応欽や湯恩伯も関係しているようである。葉挺は捕われ、項英は負傷後死亡、新四軍は数千名の死傷者を出した。

新四軍というのは、国民党と戦った共産党が敗北し、結果としての「長征」という逃避行を決行したときに、そのまま江西省や湖南省に居残った共産党軍を母体にしたもので、国共合作後この名前に変えられたものである。

蒋介石は中共軍との衝突を避けよという命令を遵守した江蘇省主席の韓徳勤が日本軍と戦っている隙に、新四軍が省の重要地点を攻撃占領したために、彼らに揚子江南から黄河のある地方への移駐を命じたが、それに従わなかったということが攻撃の理由だといっている（『中国のなかのソ連』）。曖昧な部分もある。日本留学組である何応欽や湯恩伯は親日派に属するといっていいわけで、そこに日本との連携があるのではないかという疑いも持たれたのだ。事件が報じられると、南京では慶祝大会を開き、汪兆銘も「蒋介石はよくやった」という演説をした。日本の松岡外相も「汪と蒋の合流を期待する」旨の答弁を議会でしている。繆斌も何応欽をよく知っていた。

危機感を持ったのは共産党だけではない。共産党と連携して抗日運動に携わっていた宋慶齢は、他の三名と連名で蒋介石に「抗日戦を中断させるようなことは止めて欲しい」という長文の手紙を出している。

この皖南事件の前兆は既にあった。昭和十四年暮れの閻錫山による山西省内部の共産派攻撃である「晋西事件」や翌年の石友三による八路軍攻撃（同じ山西省）などがある。これは日本軍に攻撃され、陝西省に逃げ込んだ閻錫山の勢力の間隙をぬって共産党が勢力を伸ばしたことに閻が危機感を持ったものである。かつ日本軍が攻勢を緩め、重慶に南京政府樹立などの政治的攻勢をかけ始めたときとも一致する。これには重慶内部でもかなりの動揺が走ったようである。日本軍の閻錫山工作もこれから始まる。

石原莞爾の東亜聯盟運動もその意味で現実性を帯び始めていたのである。皖南事件の衝撃が覚めやらぬ二月一日、南京において「東亜聯盟中国総会」が結成され、会長となった汪兆銘が「東亜聯盟運動の意義精神及び始末について」と題する講演を行なっている。

しかし蒋介石も当然許したこの新四軍攻撃は援助する側の英米や重慶内部の抗日派の反対も大きく、三月一日に国民参政会で蒋は共産党攻撃は止めるという宣言を出して決着した。くしくもこの日は石原莞爾が現役を退かなければならない日だった。

東亜聯盟への弾圧、石原の退役

第十六師団長に石原は強い意欲を持って赴任した。当時の部下だった奥田鑛一郎（陸士53期）の『師団長　石原莞爾』から二つ、それを示すエピソードを紹介しておく。

一つは「浸透戦法」である。仮想敵国であるソ連の強力なトーチカ群を配備した縦深陣地を戦車や航空機の支援を伴えない日本の現状で、いかに突破するかを研究し考案したもので、「水が大地を浸透してゆくように、陣地の死角や間隙を利用して、弱点から弱点へ突破していく戦法で」「分隊を三人一組の小チームに細分し、より横広縦深に散開し」「匍匐《ほふく》前進によって」「浸透を続けるのだ」「しかも敵拠点の正面をよけて、側背に回り込み、不意急襲的に突入する」「この画期的な石原式戦法は、旧来の戦術思想の転換を促し、新しい時代の戦術戦略として、全陸軍の中に滔滔と流れ込んでいったのである」。

二つ目は紀元二六〇〇年を意識し、神武東征の故事にちなんだ「壮大な山岳機動演習であった」。

「まず陸軍の新編成を先取りした三単位編成の師団主力を、伊勢平野に集結させる。師団長は兵力を掌握したのち、師団を三主力縦隊に分けて、標高千メートルを越し、峻険そのものの大山岳地帯の突破機動を行う。そして、体制を整えたのち、奈良盆地を頑強に防衛する敵を攻撃して、大和地方一帯を占領するための作戦を展開せんとする」「建軍以来の一大壮挙である」。

奥田は新品少尉であったが、筆致からして彼のわくわくする興奮が伺われる。石原の独創的なアイデアマンの側面も見えるが、そうした師団内の士気が上がるのを待って、彼は予定されていた北満移駐を楽しみにしていたのである。しかしかの地では米には不自由する。部下だった犬飼總一郎（陸士48期）は荒塩を付けただけのふかしたジャガイモを食べさせられ、その格別の味を忘れなかった。石原日記（昭和十五年八月十二日）に「じゃがいも試食」とあるが、食べ物にも石原は研究を怠らなかった。

しかしその石原の東條英機や古海忠之に見せたような、衣着せぬ物言いがまた自ずから敵を招き寄せることにもなった。関東軍参謀副長勤務を放り出して帰国するような行為が問題とならぬはずがない。次官の東條は辞表を懐にして軍規粛正を迫った。石原の舞鶴要塞司令官勤務が決まると、同時に東條は航空総監に飛ばされる。次官就任わずか半年である。板垣陸相の苦肉の策だろうか。

またそういう石原を問題視して内偵していた人物が、東條配下の憲兵隊本部特高課長の大谷敬二郎である。彼は石原の側近である宮崎正義や浅原健三の経歴に濃厚な左翼性を感知し、石原の舞鶴赴任の前日、浅原を検挙した。そして彼を取り調べて判ったことは、政権獲得五ヶ年計画というものである。最終的に板垣内閣を作り上げるのだが、一年一内閣でいい、革新に革新を重ねていき、板垣内閣を作り上げるときには、満洲国の協和会のような団体によって国家が動かされる一党一国政治体制を実現させるという構想を大谷は浅原から聞き出したのだ。この革新というのは、最終戦争を戦える準備段階として国家の総力をあげて生産拡充をしていこうという石原構想である。

大谷はこれを「石原の思想的不逞」といい、「板垣内閣の手によって、完全なる党国政治を作り上げ、この党の独裁によるファッショ政治によって、天下を完全に掌握するという段取りである」「それはもう改革ではなくて革命である」と批判する（『にくまれ憲兵』）。「国体の変革」ではないかというのである。

大谷は石原の捜査にも当ろうとした。しかし結果的に板垣陸相の下では難しく、浅原の国外追放ということでこの事件は落着した。しかしこの計画に石原が関わり、了承を与えていたという報告は軍上層まで届いている。満洲建国の功労者であっても、その行動や思想の〈異様さ〉に眉をひそめる者もいただろう。ちなみに石原の盟友である里見岸雄さえ、「一党一国論」には批判的であった。しかし板垣内閣構想には支那事変解決も念頭に入っている。

東亜聯盟構想自体も批判された。昭和十六年一月十四日の閣議決定である。「大東亜新秩序建設を目標とする諸団体の行動は昭和十五年十一月三十日日満華共同宣言にて闡明《せんめい》せる旨に依るべきものである。肇《ちょうこく》国の精神に反し皇国の主権を晦冥《かいめい》ならしむる恐れある如き国家聯合理論等は許さない。帝国内における大東亜新秩序建設に関する思想運動は大政翼賛会をしてこれに当らしめる」。

一月十五日朝日新聞朝刊に、「東亜聯盟解消せん」という見出しが出ているように、これは石原莞爾とその一派を射程に入れたものだった。石原の東亜聯盟思想が「皇国の主権を晦冥ならしむる恐れ」があるというのは、天皇と日本国を分離する考えであるということに帰する。先に述べたように、石原の考えでは天皇は東亜聯盟の盟主となる。日本国が盟主となるのではない。石原にとっては「国家聯合」の時代となっている世界史の現状から見てこれは当然の認識であった。「天皇が日本政府の輔弼に依つて聯盟を統制せらるゝに非ずして、　天皇の御許に差遣する各国家の代表者に依つて聯盟事務局が構成せられ、　天皇御親裁の下に聯盟の指導に当らせらるゝこととなる」（「新体制と東亜聯盟」）。

しかしこれが日本の「君民一体」の国体の本義に反するという伝統的国体論者からの批判が来ていたのである。ましてこれが閣議にまで上がるというのは、それだけ批判が強かったということだろう。「諸団体」といいながら、批判は石原に集中していた。東亜聯盟協会は解散の危機に直面したのである。しかしこれは石原に理解の深かった阿南惟幾（陸士18期）陸軍次官の手で抑えられ、すぐに解散させられることにはならなかった。これは他の興亜諸団体も同じことで、うやむやなままに昭和十七年九月、結局この統合推進官庁である興亜院が大東亜省の設置に伴って廃止されたために、東亜聯盟協会は東亜聯盟同志会として存続することができるようになった。石原は協会を文化団体として位置づけたが、それはこうした圧力の存在を知悉していたからだろう。

しかし最大の石原への圧力は、昭和十六年三月の退役である。これはやはり前年陸相となって中央に復帰した東條の意向が強かったと見るほかはない。予備役に編入された石原は、彼を買ってくれている立命館大学総長の中川小十郎の招きで、大学に作られた国防学研究所の所長として迎えられた。くしくも同僚には里見岸雄がいた。しかしこれにも圧力がかかり、中川や大学に迷惑をかけることを好まぬ石原は九月、故郷山形の鶴岡に帰郷するのである。彼のこれからの人生はここを中心に営まれることになる。

第五章　昏迷と奈落
――大東亜戦争期

大東亜戦争勃発

退役後の石原ができることは差当たり、東亜聯盟運動の構築であり、全国各地に出かけることであった。またそれを願い、慕う人々も多かったのだ。

十二月八日の開戦を石原は四国の高松で知った。出迎えに来ていた四国東亜聯盟の幹部であった医師、鶴野公弌の目撃談を紹介する。宇高連絡船から降りた石原を報道陣が取り巻いた。開戦の感想を聞かれた石原は、「日本海軍の壮挙だ、よくやった」とその奇襲攻撃の成功を褒め称えた。しかしその後は何を聞かれても押し黙ったままだった。

彼の脳裏には、始まってしまったこの戦争をどう収めるべきかという想念が嵐のように渦巻いていたに相違ない。事態は最悪の二正面作戦なのだ。犬飼總一郎は石原師団長から日米戦争の危機について話を聞いていた。「アメリカと戦争してもいいが、支那事変を解決してからだ」と。

開戦後間もなく、石原に東京郊外、武蔵野町の自宅を訪ねられた里見岸雄は戦争の見通しを聞き、「負けますな」「鉄砲玉がありません」と一言で答えられている。破竹の勢いの戦勝続きに感心していた里見は愕然としてしまった。例の毒舌かとも思ったが、石原の眼差しは憂いを含んでいたという。石原がいうに、アメリカは一万円で一万円の戦争をするが、日本は百円しか持っていないのに一万円の戦争をするからだというのである。国力、生産力を背景にした戦争であることを認識し、日米のそのスケールの違いにどこまでも冷静な石原であった。

里見はその後、また石原から話を聞いている。フィリピン作戦終了の頃だという。

「何千という小さな島にあっちに一箇小隊、こっちに一箇小隊などと陸軍の兵隊を上陸させて守らせてゐるんですから話になりません。陸軍の兵隊といふものは足で歩くんですから、大陸に置いとけば、何百里でも歩いて移動できるのです。それをこんなことをして兵力を細分するのは、日本の軍艦は一隻も沈まないといふことを前提としなければできるものではござゐません。私がフィリッピン派遣軍の司令官だったら、こんな作戦はやりません」(以上『闘魂風雪七十年』より)

この時期の石原日記は不明で、里見の昭和十七年の日記には空白が多いのだが、九月二十四日に石原と東京赤坂の東亜聯盟本部で会合した旨が記されている。同席者は和田勁、木村武雄、杉浦晴男である。

犬飼の聞いた「支那事変の解決」とは汪兆銘のいう「全面和平」であり、蒋介石のいる重慶との和平であるが、その日米開戦までの経緯はどうであったか。それを見ておこう。簡単にいえば、重慶との和平がなれば日米戦争の火種は消えることになるではないか。

南京陥落後の昭和十三年一月十六日、いわゆる第一次近衛声明は蒋介石の「国民政府を相手にせず」で有名だが、中国の領土や主権、各列国の在中権益を尊重する方針は堅持していた。石原派である当時の多田駿参謀本部次長の意向にも明らかなように、国力を勘案しての早期和平を求めようという空気は強く、強硬派も確かにいたが、彼らも戦いが長引き、戦線が膠着してくると和平を求める空気は強くなるのである。

汪兆銘は日本の撤兵を望んでいた。しかし政権が成立する直前になると、「帝国主義的要求と言う外ない代ろ物」（今井武夫）である日本軍中央からの要求が近衛三原則にそぐわないとして汪を苦悩させることになる。元々彼は日本軍占領地内に政府を作るつもりはなかったのだ。汪の意向で軍中央の意向を知ろうと、派遣軍政務担当の今井武夫が東京に飛んで聞いた理由は、「戦時特例、臨時的必要」（『支那事変の回想』）というものであった。

汪にしても、自前の軍隊がいるわけではない。自政府の保護に当れるのは実質日本軍しかなかった。重慶から脱出後、彼の側近の曾仲鳴は国民党の特務に暗殺されている。しかしそういう政府は「傀儡」としか呼ばれないであろう。中国の民心をどれだけ繋ぎとめられるのか？

ただ周仏海が日記（昭和十五年五月二十五日）に記していることには意味深なものがある。事変の五段階の結末を予想している。最善は蒋と汪による全面和平であるが、最悪の予想は日本軍が支えきれず、自ら撤兵、表面的には重慶の勝利だが、実際には共産党が勢力を得、ロシアがそれに変わる形だというのである。恐ろしいことにこれが現実の結果となったわけだが、日本の力が衰えれば、共産党が権力を握るというのは周仏海の皮膚感覚であったのだろうか。南京政府の両輪が実は日本軍の協力を得てこそ、現状を維持し、よりよい状態への変化を望むしかなかったのである。

重慶の蒋介石に問題はなかったのだろうか。

近衛の「東亜新秩序」声明に対し、蒋介石は「中国の奴隷化であり、赤禍に反対する言葉は日本の軍国主義を覆い隠す手段に過ぎない」と反論する。そして、汪兆銘が和平を話し合うために、昭和十四年五月三十一日に周仏海や梅思平らと来日すると、六月八日に、汪兆銘らの逮捕と懲罰命令を出している。

昭和十五年三月の国民政府樹立では汪兆銘は代理主席であり、蒋介石に遠慮して主席に就かなかった。就任するのは十一月三十日である。一方、蒋介石は四月十二、十三の両日、重慶で米英仏の大使と対日和平問題で懇談した。借款や物資補給でかろうじて息をついていたにもかかわらず、彼は日本が撤兵しなければ和平には応じないし、米英の援助がなくとも単独で戦うと宣言していた。

真珠湾開戦のちょうど一年前の十二月八日、重慶に潜入していた周仏海の部下の陳警洲は南京に帰着した。彼は周仏海に報告する。蒋介石の側近中の側近である戴笠の言葉として「蒋介石は決して汪兆銘と周仏海を許さない意向だ」という。

昭和十六年五月七日、汪兆銘や周仏海の意向を受け、重慶に行った北京燕京大学学長のスチュワートは戻ってきて周に話している。「和平をするつもりはない。世界戦争の結果を待って中日関係を解決するつもりだ」と蒋介石はいったという。

面子や宣伝もあろうが、強烈な抗日意識というべきである。重慶脱出前の汪兆銘はこの頑強な抗日意識に関して蒋介石と激論したという。脱出後、上海に来た彼は今井武夫（当時参謀本部支那課長）

らと会い、「西安事件後の蒋介石には副総裁の自分にも見せない秘密文書があった」といい、共産党に抗日開戦の言質を取られ、強攻策を緩和できなくなったらしいと語っている。宣伝部長だった周仏海も、蒋に「共産党のためにできるだけ宣伝の労をとれ」といわれ、憤慨に堪えず、汪兆銘と行動を共にしたのである。

しかし国共合作は呉越同舟という側面が強い。先述した山西省での両党の衝突やそれに続く皖南事件はそうした合作の矛盾の爆発である。皖南事件を背後で操ったと噂される何応欽は、汪兆銘が共に脱出してくれるとにらんだ男でもあった。皖南事件当時は支那派遣軍参謀だった今井武夫は戦後、以下のように回想する。

「国民政府軍としては、共産党軍の跋扈を掣肘せんがため、自派軍の戦力低下に先だち、適当の時期を捉え、日本との和平を内心希望したことは想像に難くないが、しかも一旦事前に其の意図を共産党に察知せられたら、直ちに反撃を受け、或いはたとえ実力に依り其の反撃を撃退出来るとしても、国内外に暴露宣伝せられんか、外では英米仏ソ其の他列強の援助と好意を失い、内にあっては共産党と国民党左派連合の反攻を促し、国政の指導権を奪取される恐れがあった」(『支那事変の回想』)

仮に蒋介石が日本との和平に動こうとすれば、重慶内部に潜む容共勢力に打倒される危険性があったのだろうか。

『周仏海日記』には、唐生智の弟の唐生明が南京に投降してきたと書かれているが、これは兄の了承を得て行われたものであるという。周仏海は唐生智が蒋介石を打倒する意図を持っていると聞き、一九四四年になると唐生明はその打倒計画をもらすようになる。周は怪しみながらもその計画推移を見守るが、工作中の唐生明の部下が雲南省で捕まったりする。周仏海は唐生智兄弟の背後に、共産党の影を感じたことを日記に記している。唐生智は日本軍攻略時の南京防衛の責任者で部下を放り出して逃亡したことで有名だが、その十年前にできた共産色の強い武漢政権で重要な地位にいた（『もうひとつの南京事件』参照）。戦後は台湾に行かず、中華人民共和国成立後は湖南省の副省長に収まっている。

今井の観察は正しいのかもしれない。

当時、重慶との和平交渉に都合のいい場所は租界のある香港や上海である。そこを舞台に様々な工作が行われ、藍衣社の首領の戴笠が現れたり、ＣＣ団の陳果夫、立夫兄弟の従兄弟の陳宝驊などは堂々と南京にやってきていた。日本の今井武夫らによっても、宋美齢の弟なる怪しげな「宋子良」なる人物を介した「桐工作」などが行われたりした。しかし時はむなしく過ぎるばかりだった。

石原莞爾の側近である高木清寿は、対日最後通牒として有名なハルノートの内容を戦後になって知り、三国同盟破棄、支那本部、仏印からの撤兵、北満に集中せる兵力の減少による対ソ脅威を和らげること（?）が三大要点だとして、これなら石原将軍の主張とほぼ一致し、充分妥協できたことであるという（『東亜の父石原莞爾』）。もう一人の側近の田村真作は「東條は南方の石油が欲しいから英米と戦うといっているが、戦争さえしなければ石油はどんどん日本に入ってくる」と石原がいっていたと証言する（『繆斌工作』）。この「戦争」とは支那事変のことである。

確かに石原は支那本部からの撤兵を主張していた。ハルノートの最大の問題もそこであった。そこの原文は **Japan will withdraw all military**（中略）**forces from China and Indochina** である。しかし **China** の意味を満洲を除く **China proper** と都合よく訳すゆとりは当時の追い詰められた政府や統帥部にはなかっただろう。当時参謀本部作戦部長であった田中新一は、アメリカの「戦争でも何でも来いといわない許りの底冷たさには戦慄を禁ずることができなかった」と回想している（『大戦突入の真相』）。決して妥協してこないアメリカと妥協するには、まさにアメリカの意向をすべて聞くという方法しかなかった。そうすれば石原のいうとおり、石油を輸出してもらえるだろうか。しかしそれはアメリカへの屈服――属国になるということではないのか？　時間が経てば経つほどアメリカとの戦力差は拡大するばかりだと統帥部の判断はあった。しかし今なら死中に活を求めることで対米戦の勝利も可能との認識で統帥部は一致した――。

成算がないということから、日清戦争の後の三国干渉のときのように、「臥薪嘗胆」すべきとの声もあった。石原の意見もそれに近い。彼の対アメリカ戦争は「最終戦争」である。対等以上の国力差を以って戦う勝利確実の戦争でなければいけない。そこまで行くためにはまだ数十年の期間を要する。あせることはないという考えである。

石原も日本軍が**China proper**に駐屯するのは、日本人の生命財産の保全が目的であること、社会の秩序維持の確立にあることは承知している。

『改造』（昭和十六年十月号）に「欧州大戦の進展と支那事変」という論文を載せていて、支那事変が侵略だというのは「中国の宣伝」であるといっている。これは彼が支那本部を安定させる実力組織は日本軍しかないということを認識していた証拠だろう。しかし「撤退」こそ、彼の政治的リアリズム＝戦略だったのだ。中国人の近代国家を作る能力に問題があることを知りながら、関東軍の「内面指導」撤回を求める、あの同じリアリズムなのだ。このことを彼は戦後服部卓四郎（陸士34期）に、インド独立を認めようとするイギリスの大英断になぞらえて、「情勢の変化に基く最高国策の変更」という概念を使って話している。

しかし東條陸相の考えは、「アメリカの要求に屈するならば支那事変の意義と成果は没却される。満洲統治には勿論、朝鮮統治にも悪影響となろう。非賠償、非併合など日本の対支要求は寛容を極めている。十数万の生霊、それに数倍する遺家族、更に多数の傷兵を出した。数百万の将兵、一億国民の辛苦、巨額の国帑《こくど》などに顧みれば領土割譲位は当然のことである。今はただ駐兵に依って事変の成果を確保せんとするに過ぎない」(『大戦突入の真相』)であった。愚直なまでに生真面目でかたくな意見が勝ちを制したのだ。

真珠湾攻撃があったとき、蒋介石は欣喜雀躍したと顧問だったオーエン・ラティモアは回顧している。蒋の持久戦略の勝利だった。翌年一月一日、聯合国二十六ヶ国は「聯合国共同宣言」を調印した。枢軸国との単独講和はこれでできなくなった。真珠湾攻撃ほぼ十日前の『周仏海日記』の記述は何という皮肉だろうか。汪兆銘政府の軍事顧問であり、桐工作にも関係した影佐禎昭がやってきて、「石原莞爾の東亜聯盟運動は勢力が大きくなってきたが、経費の面で不足がある、援助してもらいたい」といい、周仏海は十万円を約束していたのである……。

劇作家・青江舜二郎

支那事変勃発後に召集された予備役少尉大嶋長三郎は、明治三十七年に東北秋田に生まれ、東大インド哲学科を卒業し、役人などをしながら劇作家を志していた人である。筆名を青江舜二郎という。彼が派遣された先は山西省であった。昭和十三年から十六年末まで軍人として滞在し、その経歴から第一軍司令部で宣伝活動などを受け持たされ、その過程で宣撫官や新民会員と交わる機会が多かった。

宣撫官にはユニークな経歴と個性を持つ人物が多かったらしく、彼の創作欲を刺激し、村上博と木村公義、二人の宣撫官のことを『城壁になる男たち』と題して、戦地の薄暗いランプの下で書き上げた。タイトルの由来は、木村が「ああ早く死んで、この県城の城壁に塗り込められてぇ」というのが口癖だったからだ。青江はこれを内地で出版しようとしたが、軍当局の「内容はいいが、日本軍の活躍が書かれていない」との理由でボツとなった。

左翼運動からの転向者も多く、そこには戦後作家となり、何度も芥川賞候補となった洲之内徹などもいた。当時は奇抜な長髪で宣撫官に応募してきた福田次男は、山西省で中国人による「興亜新劇団」を作って巡業公演をして回っていた。この劇団は来日公演もしている。昭和十七年公開の坂東妻三郎主演の映画『将軍と参謀と兵』では、青江と共に山西省のロケ撮影に協力し、二人は終生の友となった。

そうした従軍体験を下に、青江はかつての宣撫官たちと自己の体験をまとめた一大群像記録『大日本軍宣撫官』を昭和四十五年に刊行する。中国との戦争を独自な視点から奥行き深く描き、戦場の陰影を淡々と知らしめる好編である。その三年後に出す『石原莞爾』は、石原門下の白土（小泉）菊枝や白土みどり（山口重次養女）の協力を得てできた著作である。

石原関係ではそれまで八木沼丈夫と知り合いだっただけではない。昭和十六年末、一旦除隊し、翌年、満洲国建国十周年の演劇使節員として満洲に行った。滞在中に満洲事変をテーマにした『瀋城館』という戯曲を構想し、その取材過程で山口重次と知り合う。事変関係者の中で「一番強く印象づけられた」（『父を語る』その二）という山口の紹介で、北京の小澤開作を訪ねる。昭和十七年六月初めのことである。青江の次の職場は、方面軍によって新民会と決められていたこともある。『瀋城館』はこの北京で仕上げられた。終戦まで彼はこの北支に滞在し続け、小澤とも終生の付き合いになる。

青江が入った新民会には宣撫官が大挙して入っていた。創設者である小澤が退いた後はやはり空虚なものがあったようだ。代わりとなる人物として目を付けられたのが小山貞知である。「顔色がいささか蒼味がかり、細い切れ長の目は奥深くて時々キラリと光り、いかにも策士型」（同前書）の小山とも青江は知り合った。新民会はこの小山が動かすようになっていた。かつて満洲国で小澤が日本人官吏にたてつき、問題を起こしたときも小山が尻拭いした。今度も同じような展開だったのだろうか。小山を「策士型」と形容した青江は、小澤を「直情型」と評している。軍をうまく利用することでは、小澤よりはるかに小山が長けていたということだろう。これは逆に小澤が軍からにらまれやすいという意味もあるが、これは後述するとして、まず青江の視点から見た日中の戦いの様相を眺めてみたい。

青江舜二郎の見た大陸の戦場

青江は宣撫官のことを〈浮草稼業〉とシニカルに形容する。軍と共に行動し、平定した県城やその周辺の住民を宣撫するのだが、それには当然のこと時間がかかる。しかし二、三ヶ月で別地点に移動というのが実情で、一つ地点に根を張って住民との信頼関係を築くのがなかなか難しいのである。これは渕上辰雄の感懐からも伺える。問題の根源は戦場が広すぎることにある。渕上が体験する徴発馬トラブルにしても、原因はそこだ。この広い大陸に展開する何の思想も戦略もなくて、場当たり的に対応するために問題が起きる。石原は「支那大陸は大兵を呑む」といみじくも喝破していた。

こうした大方針なくして始まった戦争の末端でしわ寄せを被ったのが新民会員であり宣撫官であった。宣撫官がどんどん多くなるのも派遣地帯が広くてカバーできないからだ。小澤開作はそれでも宣撫官は足りなかったと『華北評論』（昭和十五年五月一日号）でいう。「軍宣撫官は過去二箇年有半幾多の犠牲を払ひながらも最も果敢に民心安定工作に努力し其の功績は永久に記憶さるべきものであるが、全員合して日、満、支人僅々三千有余人であり、華北一億の民への影響は量的に覚束ないものがある」（「思想経済戦の再検討」）と。

青江は「永久駐留」という問題を書いている。中国民衆の本音は軍隊がいないことである。しかしそうすると匪賊や雑軍に襲われる。安全を保障してくれるならば国籍などは関係ない。日本軍でいいのである。その地方の有力者が日本軍に協力するのも、それを条件に挙げる。だから宣撫官はおぼつかなくてもそれを請け負うのだ。日本軍の駐留が長ければ、それなりに治安も民生も安定するのである。第一軍司令部（太原）報道部に「皇軍永久駐留」と書いたアドバルーンが二個あって、それを貸し出すのだが、申し込みが殺到したという。

青江は藤原安明という宣撫官の体験を紹介している。山西省の昔陽県は大行山脈内にあり、住民は貧しく、雇った大工の昼飯はなんと蒸した木の葉だった。見るに絶えず、藤原が日本軍部隊の酒保からうどんを取り寄せて食べさせてやると、大喜びだった。翌日には大勢やってきて、「日当はいらん、あのうどん一杯で一日働く」と口々にいう。涙が出た。藤原はなんとか生活の足しになるものを探して、アンペラの材料になるものを見つける。特務機関長に頼んで、アンペラの技術者を派遣してもらい、女たちを集めて城内に講習会を開いた。それはうまくいき、翌年はそれを大量に売り出した。住民に生気がよみがえった。次に彼は「副業研究所」を作り、養鶏と養豚の改良を始めた。こういうことができたのも、彼が一年以上同じ所にいられたからだ。

青江は、もし日本軍が黄河の線で戦争を止め、北支の治安と経済開発に専念し、「その力を道義的に」使用していたら、おそらく「天下三分の計」は成り立っただろうと書いている。日本軍と共産党と国民党の三国志である。これも先の石原理論と関係があるだろう。

百団大戦のことは書いたが、実は青江はこの体験者である。攻撃を受けたのではなくて、その後の討伐戦に宣伝班員として従軍したのだ。討伐の目的は共産軍と戦うだけではなかった。共産ソビエト地区に接する地域住民からの情報が入らなかったから、その地域を無人地帯にするという目的もあった。いうまでもなくその地域住民の生活空間を焼き払うのである。住民を銃剣で突き、ぶちのめす。住民は逃げまどう。火と煙は言いようのない異臭で吐き気がしたという。「この無差別の殺戮がどんな作戦だというのだ」、青江は「はじめて天皇陛下を怨んだ」と書く。

これは過酷な見せしめ、報復だった。しかしなんということだろう。それからその焼き払った地区からの情報が目に見えてよくなり、日本軍の統治下に入ろうという匪賊部隊も増えてきたのだという。中国語の得意な田中隆吉第一軍参謀長は、「それ見い、ヘッポコ文士の人道主義ではシナ人の操作はできんことがわかったろう」と青江をせせら笑った。彼は哀れを催すどころか、無性に腹が立ったという。「なぜいっせいに起ちあがってわれわれを虐殺しないのか」と。

青江は自分も属した新民会に批判的である。名称が時代錯誤であると書いているところは、渕上辰雄の感想に近い。当時の中国の知識青年層にとって、孔子の儒教というのは打倒さるべき旧思想だったからだと青江はいう。また自分でも新民会員の工作振りを見ていたのだろうし、また小澤にその理論を聞いていただろう。それらしき小澤の言葉が『大日本軍宣撫官』にあるので、それを引用してみる。

「中共の強みは、行く先々にその組織を作ってゆくことで、それは蒋介石の軍隊だって、閻錫山の軍隊だってやっている。民心をつかむということは、ささやかな物資で村の老人婦女子を釣る事でなく、その地方の優秀な青年を自主的にその郷村建設に立ち上がらせる事だ。現在のように抗日反日精神が全中国を蔽っているのに、そんな事は不可能だというかも知れないが、われわれの思想、理念に彼らを打つ〝何か〟がある限り、彼らは必ず〝回心〟する。そして〝若さ〟というものは、その仕事が困難であればあるほど一層燃えたつものなのだ」

こう紹介し、青江は小澤への個人的好感は変わることなくとも、新民会理論には懐疑的である。新民会工作は甘っちょろいと彼はいう。宣撫官の工作は局地的に藤原のようなめざましい成果を収めたが、全体としては例の浮草稼業でその土地に密着したものにならなかった。だからこそ新民会のような中国側の組織育成が大事だという考えが成り立つ。しかしそれこそ甘く、中共側の〝軍政一致〟の厳しさにかなわなかったと青江はいう。

「中共が民心をつかんだのはその理論でなく、たえず軍がその工作の中心になっていたからであった。無知無学の大衆を組織するには彼らの〝恐怖〟を利用するのがもっとも早く、かつ有効だというのは原始時代から現代にまで通じる〝原理〟である。歴史に残る〝独裁者〟たちはすべてこれを本能的に感覚し、きわめてあくどくそれを利用して成功したのだ。中共も例外ではない」

青江はこの『大日本軍宣撫官』で、「現地で何年か彼ら（共産軍――引用者注）と〝対決〟したゆえに」「自信をもって断言できる」と書き、その人民裁判の具体例として、土地の有力者の処刑、村のならず者、怠け者をうまく利用した人民裁判、通敵容疑者の即時射殺などを盛んにやったと書いている。

中国側から見てみよう。例えば日本の敗北と中共政権の誕生を喜んだ趙樹理という小説家の作品『李家荘の変遷』（一九四五）がある。

李家荘とは、趙樹理が生をうけた山西省の南部にあると設定された架空の地名である。そこを舞台にした抗日戦争中の物語で、中国の勝利、開放という大団円で終る社会主義リアリズムによる作品である。悪役はもちろん地主や金持で、彼らが日本軍と結託して、罪なき貧しい農民を苦しめるという展開だ。最後に農民たちは共産党の力を借りてこの李家荘を解放するのだが、村長の〈漢奸〉李如陳は人民裁判にかけられ、激昂した民衆によって片腕をもぎ取られ、首を背中まで捻じ曲げられて殺される……。

実際こういうことは現実にあった。日本軍がいた地域で協力した人々は、日本軍が出て行き、八路軍が入ってくると漢奸として殺されるのだ。だからこそ〈永久駐留〉で、中国側もこれを要求する。こうして殺された協力者のことを思い出すと、慚愧に耐えない、思い出したくないという当時の新民会関係者は少なくない。

中共にはある「刃」が新民会にはなかった。「不服従者をすぐ〝人民裁判〟において殺してしまう中共の激しさがない。民衆はそんな新民会はちっとも恐ろしくなかったから、何の魅力も感じ」なかった。一方宣撫班は「背後に無敵皇軍をもちながらなおやさしかった。〝恐怖による組織〟のもっとも効率のよい条件がそこにあったわけだ」。

青江のこの恐ろしいシニシズムを戒めを以って理解しなければいけないだろう。簡単に中国を理解したつもりの日本人のお人よしの言についてである。日本軍の村を焼き払う行為は中国の伝統を継承しているのだ。そして情報が入ってくるのは、宣撫官が頬まれなく優しかったからだ。

青江のいう中共の「軍政一致」については、昭和十六年半ばから新民会に中央訓練処長として終戦まで勤務した井ノ口良彦（元宣撫官）が、新民会との対比で以下のように述べている。青江とは共に働いた友人関係である。

「思想で武装し強大な武力を備え政軍一体となって攻撃してくる中共軍と戦うには、直接武力を持たない新民会の力はあまりに貧弱だった。日本軍の強力な背景のもとに成り立つことであり、日本軍が引揚げた後にはこれに対抗できるものは何も残らなかったのである」（『黄土の群像』）

つまりこれは新民会と軍は一体とならなければいけないという考えで、これが小澤が『華北評論』で望んだところの「新民自衛軍」の創設なのだ。友枝英一が河北省新城県で体験した共産党との戦いを連想してみればその効果は自ずと理解できよう。しかし井ノ口の回想からは、組織としてはできなかったことが判るのである。

塩田喬の体験

「高粱畑のこやしになる！」と宣言して新民会に入った新民塾五期生の塩田喬は、昭和十七年九月、山東省即墨県の劉家荘に赴任する。

この地域は共産党が支配する川向こうの村や彼らの中継地となっている移風店という部落と隣接していた。彼と同時に近くの村に赴任した新民会職員との連絡も簡単にはいかないところだったが、彼は共産党が壊した道教の祭りのための祠を再建する提案をしたりして、村人の信頼を勝ち得つつあった。

作戦中の日本軍中隊が劉家荘に立ち寄ったときのことである。塩田と中隊は移風店方面から移動してくる八路軍部隊と出くわす。激しい銃撃戦が始まり、お互い白兵戦になるかと思う距離まで近づいた。塩田の配下の中国人二名が隙を見て飛び出し、敵二名を捕虜にした。

一旦劉家荘に戻り、中隊に預けていた捕虜を引き渡してもらおうと出かけると、捕虜二名は穴の前で座らされ、首を切られようとしている。村人の見ている前である。塩田は思わず「待ってくれ！」と叫んだが、一人はサッと首が飛んでしまった。塩田は中隊長と捕虜の前に立ちふさがった。

「待ってくれ！」「そこをどけ！　そいつも切る！」「こっちで捕まえた捕虜だ、殺させぬ！」「隊はすぐに出発だ」「なぜ情報を取ろうとしない！」「そんな暇はない」と押し問答が続き、塩田はその隙に配下の中国人二人にその捕虜を連れていかせた。

「貴様も切るぞ！」と満面朱にして激昂していた中隊長は、「貴様！　処分してやるからな」と捨て台詞を吐いて出発していった。

全身の力が抜け、呆然としている塩田に村人が近づいた。気がつくと、彼は村人に「謝謝」といわれながら、取り囲まれて村に戻っていた。

捕虜の名前は姜先亭といった。その夜は塩田のそばに寝かせたが、さすがに寝首をかかれるのではと怖かった。しかし翌日から彼は塩田のそばを片時も離れず、危ないときは彼の盾となってくれた。八路とにらみ合いになり、戦わねばならなくなったときは「もし戻りたいなら、今から向こうに行け。後ろから撃つようなことはしない」というと、「命の恩人に歯向かうことはできない、自分にも銃をくれ、一緒に戦う」といった。塩田はさすがに感激した。むろんいろいろな情報が塩田に入ってきていた。

塩田はこの中隊長のことを「情報を無視し、余りにも敵を知らな過ぎた」(『黄土に挺身した人達の歴史』)と回想している。斬首を倫理的に情緒的に批判しているのでないことを強調しておこう。「戦い方を知らない」という戦法の問題なのだ。私はこの話を塩田の口からも直接聞いている。

年が明けた。村長が塩田の下にやってきた。めでたい正月を一人で過ごそうとする彼に身の回りの世話をするための若い娘を連れてきたのだ。村長の魂胆は頼りになる塩田に村に残って欲しかったわけだ。しかし娘の手土産は困る。塩田は日本軍の部隊で正月は過ごすといってその招きを断った。

昭和十八年には新民会の改組があり、日本人職員はほとんど全員出て行くことになった。塩田は軍の召集を受けた。そのために彼は青島にある新民会総会にひとまず戻ることになった。以下はその体験談である。

塩田は一般の中国人と同様に何ヶ月も風呂に入らない生活を続けていた。服も中国服で外見は日本人と思えなかった。疲れ果て、青島行の汽車の席に座って眠りこけていた塩田は突然足を蹴飛ばされ、席から転げ落ちた。背広の日本人会社員が二人、「そこをどけ！」という。塩田は黙って席をどき、通路に座って二人の話を聞いていた。青島の同じ駅に二人は降りた。後を密かにつけた塩田は翌日、身なりをきちんとしてその会社に乗り込み、その二人を呼び出して怒鳴りつけ、二人の肝をつぶして謝罪させた。

戦後引揚げ後も、彼は自分の青春としての新民会時代を誇りと共に決して忘れなかった。当時の資料を大切に保存し続け、『新民会外史　黄土に挺身した人達の歴史』の編纂と執筆に力があった。鉄砲洲稲荷に作られた「繆斌慰霊碑」の建造にも尽力し、招いた親族に感謝されたときには、思わず涙を流した。平成十二年に肺がんで死去する。

塩田の「情報を無視」というのは、陸軍だけでなく海軍にもあった大きな欠点である。様々の情報を集めて分析し、的確最善の方針を採るという統合されたシステムを持たなかったし、それを無視する傾向があった。むろんそれは自らに危険を呼び込んでしまう。そうしてこの中隊長のように、八路の捕虜を村人の前で斬殺して、共産党と通じる不心得がどのような結果を招くかを恐怖と共に知らしめようとする。

こうした日本軍を批判していたのが小澤開作である。

小澤開作の日本軍批判

妻のさくらと四人の子供は、昭和十六年の春に帰国していた。大きな理由は子供たちの教育である。一人残った小澤は身の回りの手伝いをする書生ほか、居候と共に北京に住み続けた。その意味で小澤公館は、さながら〈梁山泊〉の観を呈していた。『華北評論』もあったし、中国の東亜聯盟運動を成功に導かなければいけなかった。新民会の将来も気にかかった。

軍を批判して新民会を辞め、『華北評論』を始めた小澤であったが、早くも創刊号から軍には耳の痛い「渡瀬」名の論文が出ている。「今日、重慶政府の基礎、内容は、皇軍の急追によつて日にその勢力範囲を圧縮され（中略）辛うじて余端を保つてゐるとは云ひながら、尚、精神的に物質的に、汪中央政権とは比較にならぬ強みを持つてゐることは、事実と云はなければならない。重慶にこの力を付与してゐるものは（中略）究極するところ、多年培はれた支那民衆の抗日的民族意識による支持と、この意識によつて動員された民族資本力の把握を第一に数へねばならぬ。我が占領地帯に於ける支那民衆と雖も、尚、暗黙の間に種々なる軟性的抗日を敢てしつゝある現状は、一見して抗日的民族意識が如何に熾烈且つ根深きものであるかを諒解し得るであらう」と。

第七号（昭和十五年六月一日号）では、時評「邦人渡支制限の逆効果」（小山内匠）が黒く塗りつぶされている。17頁〜19頁と続くようだが、18—19は糊で貼り合わされ、まったく判読不能である。17頁の一部判読可能箇所には、一攫千金を夢見て「渡支」してきた「不良邦人」による日本国の円札放出、氾濫の防止のために「渡支制限」が五月二十日より始まったという前振りだけで、その後の「逆効果」なるものは読むことはできない。その対策についての無遠慮な批評が当局の痛いところを突いたのだろうか。

第九号（七月一日号）の編集後記には「謹告」として、「第七号は事情により発売を見合わせた」とお詫び広告が出ているが、私の手元にはある。この第九号も記事中に「百六十字削除」とあったり、数行に亘る「××××××」が頻出し、判読不能箇所がある。

第十一号（八月一日号）の27—28頁部分は紙一枚切り取られている。「事変の推移と外交の複雑性」（福田景州）という論文の後半と、「貴族と政治」（植邨）が丸ごと読めない。

第十三号（九月一日号）は欠号で、次号（九月十五日号）後記に、「やむを得ざる都合により発行を停止しました」と出ている。今日に残っているものもおそらくないだろう。軍の圧力をかわすためもあったのだろうか、この号（九月十五日号）には、興亜院政務部長の鈴木貞一（陸士22期）の「世界の変局と興亜の聖業」という論文が掲載されている。

小澤の気負いとは裏腹の多難の船出であった。

私の手元にあるのは、十一月十五日号までで、その後の『華北評論』は現在国会図書館蔵のものでしか読むことは不可能である。しかしそれも不揃いで、昭和十七年分は一冊もない。検閲は続いている。松本健一『昭和に死す』にあるように、橘樸の新民会批判（昭和十八年一月号）の肝心な部分が読めない。

どんなことが問題とされたのか、読めないものより活字になったものからが推測はしやすい。創刊号の渡瀬論文もそうだが、先に引用した小澤の「思想経済戦の再検討」に「遺憾に堪へざるもの」としてこういう一節がある。

「事変の現況が思想経済対策が焦眉の急として要請され、且《かつ》思想戦を肯定し乍《なが》ら、日本には国策的確固たる民心把握方針を発見し得ず、思想経済戦への認識真に幼稚なる為に現地の者の苦悩が倍加する事実を発見する寂しさである。祖国日本は事変以来、政治の貧困性が称《とな》へられ、事実は常に貧困性を暴露してゐる」

「幼稚」「政治の貧困性」——こうした言葉が時には罵倒に近い表現になったこともあったのだろうか。塩田喬が体験したような捕虜処刑や強姦なども聞いていた。むろんこういう行為自体が問題だが、それが彼には「幼稚だ」と認識されるのである。抗日意識が強いところで、既に思想戦で敗北してはいないか？　塩田がいうように《敵を知ろう》としているのか？　また恐怖による支配は決して皇軍のなすべきことではない。『華北評論』創刊号で、中国人の「何」が書いているように、一部の悪が全体の悪と見なされかねないのだ。昭和十三年九月二十六日の中国共産党中央委員会では、コミンテルンが日本軍の悪行を国際的に宣伝するという決議もされている。小澤がこれを知らないわけがないだろう。また八路軍の軍紀のよさを褒め讃えてもいる。

こうした小澤の考えを、小澤に好意的な青江の言葉で一応反論させておこう。

「すでに天下をとってしまった中共はもはや〝正義人道平和〟人種ばかりだろうが、戦争中、争覇三軍のうちでもっとも民衆を殺したのはどこの軍隊であったか。軍規風紀のきびしかったことはある程度認めるが、それだってその首脳部が声を大にしてえばるほどではなかった」（『大日本軍宣撫官』）と辛辣にいい、その実例をいくらでも知っていると彼は書く。「争覇三軍」とはむろん、日本軍、国民党軍、共産党軍である。

文化大革命さなかの昭和四十五年に出た本ということを想起すれば、至言としかいいようがない。「天下をとっ」た後の中共は、それこそ自分の「正義」の命ずるままに、「民衆を殺した」のだ。唯物史観という正義の名の下に、数千万の人々の命をもてあそんだのだ。

しかし小澤はいうだろう。「それでも皇軍はやってはいけない」と——。

小澤開作と文学者たち

小澤は交際の広い人であった。国籍を問わず、小澤公館にはいつも多くの人が出入りしていた。政治家、軍人だけでなく、そこには文学者もいた。青江がそうであるが、そのほかの人物を点描してみよう。

中国文学者の村上知行は『華北評論』の常連執筆者となっていた。支那事変勃発時の『改造』座談会で二人が同席したことは書いたが、二人の交際もその頃から始まったのだろう。村上の北京生活は昭和五年に始まる。妻は中国人である。『華北評論』が創刊された頃には、翻訳やエッセイなど旺盛な執筆活動をしており、既に著書を何冊も出していた。彼は満洲事変が起きた昭和六年九月十八日の夜、北京の中和戯院に梅蘭芳の京劇を観にゆき、たまたま観劇に来た張学良一行を見かけ、事変の連絡を受けた彼らが劇の途中で足音も高く慌ただしく立ち去るのを目撃している人物である。

京劇といえば、戦後中国演劇の権威的存在となった石原巌徹も『華北評論』の演劇文学関係の常連執筆者であった。そして彼は実は白土（小泉）菊枝が満州評論から出した『満洲人の少女』（昭和十三年）に序文を書いている人物である。「卑近な家庭の些事を通じて、満洲国の国是たる民族協和の具体策が語られ、日本の天啓的使命たる大陸発展上の基礎的な問題が、極めて現実的に指示せられてゐる点、まさに天下第一の書たるを失はぬ」と激賞している。

彼は明治三十一年生まれで、終戦まで中国に二十四年間住んでいたという履歴だが、これはほぼ小澤開作と同じである。白土菊枝に彼を紹介したのは小澤であるのかもしれない。

序章において、小林秀雄と小澤開作のエピソードを紹介しておいたが、出会いのきっかけを作ったのは林房雄である。

昭和十七年の初め、帰国した青江舜二郎はある会合で林房雄と会ったという。おそらくそれは満洲建国十周年記念に文学者が何をやるかという集まりだったのだろう。青江が戯曲『瀋城館』を書いたように、林もまた『青年の国』という満洲事変、建国をテーマにした長編小説を書いたのである。

単行本の後書きには「満洲建国十周年慶祝会」の委嘱によって書いたとあり、昭和十六年十一月に「渡満して、北支蒙疆にも赴き、建国関係の諸先輩を訪ね、懇篤なる指導と貴重なる資料を」提供してもらって、昭和十七年三月から北京で書き始めたという。

板原大佐、石垣中佐という登場人物が誰をモデルにしたかは説明不要である。山田重造は山口重次、大澤歯科医師は小澤開作、金山博士は金井章次などと正解を見つけるのも楽しいが、それぞれに当時は満洲、北京、内蒙古に住んでいたことを思えば、林が彼らに取材したのは明白である。

大連の満鉄医院に勤めていた「トマトのやうな顔」の大澤医員補は、将棋を指していた帝大卒を鼻にかける上司から、「勝手に診察するな」と因縁をつけられた。歯痛に苦しむ患者を見かねて、大澤は診察を怠けていた上司の代わりに治療していたのだ。思わずインク瓶を上司に投げつけてその白衣を汚し、その日に辞表を叩きつけて医院を辞めるという「直情的な」人物で、まさに小澤開作その人を髣髴とさせる。

昭和十八年初め、林は青江と会って話した。日本人たちが「把握している」とうぬぼれている中国青年は皆怠惰なゴマすりどもで、小澤のところに出入りする青年はまだしも筋が通っていると。林はそれから、小林秀雄や河上徹太郎を北京に呼んだという。

小林が小澤宅で骨董の壺を叩き割ったのもそういう時期のようだ。その壺は中国人から贈られたものというのはあくまでも私の推測である。ただ「贋物と判って飾っているんだ」と小澤が叫んだという、これに照応する言葉を彼は残しているのだ。

「相手のみ把握せんとしても、相手より把握されずして真の把握はあり得ない。人心はハンドルやステッキではない」(「思想経済戦の再検討」)

小澤は小林秀雄の中に、ハンドルやステッキのような道具としか壺を見ない日本人を発見したのだ。飛びかかるしかなかったのだ。出来の良さという尺度から見れば、小林の眼は正確であったのだろう。しかしそういう杓子定規に構えては、その中国人からもらった壺の価値は判らないと小澤はいいたかったのだ。ステッキやハンドルから「把握」されなければいけないのだ。「人と人の関係がすべて」

という言葉も彼は残している。その関係の中において初めてその壺は価値あるものであった。その価値が理解できる小澤であればこそ、林のいう筋が通った中国青年が小澤宅に出入りしていたのだ。

駒井徳三から小澤に託された青年、横山銕三は小澤から、「日本の青年は直ぐ白か黒か、と来る。中国人相手の仕事はそれではいかん、もっと鷹揚に弾力的に、気長に構えることだ」(『父を語る』その二)と諭されたと回想する。

小林の尺度はそのような白か黒かだったのだろうか。もしそうだとすれば、繆斌を理解できなかった今井武夫も小林と同じだろう。石原莞爾に罵倒された古海忠之もそうであろう。小澤を満洲の協和会崩れと評した武藤章もそうである。韓雲階を貪官汚吏と評した品川主計もまたそうだ。ただ私が古海忠之と石原が理解し合える可能性があったと思うのは、以下のようなエピソードからでもある。小澤の家族は東京郊外の立川に住んでいた。小澤開作が帰国してからであるが、小林は小澤を訪ねてやってきている。いなければ昼寝をして帰ったとのことである。壺を割った話は小林が小澤征爾に話したことであり、それまで家族の誰も知らなかった。小林の小澤開作に対する敬意以外のなにものでもあるまい。

小澤開作への圧力、中国退去

雑誌用の紙は日本軍が管理していた。都合の悪い論調の雑誌には配給しないという間接的な圧力も可能だった。

昭和十八年の秋、青江舜二郎は小澤から電話をもらう。小澤宅に行くと、『華北評論』が続けていけなくなったと聞かされる。本当は青江も感じていた紙面が問題だったが、物資の欠乏で紙の割り当てが停止されるというもっともらしい理由がついていた。

塩田喬のエピソードでも書いたように、この年の三月に新民会は改組され、日本人はほとんど出て行った。友枝英一は軍の徴用を受けた。彼の達者な中国語が買われたのである。彼はそうして大陸を転戦する。終戦は南京で迎え、敗戦のショックですすり泣く将校たちに、「お前らが下手な戦争をするからだ！」と怒鳴りつけていた。

しかし青江は中国人の幹部からそのまま残ってくれといわれて、宣伝局の参事をやっていた。少数の例外である。新民会も減らされたが、陸軍報道部と交渉して、紙を回してもらって回復させていた。青江はその一部を「新民会の青年工作」という名目で、小澤に提供したのだ。『華北評論』は存続した。小澤の喜びはひとしおだった。

その頃、青江は、『華北評論』（昭和十九年三、四月合刊号）に「南海血盟譜」という戯曲を載せている。孫文や宮崎滔天、アギナルドなど、アジアの革命家が一堂に会するという展開である。紙の質は悪く、裏が透けて見える。

しかしこれも長くは続かなかった。青江はいう。

「〃好もしからざる人物〃として小澤さんに中国退去の勧告が〃その筋〃から出されたのである。これはもう私の力の及ぶことではない」（『父を語る』その二）。

昭和十九年六月号で、『華北評論』は終わりを告げた。

中国から帰国して以降、小澤は希望はしていたが、亡くなるまで中国を訪れることはなかった。

協和会から新民会へと小澤と共に中国時代を過ごした経験を生かし、戦後は鋭い角度から中国問題を論じていた桑原寿二という人物がいる。嫌なことが多く、協和会や新民会時代を思い出したくないという桑原だが、小澤公館での思い出をこう語る。

「あの応接室はサムライどものたまり場だった。そこで談論風発していた小澤さんがまだ生きていて私の脳裏に躍動している。私もそのメンバーであったつもりである。陰ながらこっそり引き立てていただいたことを、私はよく知っている」(『父を語る』その二)

帰国してからの小澤の足取りは意外に判らないことが多い。石原莞爾は牛島辰熊らの東條英機暗殺計画に関与した疑いで、軍法会議に出頭するために昭和十九年の十一月と十二月に上京している。下駄履きでやってきて、「俺が石原だ」といって、門衛を驚かした話はよく知られている。十二月は十四日で、石原日記では金石舎訪問は十六日となっている。金石舎を経営していた安藤徳次郎は、「石原閣下は軍法会議の後に会社を訪ねてくれた。そのとき初めて小澤開作さんに会った」と証言している。石原と同行していたのだろうが、石原日記に小澤の名前はない。

翌二十年三月に、繆斌が対日終戦工作のために来日した。石原は繆斌の要請で上京し、二人は一晩語り明かした。その時期のことは『繆斌工作』(田村真作)、『「繆斌工作」成ラズ』(横山銕三)に詳しいが、どういうわけか小澤の名前は出てこない。ただ妻のさくらによれば、繆斌来日のことは判っていた。一ヶ月を越える滞在中に小澤と会っていないはずはなかろう。

小澤は軍需省にいた遠藤三郎(陸士26期)長官とも仲がよかったらしい。彼の引きで小澤は省の嘱託のようなものをやっていたというが、さくらによれば「これといって何もしてなかったみたいです」(『北京の碧い空を』)。内地の空襲が激しくなり、小澤の子供も危ない目に遭う状況下、一介の浪人にはただ防空壕を掘る以外のことはできなかったのだろう。

なお、宣撫班と新民会という立場で小澤と対立的な形となった八木沼丈夫の最期についてもここで書いておこう。

八木沼は宣撫班を辞めてからその生活基盤を華北交通に求めている。新民会に入らなかった彼は、自分を買ってくれている矢崎勘十広東特務機関長に誘われて南支に行った。矢崎は石原構想をよく理解する当地の東亜聯盟運動の組織者であった。そして八木沼は齋藤茂吉を終生の師とする短歌の世界に身を置きつつ、中国を経巡り、中国青年の教育に携わった。汪兆銘と単独会見したこともある。京都から鶴岡に帰郷せざるを得なかった頃の石原に、八木沼が南京から出した絵葉書が残っている。そこには「私は常に先生と共に在ります。切に御健祥を祈ります」と激励の言葉がある。彼も東亜聯盟運動をやっていたのだ。

昭和十九年十二月十二日、肋膜炎を悪化させ、北京で亡くなった。四十九歳であった。宣撫の現場を詠った彼の短歌を一首紹介しておこう。

くろぐろと面ほそりたる農夫等のこゝろなきこゝろはむらがり来る

新民会を小澤の代わりに引き受けた形となった小山貞知は、終戦まぎわまで『満洲評論』を出し続けた。しかし戦後、中国当局によりA級戦犯として指名せられ、中国の監獄に収監された。昭和二十七年に巣鴨拘置所に移され、翌年仮出獄となった。旺盛だった著作活動も戦後はほとんどないようだ。昭和四十三年に亡くなっている。

石原莞爾を尊敬した参謀長・折田貞重

小澤開作は日本軍をお構いなしに批判したことで大陸を追放になった。しかしそれは彼の考えを理解する軍人がいなかったということではない。石原、板垣、根本博や遠藤三郎もいた。ただ彼らの意志が現在の軍部で働かないことが小澤には大問題だったのだ。

そうであるのかもしれない。しかし一部ではそうでなかった。小澤が関係した北支において、二人の軍人の行なったことを振り返ってみよう。折田貞重と渡邊渡である。

折田貞重（陸士33期）は成績優秀にも関わらず、陸大に進めなかったが、人望があり、陸大出でなければなれないといわれた参謀長にもなった人である。

小澤との関わりは今の所不明だが、石原との関係では、昭和七年から九年にかけて満洲事変の北満作戦に従事している。また昭和十一年十二月からの二年間、関東軍下士官候補者隊中隊長として旅順に勤務し、参謀副長時代の石原と昭和十三年一月に会い、その識見に感銘を受けたことを回想している。

折田がその本領を発揮するのは、山東省に派遣された昭和十五年九月からの第三十二師団の大隊長時代からである。

「当時日本軍は山東省に於て東奔西走殆ど日夜を分たず討伐討伐に明け暮れ、然も多大の損害を出しながら、うむ処を知らず将兵の労苦は誠に筆舌につくせぬものがあったが、唯戦果の獲得に狂奔し所在民心の動向の如き、ほとんど関心がなかったのでその間中共は着々としてその赤色地区を拡大し得たのであった」（『対中共戦回想』以下同じ）と彼は回想する。

その後昭和十七年四月、彼は新しく山東省済南で編成された第五十九師団の参謀に着任する。その師団の警備地区に対する中共軍の攻撃は、津浦（天津—浦口）線、膠済（青島—済南）線を走る列車、橋梁、守備隊攻撃、連絡輸送部隊攻撃など、ゲリラ攻撃が頻繁で、それに応戦する日本軍の対応は「大体に於て中共の後手に廻ることが少くなく、第一線将兵をして切歯扼腕させることが多かった」。

敵の本拠地は済南の南にそびえる泰山の南方三十キロの徂徠山であることが判明する。「周囲約七十キロの一大山塊」で峻険ではないが、「中共軍はこの一帯の山地内に盤踞し、この山麓の村落等より補給を受けているものと判断せられた」。師団はこの徂徠山を包囲封鎖し、敵の外部との交通を全く遮断し、「所要の部隊を以て包囲圏内を剔抉掃討《てっけつそうとう》し、以て徂徠山敵中共部隊の完全撃滅を企図した」。

実施の結果、山内の敵の蠢動はなくなり、治安は平穏に帰した。しかし「包囲圏内の敵勢力の掃討に際しては敵影を殆んど認め得ず、敵部隊の捕捉撃滅も」見るべきものはなかった。数ヶ月の後、この包囲網を解くと日ならずして敵は蠢動を始め、いつのまにか以前と同じ状態に戻った。

参謀として折田はなんともいえない物足りなさ、不満な気持ちで、対中共戦への苦悩はいよいよ深くなったという。「戦場の主導権はやゝもすれば敵に在り、極言すれば、敵に翻弄されているやうな感じさえしてきた」と回顧する。討伐に向えば、その情報自体が信頼できるものが少なく、偽情報に踊らされ、そのために部隊全滅の悲運を招くことすら少なくなかった。討伐隊が敵地区内の村落に入ると全くの「空室静野」、少数の老人と幼児だけが家財道具の監視のために残されている。食糧などの徴発をやろうとしても、交渉相手はいない。結果、掠奪となる。厳冬期には零下二十度にもなるところだ。零細貧農の家を壊し、飯櫃《めしびつ》やしゃもじまで燃やして暖を取る。それを見ている老人や幼児がどう思うか？　いくら皇軍がこの戦い＝聖戦の意義を語ろうと、現実にやっていることは「東洋鬼」の行為だと折田は書く。別のところでは、「支那事変の初期広い戦線の一部に於て、時として掠奪強姦の不法行為に出る日本兵士も絶無ではなかったことは悲しいかな事実である」とも書いている。むろんこれが判明した場合は軍法に照らして処断されたと続く。

こうした皇軍に比べて、中共軍の農民大衆に対する態度はまさに「天兵」であったと折田は書く。彼らには「八路三大規律八項注意」というものがあって、農民に対する代価の支払い、壊したものの弁償、女性を犯さないなど、これをきちんと守っていたという。この認識は小澤や友枝と重なる。もっとも元軍人である支那学者の長野朗にいわせれば、「芝居がかつたことをする」（『支那三十年』）となる。青江舜二郎の認識もこちらに近い。しかし〈現場〉にいる小澤や友枝、折田は悟り済ましてはいられない。対抗する現実的手段を講じなければいけないのだ。

中国共産党にとって、この山東省は延安地区、山西地区に並ぶ三大根拠地の一つであった。塩田喬の体験もこの山東省である。あの中隊長は思うに任せない討伐戦の溜まった鬱憤のはけ口を斬首という行為で晴らそうとしたのかもしれない。

この五十九師団で起きた「建軍以来の不祥事」として有名となった「館陶事件《たてとう》」（昭和十七年十二月二十八日）についての彼の解釈も、つまりは無益な討伐作戦の帰結というものだった。

これは館陶に駐屯する日本軍部隊で起きた事件で、気質の荒さなど性格を理由に部隊転属をさせられる七名の兵隊が大酒を喰らい、将校に反抗し、銃を撃ち手榴弾を投げて暴れたというものである。上官への抗命、反乱行為は参謀本部を驚愕させ、高官が東京から何人も調査に来るほどだった。しかし折田は冷静だった。「大袈裟すぎる、人が死んだわけではないのだ。効果のない討伐ばかりしていたら、自然に気風も荒くなり、兵員を殺伐にする。あの兵隊らは犠牲者だ」と処刑判決を受けた彼らを弁護するほどだった（『参謀記』より）。

その頃から折田の対中共戦の改革が始まっている。折田は様々な階層の中国人、日本側中国政府の要人、村の村長などに意見を聞いて回った。中国民衆の本心は早く戦乱が止むことだと彼は結論づける。

中共が支持されているのはそのイデオロギーではない。我々を戦争から解放してくれる団体だと思われているからだ。折田は「つとめて戦わず」ということを考え始めた。好んで敵を追い回すことを止めようとしたのである。小澤が日本軍に期待していたのはこれである。

「従来の日本軍の典範例は悉く野戦軍撃滅本位のものであって」（『対中共戦回想』以下同）治安粛正については言及がない。日清日露以来の「論功行賞」は敵との華々しい戦いの結果、倒した敵の数や、鹵獲《ろかく》した敵側武器弾薬などの成果で判断される。「戦果第一主義の討伐に終始し果ては戦場に残存せる無辜の良民を敵に仕立てる迄の悪弊に走らせるに至った」。こういうことを一旦やめようというのだ。現状は治安粛正の段階である。「他に如何なる有利な条件あろうとも、苟も治安粛正に有害なる作戦行動は絶対に排撃されなければならない。治安粛正は結局する処、民心を把握し所在民衆をして進んで我れに協力せしむるにある」。

折田を敬愛した作家、伊藤桂一は折田の小伝『参謀記』にこう書いている。

「その作戦は、従来の戦闘第一主義を、百八十度転回した視点に立って樹てられていた。まず、やむを得ざる防禦以外の、一切の戦闘行為の停止である。そのかわりに政治工作に重点を置き、いってみれば中共軍が民衆に対して行なっている方法よりも、さらに徹底した工作を行なわんとするものであった」

つまり、共産党以上の「天兵」となることだろう。折田自身は、研究の結果、「政治七分、戦闘三分の作戦方針」と蒋介石の支那事変前の対共産党殲滅作戦が参考になったと書いているが、具体的にどうしようとしたのか？

中共軍が有利なのは、彼らのホームグラウンドで戦っているからだ。言葉の問題がある。折田は兵士たちに中国語を覚えさせることを指示した。兵器の手入れをする前にそうしろという。兵士間でコンクールもやる。優秀者は言葉を覚えて村落に行く。村人と片言でも会話して友人を作る。

かつて石原莞爾は折田に、「中国語を学ばずして、どうして治安を図るのか」と話したことがあるという。それをまざまざと彼は思い起こした。中国人や朝鮮人の工作員、通訳を全廃した。彼らは日本軍の威力を借りて悪事の限りを尽くす者が少なくないからだ。衛生兵は村の病者を診療する。橋が落ちていれば兵士が行って架けてやる。何のことはない。宣撫班や新民会がやっていたことではないか。友人となれば残酷なことはできるはずもない。渕上辰雄は自分らのやることは軍将校自らがすべきことだと日記に書いていた。

効果はてきめんであった。村人から正確な中共軍の情報が手に入るようになってきたのである。

「対中共情報収集の最も優秀なるものは我方の民心把握に基き所在民衆の進んでする情報提供である」。

さらに折田が考えたのは、経済地理の活用である。民心の動向がそれによって理解できる。そうした探索の結果、中共の利用する塩の道が把握できた。つまりそれを押えることによって、彼らに大打撃を与えることができるのだ。これを持続すれば、徂徠山の失敗などはない。苦し紛れに彼らが出てきたところを叩けばよいだけである。これは山口重次の熱河省の対共産党戦、阿片対策と基本は同じである。

これらの作戦は山東省一帯では効果が出てきていたが、一部では折田は「戦争を恐れて逃げ歩く癖がある」とも評されていた。しかし彼の戦略は評価され、昭和十九年十二月三十日、大佐に進級し、参謀長として徐州兵団に転属したのである。

渡邊渡少将の終戦期軍政

『華北評論』（昭和十九年三、四月合刊号）に渡邊渡の「華北の同胞に与ふ」というエッセイが出ている。当時彼は軍需省総動員局監理部長であった。彼は支那事変が始まったとき、根本博と共に北支那方面軍の特務部に勤務するようになった上司と部下である。だから新民会創設の事情も判っていたし、小澤とも昵懇だったのだろう。

渡邊はここで北京特務機関長と済南特務機関長を兼ねて、北支の治安、軍政に力を発揮することになる。ところが根本博が昭和十四年三月に興亜院華北連絡部次長に就任すると同時に、彼もその部下として政務局長として移動する。その後で新民会が小澤の思うとおりにならなくなり、会からの脱退となるのは渡邉というもう一人の重石を失ったからとも考えられる。

この根本と渡邊は大東亜戦争勃発後の昭和十九年十一月になって、駐蒙軍司令官とその部下の旅団長というコンビでまた一緒に働くことになる。日本の敗戦後は北支那方面軍の司令官とその参謀副長として、来襲するソ連＝モンゴル軍を撃退し、二人は日本人の安全な帰国業務を執り行い、中国国民党軍の武装解除接収を受けることとなるのである。

「華北の同胞に与ふ」で渡邊は、「東亜の平和的発展のための秩序の中心が我が帝国に存する事は論ずるまでもなく厳然たる事実である。日本が磐石不動であれば東亜も安定し得る、日本を磐石ならしむるため華北の有つ軍事的、経済的意義は極めて大であり、華北の所謂特殊性が生れるは即ちこれがためである」と書き始める。

私は同じ号に「南海血盟譜」を載せている青江のいう「永久駐留」「天下三分の計」を連想する。

渡邊は日本が徳川三百年の鎖国政策で外国人との交友を避けていたことで、外交性を欠くきらいがあると認めるが、「己を彼（中国——引用者注）に知らしむるに勇敢を欠き、正々堂々たる所信を端的に先方に表現する事が彼等の面子を犯す事と、いらぬ心配をして遂には媚態を呈することが相手を喜ばせ、我意志を円滑に貫徹する外交術なりとする往年の追随媚態の外交的思想が一部に存するのではないかと憂ふる」と説く。

そして日本人の「老婆心は考へ方によれば有難い事ではあるが、之が度を越すと困つた事になる。行政に於ては即善意の悪政を現出する」。「法治の弊害」なのだ。戦乱などによって破壊せられた中国という「殊に人治の国に急に法治主義を取り入れたなら必ずや不結果を来すであらう事は吾人今日迄異民族統治に於ける多少の結論として感得してゐる所である」。

渡邊もまた「善意の悪政」という言葉を使っているのは興味深い。法令規則さえ作ればそれで事は動くと思っているのが間違いのもとだと彼はいう。小澤も共感したことだろう。

以下、彼は自己の体験を述べる。昭和八年から約一年、支那研究員として中国に滞在し、国民党軍に従軍して蒋介石の第五次共産党討伐を視察していたのである。

「(共産) 匪区に対しては討伐を行ひ、隣接地区に対しては軍政を施行し、行政軍事を一体化し、軍隊指揮官が地方長官を兼ねてゐた。軍政地区と安全地区との中間に半匪区なる一区域を設定し、之に対しては軍政に非ず又一般民地行政にも非ず、其中間の行政をなすこと丁度我々が満洲又は日支事変直後の治安維持会を以てする行政の様な方法を行ってゐた。そして安全区には一般行政を施行し共匪の全く出没せざる模範地区としてゐた」

お分かりだろう。小澤開作が康徳二年（昭和十年）のあの建議書で提案していた軍政の趣旨も同じことである。折田貞重が研究の結果、行き着いたのもこれであった。

この四つの地区において、最大に重点を置かれたのは「安全区をより善政地帯たらしめることであ」ったという。それ以外は漸次重要度が減っていたという。それがいわゆる「政治工作」であり、これは太平天国の曽国藩も、漢の高祖も「方百里に善政を施した」ことで、天下を平定したのだと渡邊はいう。すべてこの原則が中国四千年の天下平定の原則であると。

渡邊はこの原則を学び、自分が済南特務機関長時代にこれを模範として実践していた。彼の経験では、あっちこっち分散的に工作を施しても効果はない。中心核＝安全区から徐々に外に推し出していかなければならないというのだ。

これを実際に自分が軍政の中心にいて施行できたのが駐蒙軍旅団長時代である。しかも上司の司令官は理解ある根本博であった。渡邊は「我が管制区内に善政圏を作り上げげんとする意欲を起した」（『渡邊渡回想録』以下同じ）と回想する。しかし赴任してみると、「日本軍は住民と隔離し、討伐の奔命に労《つか》れ而《しか》も住民に対する態度その取扱等善意の存するに拘らずそのなすところはまことにぎこちないものが多く」と書く。軍政はうまくいっていなかったのだ。

　彼がやったのは、「蒙疆一帯は北支全面から見れば、第一線ではなくむしろ後方安定地帯であり治安を始め善政が行はれ得べき全局の根拠地に当ってゐる」、そして「民心を収めて真に軍民一帯《ママ》にならねばその要請に応へられぬ」との観点から、日本軍兵力を適応範囲内に縮小し、そこを模範安全区にし、武力討伐は住民の要請を受けた上で検討して実施する。日本軍将校を中国人の村に訪問させてその生活実態を理解させ、同情、尊敬させる、『支那派遣軍将兵に告ぐ』の理念である「焼くな、犯すな、殺すな」から、「愛撫せよ、同情せよ、尊敬せよ」の具体化、実行ということであった。彼もまた石原莞爾の系列に入ろう。

　具体的には、共産党関係者だと思われ、狭いところに監禁されていた八百三十一人の男女を釈放する。民衆に恐怖感を与えることが多い対共特殊部隊一個大隊の返還。討伐するなら、遺棄死体の数ではなく、捕虜、兵器の鹵獲を重んじる。捕虜は写真は撮るが、食糧と旅費を与えて放免する。

　共産系として死刑判決を受けていた県長を再審し、無罪放免して自分の司令部の嘱託として採用、同じ宿舎に起居させて、中国民衆の不平不満を調査させ、日本軍や中国人の権力者の非法、民衆抑圧の事実の探知などを行なわせた。これは新聞で広告して、面談や手紙で申し立てさせた。特にこれは効果があったという。在留日本人青年の有為人物を選んで、中国人部落に入れ、起居を共にさせることもした。

　こういう評判を聞きつけて、二十八歳の青年、趙大峯が興味を持ってやってきた。彼を見込んだ渡邊は、一月の調査期間と許可証を与えた。一ヶ月の後、趙はその善政を理解し、しかしまたその至らぬ点を申告した。すると渡邊は彼を日本軍将校の教育担当として採用し、その後県長に任命した。その過程で申し立てのあった日本人官吏を辞めさせることもした。そうするうちに彼の県長区は安全度、税収においてトップとなったのである。戦後になると、彼は胡宗南将軍の地下工作員であることを渡邊に告白した。

渡邊善政の理解者は国民党軍だけではなかった。共産党の聶栄臻将軍（抗日戦争開始当時からの北支共産党幹部）から、日本人の不良分子を排除して欲しい旨の連絡があり、また共産党軍にもおかしい分子がいるはずだから、連絡してくれればこちらで処分するなどの往来までもあったのである。聶栄臻将軍とは戦後十四年経ってからの訪中で会い、互いに昔を懐かしんだ。

渡邊は高らかに回想する。「人心の獲得戦法であった」と。その戦いに勝ったのだと誇らしくいう。小澤のいなくなった北支で、小澤の望んだ理想の軍政を渡邊は実現させていたのである。中共の「破壊赤化戦術」に対抗するには、折田も採用した戦わない戦法が結局一番だったのである。

ちなみに渡邊渡は、監理部長時代の昭和十九年九月からの約一月に亘る宇垣一成（陸士1期）大将による重慶和平工作に参画していた。上海では繆斌と何度か会っているようである。

しかしいかんせん、戦争は末期的段階に入っていた。米軍と戦う南方戦線は憂愁の色が濃くなり、大陸から南方に引き抜かれる部隊が多くなっていた。そうすれば大陸の戦いも不利になり、折田参謀長の構想する治安拡大作戦も自ずと防御的色彩を帯びてこざるを得なかった。渡邊軍政も一年とは続かず、敗戦となった。

終　章　小澤開作の戦後

戦後の小澤の生き方は、戦時中の八面六臂の活躍とは正反対の、静かな無名の歯科医としてのそれであったといえる。

昭和二十二年十月六日には、極東国際軍事裁判に被告板垣征四郎の弁護側証人として証言台に立った。しかし弁護人の「この宣誓口述書はあなたのものですか?」に対し「そうであります」、続いて「内容は真実ですか?」に対し「そうであります」との二度の返答のみで、退廷している。板垣をあわよくば無罪にしたい彼の意欲は空振りに終った。証拠として採用されたのは、口述書の板垣は協和会創立とは無関係という部分だけだった。

松本健一『昭和に死す』によれば、このことは小澤にはかなりのショックだったようである。ここには裁判自体の弁護側反証の「一般的段階」と「個人的段階」の差があって、証人としての小澤の価値を検察官もウエッブ裁判長も不要と見なしたことが大きかった。

盟友の山口重次はそれ以前の三月二十日と翌日、二日続けて満洲事変の起きた背景とその後の建国事情、協和会の発足の目的をともかくも話すことができていた。これとは雲泥の差であったろう。

しかしその山口も証言の後に石原莞爾に報告した葉書には、「弁護士と検事の訊問に答へる以外に発言権のない証人は何一つ中核に触れた事柄を発表する機会もなく結局法廷では三ヶ月に亘る苦心は無駄になりました」と書いている。「三ヶ月に亘る苦心」とは彼の書いた膨大な口述書である。鬱積は晴らせなかったのである。

小澤にはしかし裁判所に提出した口述書とは別の「陳述書」（昭和二十一年十月二十四日付）が残されている。その内容は満洲事変とは関係なく、盧溝橋事件の経過についての彼の観察とその後の新民会の結成の目的を陳述するものとなっている。ということは、東京裁判が始まってから彼が証人として必要とされたのは、最初は支那事変段階の弁護側証人としてであったのだろう。しかしそれが回りまわって満洲事変段階の証人として法廷に出て来た理由はよく判らないが、やはり彼は板垣をどうしても守りたかったのだろう。

当時、妻の手作りの仕立てのよいネクタイを行商しながら糊口をしのいでいた小澤は、その後川崎市に歯科医院を開業した。子供に優しい温厚な腕のよい医者という評判をとってはいたが、その彼が満洲事変と深い関係がある人物とはほとんどの人が思っていなかったに違いない。征爾を始めとした四人の子供たちはそれぞれに才能を発揮して成長し、彼の目を細めさせた。それが彼の戦後の生き甲斐であったのかもしれない。

そうした彼の血を久しぶりに沸かせるような世界的事件が始まっていた。ベトナム戦争である。

戦後、東西冷戦の大きな政治構図ができあがり、それはアメリカを中心とする自由主義陣営とソ連を中心とする社会主義陣営の角突き合いという形をとった。戦後五年を待たずして朝鮮半島ではその両陣営の真正面からの衝突が起り、数百万の人命が失われる戦争が始まった。そうした対立はベトナムでも起こり、北緯十七度線を境にした南北ベトナムの対立は一九六〇年には南ベトナム民族解放戦線＝ベトコンの誕生を見、さらにトンキン湾事件などの武力衝突から、一九六五年にはアメリカによる北ベトナムへの「北爆」が開始される。アメリカは陸軍、海兵隊などの地上軍も投入し、その数は大規模に増強された。しかしアメリカが支援する南ベトナム政府は弱体で、腐敗も絶えず、ホーチミンが指導する北ベトナムとの士気の差は明白だった。

小澤開作がアメリカに渡って有力な政治家に会おうと思ったのはそういう時期であった。中曽根康弘代議士のロバート・ケネディへの紹介状を懐に、彼は妻とともにこの年の十二月二十九日、アメリカに向った。旅行はアメリカで指揮者をしている征爾に会い、その仕事ぶりを見ることも日程にあった。ケネディとの会見は一九六六年二月三日のことである。

小澤がアメリカに危惧していたのは、かつての支那事変で日本が間違った方針を取ったように、アメリカもまたベトナムで間違おうとしているのではないかということだった。彼の自筆の文を見よう。

「私は先ず、満洲事変と支那事変の比較を語り、満洲事変が関東軍の二万にも足らぬ軍隊で、東北軍三〇万に対し、思想的には共産党東北委員会と戦い、僅かに半年で成功を修め、建国の基礎を築き得たのは、軍事行動の敏速果敢もさることながら、軍事行動に併行し、或は直後に匪民分離の政策をとり、交通運輸、電気水道等の復興、産業の保護、特に全国にわたる特産大豆、雑穀の取引と、運搬の安全を計り、あらゆる危険を冒して匪害を排除し、農民の生活保護を計り、民生安定に努力した効果が大であった点を伝え、これに反し日支事変は、徒らに軍事行動に偏向し、都市攻略のみに専念して、占拠地域の民治政策を全く軽視し、広大な中国の本土に日本軍を分散配置して、北支、中支、南支にまでわたって膠着させて進退を失い、蒋介石軍の退却戦術にはまり、それだけでなく、共産党の遊撃戦術に陥り奔命に疲れ、自滅的苦境に立ち至った状況を伝え」(『父を語る』)、これが現在のベトナムにあるアメリカの状況と似たものがないのかと、ケネディの見解を質したのだった。

まさに彼の老体には、三十年前の体験が熱い血となって奔騰せんばかりではなかったろうか。いやおそらく彼は、東京裁判でこういうことをいいたかったのである。

ケネディは小澤に、民治政策の重要性を説き、治安地区建設の方策をめぐらすべきだとの上院で自分が演説した草稿を掲示し、その内容と資金対策を説明した。

小澤は資金面はともかくも、「今日のベトナムの様相からすれば、この政策実施を政府官僚に委ね一片の政令を以てしては、金も物資も人民の手に届くまでに中途で消え失せてしまう可能性がある。この政策の実施にあたっては、今日の事態をよく理解し、真に人民を愛し、人民とともに苦楽をともにし得る奉仕的人物を選び、之等の人々に委ねることが政策の成否を決める要諦である」(同上)と語った。

ケネディは同感だといい、あなたに具体的な案があるなら出して欲しいという。小澤は了解した。そうして書き上げられたものが『ベトナム紛争解決への私見——日本も協力し得るならば——』というものであった。

この中で、小澤はアメリカが勝利する可能性は、最低十年の長期持久戦に耐え得る体制にすることで、ベトコンが侵入してくる地域の防衛のために「善政のモデル根拠地」を作って、その建設に全力をつくすことだと唱えている。満洲事変で実行した「匪民分離」であり、渡邊渡のような理想的軍政実施である。そのモデル地区を支え、長期間に亘って建設し続けていくことが勝利につながる。もちろんそのための人材教育も大事だという。

ここに彼の協和会や新民会体験が投影されているのは明らかである。しかしこれを書いた五ヵ月後には、ベトナムは泥沼化し、「平和建設の希望は、望むべくもないと思われる」と彼は吐露している。それはともかくとして、彼はどこにいても心は大陸にあったのだろうと思わせる。故国に帰っても、気持ちは満洲や北京にあったのだ。

昭和四十五（一九七〇）年十一月二十二日、小澤開作は自宅で心臓の発作に襲われて亡くなった。満七十一歳であった。フジテレビのホールを借りて行なわれた追悼式は二十五日で、くしくも三島由紀夫が市ヶ谷台で、自衛隊員の決起を促し、自決した日である。

お通夜の晩から、「満洲建国と小澤開作」を書き始めた盟友山口重次は、二年後に小澤の遺族がまとめた『父を語る』の中にそれを納め、続く続編を『満洲建国の歴史』として公刊した。

満洲国崩壊直前に、社命で帰国していた山口は、戦後そのまま故郷の千葉に帰農した。石原莞爾の唱えた「都市解体、農工一体、簡素生活」の実践であった。妻子に先立たれていた彼は昭和五十四年十一月八日、一人寂しく亡くなっている。満洲建国の本当の意義を後世に知らしめたい。それだけの意地で生きていた。白土菊枝が中心となった『石原莞爾全集』刊行にも力を入れた。東京裁判に提出した膨大な口述書は、彼の死後に大湊義博の手で『満洲建国戦史』として公刊されている。

参考文献

◎石原莞爾個人に関する参考文献

石原莞爾個人に関する文献に関しては、すでに多くの伝記や評伝、小説などが出ており、私としてもそのすべてに目を通したという自信はない。ここでいう石原個人に関する参考文献とは、純粋資料はもちろんだが、特に石原個人と関係のあった人による伝記、あるいはその方々によって編集された文献ということに限定したものである。

『石原莞爾全集』全八巻　石原莞爾全集刊行会　昭和五十一年
『石原莞爾選集』全十巻　たまいらぼ　昭和六十〜六十一年
『石原莞爾資料　戦争史論』原書房　昭和四十三年
『石原莞爾資料　国防論策（増補版）』原書房　昭和四十六年
『東亜聯盟復刻版』全十七巻　柏書房　一九九六年
『石原莞爾』西郷鋼作　橘書店　昭和十二年
『石原莞爾研究』精華会編　昭和二十七年
『共通の広場　石原莞爾特集号』　独立評論社　昭和二十八年
『東亜の父　石原莞爾』高木清寿　昭和二十九年　錦文書院
『増補・悲劇の将軍　石原莞爾』山口重次　大湊書房　昭和五十年
『秘録　石原莞爾』横山臣平　芙蓉書房　昭和四十六年
『師団長　石原莞爾』奥田鑛一郎　芙蓉書房　昭和五十九年
『石原莞爾』青江舜二郎　中公文庫　一九九二年

『将軍石原莞爾　その人と信仰に触れて』白土菊枝　丸ノ内出版　一九九五年
『永久平和の使徒　石原莞爾』武田邦太郎・菅原一彪編　冬青社　一九九六年
『東亜聯盟期の石原莞爾資料』野村乙二朗編　同成社　二〇〇七年

◎石原莞爾と小澤開作

『華北評論』創刊号～昭和十五年十一月十五日号
『父を語る』小澤征爾編　中央公論事業出版　昭和四十七年
『父を語る　その二』小澤征爾編　私家版　昭和五十年
『東辺道治安経済復興方策（意見）』小澤開作　康徳二年七月
『極東国際軍事裁判陳述書』小澤開作　昭和二十一年十月二十四日
『新民主義』繆斌　青年教育普及会　昭和十三年
『新民會外史　黄土に挺身した人達の歴史』（前・後）岡田春生編　五稜出版社　昭和六十一年
『繆斌工作』田村真作　三栄出版　昭和二十八年
『「繆斌工作」成ラズ』横山銕三　展転社　平成四年
『北支の治安戦と軍、政、会一体の建設工作』河北連合会編　昭和五十八年
『北京の碧い空を　私の生きた昭和』小澤さくら　二期出版　一九九一年
『昭和に死す　森崎湊と小沢開作』松本健一　新潮社　昭和六十三年
『橘樸著作集　第二巻　大陸政策批判』勁草書房　昭和四十一年
『満洲青年聯盟史』満青聯史刊行会編　原書房　昭和四十三年
『満洲帝国協和会指導要綱案』山口重次　改造社　昭和十三年
『満洲建国の歴史――満洲国協和会史』山口重次　栄光出版社　昭和四十八年
『満洲建国――満洲事変正史』山口重次　行政通信社　昭和五十年
『満洲建国への遺書　第一部――民族協和から東亜連盟へ　石原莞爾とともに』山口重次　大湊書房　昭和五十五年

『満洲建国戦史――満洲青年聯盟かく戦えり――』金井章次、山口重次　大湊書房　昭和六十一年
『談龍室閒話』石川順　図書研究社　昭和十六年
『大日本軍宣撫官』青江舜二郎　芙蓉書房　昭和四十五年
『遺稿八木沼丈夫歌集』八木沼丈夫　昭和四十四年
『黄土の群像』興晋会編　昭和五十八年
『内外を震驚せる皖南惨案』東亜研究所　昭和十六年
『渕上辰雄　宣撫官時代日記』渕上辰雄　未刊
『渡邊渡回想録　昭和十九年十一月五日から昭和二十年八月十七日』渡邊渡　昭和四十年　未刊
『対中共戦回想』折田貞重　昭和四十一年五月　未刊
『かかる軍人ありき』伊藤桂一　光人社ＮＦ文庫　一九九三年
『秘めたる戦記』伊藤桂一　光人社ＮＦ文庫　一九九四年
『李家荘の変遷』趙樹理　岩波文庫　昭和三十三年
『本庄日記』本庄繁　原書房　昭和四十二年
『秘録　板垣征四郎』板垣征四郎刊行会編　芙蓉書房　昭和四十七年
『陸軍中将　樋口季一郎回想録』樋口季一郎著　芙蓉書房出版　一九九九年
『東條英機』東條英機刊行会編　芙蓉書房　昭和四十九年
『東條秘書官機密日誌』赤松貞雄　文藝春秋　昭和六十年
『軍務局長　武藤章回想録』武藤章　芙蓉書房　昭和五十六年
『片倉参謀の証言　叛乱と鎮圧』片倉衷　芙蓉書房　昭和五十六年
『満洲建国側面史』満洲建国側面史刊行会　新経済社　昭和十七年
『リットン報告書』『中央公論』昭和七年十一月号別冊付録
『忘れ得ぬ満洲国』古海忠之　経済往来社　一九七八年
『獄中の人間学』古海忠之、城野宏　竹井出版　昭和五十七年
『見果てぬ夢』星野直樹　ダイヤモンド社　昭和三十八年

『私の履歴書41』日本経済新聞社　昭和四十五年
『支那事変の回想』今井武夫　みすず書房　昭和三十九年
『昭和の謀略』今井武夫　原書房　昭和四十二年
『改造　支那事変増刊号』昭和十二年十月
『改造』昭和十六年十月号
『日本評論　臨時増刊号　抗日支那の解剖』昭和十二年八月
『東大陸』昭和十一年十月号、十四年五月～六月号
『満洲国と協和会』小山貞知　満洲評論社　昭和十年
『満洲協和会の発達』小山貞知　中央公論　昭和十六年
『小山貞知と満洲国』（上・中・下）小山昇編　信山社　一九九六年
『満洲国軍』満洲国軍刊行委員会　蘭星会　昭和四十五年
『あゝ満洲』満洲回顧集刊行会　農林出版　昭和四十年
『最近支那共産党史』中保與作　東亜同文会　昭和十五年
『毛沢東選集』②上・下③上・下　新日本出版社　一九六五年
『毛沢東のゲリラ戦略』M・エリオット＝ベイトマン　オックスフォード大学出版局　昭和四十四年
『全面和平への路』汪兆銘　改造社　昭和十六年
『周仏海日記』周仏海　みすず書房　一九九二年
『蒋介石』董顕光　日本外政学会　昭和三十年
『中国のなかのソ連』蒋介石　時事通信社　昭和三十七年
『蒋介石秘録』（上・下）サンケイ出版　昭和六十年
『支那三十年』長野朗　大和書店　昭和十七年
『東亜の日本人』伊地知則彦　建国学会　康徳九年
『追跡　平頂山事件』田辺敏雄　図書出版社　一九八八年
『西村展蔵の生涯』西村一生　北斗書房　一九七八年

『北支の治安戦1・2』戦史叢書　朝雲新聞社　一九六八年
『元大本営参謀の太平洋戦争　瀬島龍三インタビュー』東京新聞出版局　平成七年
『獄中獄外』児玉誉士夫　アジア青年社　昭和十七年
『笠木良明遺芳録』　笠木良明遺芳録刊行会　昭和三十五年
『加藤完治全集第五巻　開拓』加藤完治全集刊行会　昭和四十二年
『大達茂雄』大達茂雄伝記刊行会　昭和三十一年
『叛骨の人生』品川主計　恒文社　昭和五十年
『反逆の獅子　浅原健三の生涯』桐山桂一　角川書店　平成十五年
『にくまれ憲兵』大谷敬二郎　日本週報社　昭和三十二年
『闘魂風雪七十年』里見岸雄　錦正社　昭和四十年
『もうひとつの南京事件』田中秀雄編　芙蓉書房出版　二〇〇六年
『青年の国』林房雄　文藝春秋　昭和十八年
『北京十年』村上知行　中央公論　昭和十七年
『極東国際軍事裁判速記録』全十巻　雄松堂書店　昭和四十三年
『米沢そんぴんの詩』木村武雄　昭和五十三年
『大戦突入の真相』田中新一　元々社　昭和三十年
「石原莞爾さんの思出」服部卓四郎　『流れ』昭和三十二年二・三月号
『満洲人の少女』月刊満洲社　小泉菊枝　昭和十三年
『内田良平関係文書（全十一巻）』　芙蓉書房出版　一九九四年
『謎の隣邦』神田正雄　海外社　昭和三年

※なお本文中に引用した資料には、国立国会図書館、東京大学社会科学研究所、鶴岡市立図書館、防衛研究所、国柱会本部、日本国体学会などに所蔵されているものも入っていることをお断りしておきたい。

著者略歴

田中 秀雄　（たなか ひでお）

1952年福岡県生まれ。慶應義塾大学文学部卒。日本近現代史研究家。東亜連盟の流れをくむ石原莞爾平和思想研究会をはじめ、軍事史学会、戦略研究学会等の会員。著書に『映画に見る東アジアの近代』（芙蓉書房出版）『国士・内田良平』（共著、展転社）、編著に『もうひとつの南京事件』（芙蓉書房出版）、共訳書に『暗黒大陸中国の真実』『アメリカはアジアに介入するな！』（芙蓉書房出版）がある。

石原莞爾《いしはらかんじ》と小澤開作《おざわかいさく》

——民族協和を求めて——

2008年6月25日　第1刷発行

著　者

田中《たなか》　秀雄《ひでお》

発行所

㈱芙蓉書房出版

（代表　平澤公裕）

〒113-0033東京都文京区本郷3-3-13

TEL　03-3813-4466　FAX　03-3813-4615

http://www.fuyoshobo.co.jp

印刷／協友社　製本／協栄製本

ISBN978-4-8295-0423-9